Auf Abstand

Malte Thießen leitet das LWL-Institut für westfälische Regionalgeschichte in Münster und lehrt als außerplanmäßiger Professor für Neuere und Neueste Geschichte an der Carl von Ossietzky Universität Oldenburg.

Malte Thießen

Auf Abstand

Eine Gesellschaftsgeschichte
der Coronapandemie

Campus Verlag
Frankfurt/New York

Für Hauke

ISBN 978-3-593-51423-9 Print
ISBN 978-3-593-44833-6 E-Book (PDF)
ISBN 978-3-593-44834-3 E-Book (EPUB)

Umschlaggestaltung: Guido Klütsch, Köln
Umschlagmotiv: Rheinwiesen in Düsseldorf mit Abstandsmarkierungen
am 11. Juli 2020 © Jochen Tacke
Satz: le-tex transpect-typesetter, Leipzig
Gesetzt aus der Alegreya
Druck und Bindung: CPI buchbücher.de, Birkach
Gedruckt auf Papier aus zertifizierten Rohstoffen (FSC/PEFC).
Printed in Germany

www.campus.de

Inhalt

Geschichte in Echtzeit schreiben

Es ist ein herrlicher Sommertag. Vom Rhein weht ein Luftzug Gitarrenklänge, Gesprächsfetzen und Grillgeruch durch den Park. Man könnte die Pandemie glatt vergessen. Nichts scheint diesem Sommeridyll ferner als der unsichtbare Tod. Dabei ist die Bedrohung sehr sichtbar. Auf dem Rasen markieren 190 weiße Kreise das Abstandsgebot. Die Distanz zwischen den Kreisen beträgt drei Meter, so dass Spaziergehende in gebotener Entfernung durch den Rheinpark flanieren können. Auf ihren kreisförmigen Inseln kommen Menschen zu zweit oder in kleinen Gruppen zusammen und halten Abstand. So sitzen sie kontaktlos in der neuen Normalität.

Wie an diesem schönen Julitag 2020 in Düsseldorf ordneten Menschen auf der ganzen Welt ihren Nahbereich neu. »Auf Abstand« avancierte zum Leitmotiv, das für gut eineinhalb Jahre alles und jeden bestimmte – die große Politik ebenso wie den kleinen Alltag, unsere Freizeit genauso wie unsere Arbeit, unsere Kommunikation und unseren Konsum. »Auf Abstand« blieb selbst Monate später das Leitmotiv, als Impfprogramme eine effektive Eindämmung der Pandemie erlaubten. Noch in einer anderen Hinsicht avancierte der Abstand zum Leitmotiv. Er verweist auf gesellschaftliche Spannungen, die während der Pandemie sichtbar wurden. Maßnahmen zur Eindämmung verschärften Gegensätze – zwischen Arm und Reich, zwischen Frauen und Männern, zwischen uns und »den Anderen« – sowie Konflikte zwischen gesellschaftlichen Gruppen und Parteien. In der Familie und im Freundeskreis gingen Menschen auf Distanz zueinander. Unterschiedliche Ansichten zur Pandemie mitsamt ihren Ursachen und Folgen richteten das Miteinander neu aus. Und nicht zuletzt steht der Abstand für ein neues Zeitgefühl. Der Lockdown riss uns aus dem gewohnten Leben und markierte den Beginn einer neuen Zeitrechnung: der Zeit vor und nach Corona.

Dieses Buch erzählt die Geschichten dieser Distanzierungen. Es macht sich auf eine Spurensuche durch die deutsche Gesellschaft und fragt nach Voraussetzungen, Wandlungen und Folgen der Pandemie. Nichts und niemand blieb zwischen Frühjahr 2020 und Sommer 2021 von Corona unberührt. Auf allen gesellschaftlichen Ebenen und Feldern richtete sich das soziale Koordinatensystem neu aus. Die Pandemie betraf selbst jene, die ihre Existenz leugneten. Denn auch die »Coronaleugner« und »Querdenker« waren eine Folge des Virus.

»Auf Abstand« ist keine Coronageschichte im engeren Sinne. Dieses Buch erzählt keine Geschichte virologischer Forschungen, sondern eine Gesellschaftsgeschichte der Pandemie in Deutschland. Selbstverständlich ließe sich die Geschichte einer weltweiten Bedrohung ebenso gut als Globalgeschichte schreiben.[1] Allerdings verliert eine globale Perspektive schnell an gesellschaftlicher Tiefenschärfe, um die es in diesem Buch gehen soll. Denn in der Auseinandersetzung mit Corona ging es nie nur um Gesundheit und Krankheit, um Leben und Tod. Es ging ebenso um die Fundamente unserer Demokratie und um die Frage, in welcher Gesellschaft wir eigentlich leben wollen. Deshalb erzähle ich die Pandemie nicht von der Medizin, sondern von den Menschen her. Meine Gesellschaftsgeschichte fragt nach sozialen Kontexten, Konflikten und Krisen, die sich während der Pandemie wie in einem Brennglas bündelten. So stritten Presse und Parlamente nicht nur über den Infektionsschutz, wenn das »Infektionsschutzgesetz« oder die »Nationale Impfstrategie« auf der Tagesordnung standen. Darüber hinaus kreisten solche Debatten um das Verhältnis zwischen Bund und Ländern, zwischen Exekutive und Legislative, ja um die Chancen und Schwächen der Parlamente im Angesicht einer Pandemie.

Die gesellschaftliche Dimension der Pandemie liegt also auf der Hand. Etwas komplizierter ist es mit der geschichtlichen Dimension. Denn wie soll das eigentlich gehen, eine Geschichte der Coronapandemie? Sind die Ereignisse nicht viel zu frisch für Geschichte? Lässt sich Geschichte in Echtzeit schreiben? Tatsächlich leiden Historiker:innen unter einem Gegenwartssyndrom. Je näher Ereignisse an unserer Gegenwart liegen, desto schwerer sind sie einzuordnen. Im Falle der Coronapandemie ist das Problem sogar noch größer. Denn wir reden über ein Ereignis, dessen Ende zurzeit nicht absehbar ist. Obgleich sich beim Abschluss des Buchmanuskripts Ende Juni 2021 zumindest ein vorläufiges »Happy End« der Pandemie abzeichnete, falls man das bei mehr als 90.000 Toten allein in

Deutschland überhaupt sagen möchte, ist diese Geschichte noch lange nicht vorbei. Selbst wenn weitere Erkrankungswellen ausbleiben, werden uns die Nachwirkungen der Pandemie noch lange beschäftigen.

Das Problem der Gegenwartsnähe und Endlosigkeit des Ereignisses machte sich schon an jenen Studien bemerkbar, die im Laufe des Jahres 2020 erste historische Einblicke in die Coronageschichte boten.[2] Die Halbwertszeit dieser Darstellungen war zwangsläufig gering. Heute lesen sich viele dieser Studien als Quellen, die Einblicke in »damalige« Vorstellungen von der Pandemie eröffnen und so einmal mehr vom Problem der Gegenwartsnähe künden. Einige dieser Darstellungen bringen uns heute ins Grübeln, andere fast schon zum Schmunzeln. Wegen der Gegenwartsnähe geht dieses Buch einen anderen Weg als bisherige Darstellungen. Es erzählt keine Seuchengeschichte der Moderne, die dann im letzten Kapitel fast schon folgerichtig mit der Coronapandemie endet. Vielmehr stellt das Buch Ereignisse und Entwicklungen der Jahre 2020/21 in den Mittelpunkt, um diese anhand von Rückblicken ins 19., 20. und 21. Jahrhundert einzuordnen. Im Mittelpunkt dieses Buches steht somit die Coronapandemie mit ihren historischen Wurzeln und Bezügen zur Seuchengeschichte der Moderne.

»Auf Abstand« ist also auch eine Perspektive dieses Buchs. Ich erzähle die Coronapandemie in ihrer historischen Dimension, um Distanz zur Gegenwart zu gewinnen. Bei diesem Abstand geht es nicht um eineinhalb Meter, sondern um Jahrzehnte, mitunter Jahrhunderte. Einige Kapitel werfen Schlaglichter auf die Pest, Pocken und Cholera, andere auf die Diphtherie und Polio, auf zahlreiche Grippezüge oder Aids. Erst die historische Dimension gibt Antworten auf die Frage, was Corona eigentlich so besonders macht, was aber auch relativ typisch für den Umgang mit Seuchen ist. Die historische Einordnung bietet somit Gelegenheit, auf Abstand zur Gegenwart zu gehen, um unsere Erlebnisse aus der Distanz zu betrachten, um aktuelle Debatten zu versachlichen, vielleicht aber auch, um ein wenig demütig zu werden. Denn in historischer Perspektive klingen aktuelle Entwicklungen mitunter erstaunlich bekannt bzw. erschreckend vertraut.

Selbstverständlich wird auch dieses Buch früher oder später an der Gegenwart scheitern. Bis kurz vor Manuskriptabgabe veränderten sich unsere Erfahrungen mit der Pandemie und damit meine Schwerpunktsetzungen der Kapitel. Die historische Einbettung der Gegenwart erhöht gleichwohl die Wahrscheinlichkeit, dass Befunde dieser Gesellschaftsgeschichte für einige Zeit von Belang sein werden. Obwohl sich unsere Gegenwart – und damit unsere Perspektive auf die Seuchengeschichte – immer wieder ändert, können wir die Wurzeln und historischen Bezüge der Coronapandemie auch in Zukunft immer wieder neu für eine Betrachtung der Jahre 2020/21 heranziehen.

Es ist also an der Zeit für eine Bilanz. Denn die Gegenwartsnähe birgt ja nicht nur große Probleme, sondern ebenso große Potenziale. Eines der größten Potenziale hängt mit dem digitalen Wandel unserer Gesellschaft zusammen. Jahrhundertelang schrieben Historiker:innen ihre Seuchengeschichten aus Akten und Archiven. Gesetze und Gutachten, behördliche Anordnungen und wissenschaftliche Aufsätze, Briefe, Bilder und Karikaturen bilden die Basis für bisherige Darstellungen zur Seuchengeschichte.[3] Während der Coronapandemie war die Überlieferungslage eine vollkommen andere. Zahlreiche Quellen der Jahre 2020/21 sind noch digital verfügbar. Das gilt nicht nur für Printmedien, Parlamentsprotokolle und Gutachten, die meist ja auch gedruckt vorliegen und daher langfristig überliefert werden. Wichtiger ist der Befund einer digitalen Überlieferungssituation für unzählige Quellen zur Coronapandemie, die ausschließlich online vorliegen. Zahlreiche Stellungnahmen auf Internetseiten, Tweets auf Nachrichtendiensten, Bilder und Blogs, Flyer und Broschüren, Fotos und Programme von Veranstaltungen und vieles mehr wurden nur online veröffentlicht. Digitale Quellen eröffnen einerseits neue Einblicke in eine Pandemie. Denn einfacher als je zuvor können wir eine Pandemie aus dem Blickwinkel unterschiedlicher Professionen, Parteien und einzelner Menschen betrachten. Andererseits sind ausgerechnet diese vielfältigen digitalen Einblicke in die Pandemie besonders bedroht. Seit langem diskutieren Historiker:innen und Archivar:innen über die Frage, wie sich das digitale Zeitalter langfristig sichern lässt.[4] Obwohl zahlreiche Archive die Coronapandemie 2020 zum Anlass genommen haben, digitale Sammlungskonzepte zu formulieren, und obwohl Online-Portale wie das »Coronarchiv« eine breite Überlieferung privater Eindrücke ermöglichen, werden unzählige digitale Quellen in den kommenden Jahren verloren gehen.

Eine Bilanz ist heute also nicht nur möglich, sie ist wahrscheinlich auch besonders dringend. Wenn wir in Zukunft die Geschichte der Coronapandemie verstehen oder fortschreiben wollen, müssen wir jetzt damit anfangen. Bereits im Sommer 2021 gerieten Ereignisse aus der Frühzeit der Pandemie in Vergessenheit. Die Ausgrenzungen »asiatisch« aussehender

Menschen, die Auseinandersetzungen um Hotspots wie Heinsberg, Ischgl oder Gütersloh und selbst die anfangs verbreiteten Ängste vor Bergamo spielten in der öffentlichen Debatte eineinhalb Jahre nach Ausbruch des Virus keine Rolle mehr. Mittlerweile blickten viele Deutsche nach vorn – und zwar mit guten Gründen. So setzten allmähliche Erfolge nationaler Impfprogramme endlich gemeinsame Planungen internationaler Präventionsprogramme auf die Tagesordnung. Das monatelang ersehnte Ende des Lockdowns wiederum verschob den Fokus der öffentlichen Aufmerksamkeit von den Voraussetzungen der Pandemie auf ihre Folgen und mehr noch auf zukünftige soziale und wirtschaftliche Maßnahmen. Außerdem rangierten im Sommer 2021 wieder all die anderen Krisen auf der Tagesordnung, die von Corona monatelang in den Aufmerksamkeitsschatten gestellt worden waren. Klimawandel, Kriege und Antisemitismus standen in Hochzeiten der Pandemie allenfalls in der zweiten Reihe. Sie kamen im Sommer 2021 mit voller Kraft zurück, fast schon als ob es eine breite Sehnsucht gegeben habe, endlich nicht mehr nur von Viren zu reden.

Vielleicht kommt dieses Buch also doch zum genau richtigen Zeitpunkt. Denn eine Gesellschaftsgeschichte der Coronapandemie eröffnet uns nicht nur die Chance, den Wurzeln unserer Gegenwart nachzuspüren. Sie ist ebenso ein Appell, bei allen Planungen auf eine bessere Zukunft die Geschichte der Pandemien nicht zu vergessen, selbst wenn diese Geschichte mitunter noch allzu gegenwärtig erscheint.

1. Anfänge: Warum waren wir nicht gewarnt?

Es war eine unscheinbare Meldung. Am Silvestermorgen 2019 berichteten einige Zeitungen mit wenigen Zeilen von einer »mysteriösen Lungenkrankheit« im zentralchinesischen Wuhan. 27 Menschen seien erkrankt. Fortan verbreiteten sich Gerüchte über einen »neuen Ausbruch der Lungenseuche Sars«.[5] Sars – das stand seit einigen Jahren als Symbol für jene »Neuen Seuchen«, die dank globaler Handels- und Verkehrswege innerhalb kurzer Zeit zur weltweiten Bedrohung mutierten. Beim Sars-Ausbruch Ende 2002 hatte das Virus aus China weltweit um die 8.000 Menschen infiziert. Fast jeder Zehnte war an der Krankheit gestorben.

Sars gab nur den Auftakt. In den Folgejahren sorgten Ausbrüche von »Vogelgrippe« und »Schweinegrippe«, Mers und Ebola für Schlagzeilen. Allein die Schweinegrippe schaffte es im Herbst 2009 innerhalb eines Monats zwölf Mal auf die Titelseite der »Bild«-Zeitung. Allen Gesundheitspolitiker:innen gaben die neuen Seuchen eine eindringliche Warnung. Unter dem Eindruck des Sars-Ausbruchs und der Anthrax-Briefe nach den Terroranschlägen vom 11. September wurden Ende 2005 sämtliche Gesundheitsbehörden aufgefordert, Vorkehrungen für den Pandemiefall zu treffen. Das Robert Koch-Institut bündelte diese Konzepte kurze Zeit später in einem »Nationalen Pandemieplan«, der Leitlinien für die Vorsorge und Eindämmung einer »gesundheitlichen Großschadenslage«[6] festlegte.

Wertloses Seuchenwissen

Wir hätten also gewarnt sein können. Zu Beginn der Coronapandemie standen strategische Konzepte und praktische Erfahrungen mit Seuchenzügen bereit. Unser Vorwissen erscheint sogar noch größer, wenn wir in der Geschichte der Bundesrepublik einige Schritte zurückgehen. Denn der Nationale Pandemieplan des RKI war nicht das erste Konzept zur Eindämmung eines globalen Ausbruchs. Vielmehr planten Bundesinnenministerium, Bundesgesundheitsamt, Bundesverteidigungsministerium, Bundesamt für Katastrophenschutz und Robert Koch-Institut seit den 1950er Jahren fieberhaft für die Eindämmung des epidemiologischen Ernstfalls.

Es sollte nicht bei Planspielen bleiben. Mehrfach kamen seit Mitte der 1960er Jahre »Pockenalarmpläne« der Bundesländer zum Einsatz. Für den Fall einer Pockeneinschleppung warteten die Alarmpläne mit detaillierten Ausarbeitungen zu Meldewegen und Isolationsmaßnahmen, zum Aufbau von Quarantänestationen und Impfstellen auf.[7] Ihren Praxistest absolvierten Pockenalarmpläne zuletzt 1972 – und zwar äußerst erfolgreich. Eine Einschleppung der Pocken nach Hannover konnte dank systematischer Rückverfolgungen der Infizierten sowie mit schnellen Quarantäne-, Impf- und Aufklärungsmaßnahmen umgehend eingedämmt werden.[8] Nach Ausrottung der Pocken Ende der 1970er Jahre waren die Alarmpläne dennoch nicht vom Tisch. So blätterten Medizinalbeamte Anfang der 2000er Jahre plötzlich wieder hektisch in den Unterlagen, als Sorgen vor Terroranschlägen mit biologischen Kampfstoffen in der gesamten Republik Ängste schürten.

Erfahrungen im Seuchenkampf sammelten deutsche Ministerien und Forschungseinrichtungen zudem in der Zusammenarbeit mit der Weltgesundheitsorganisation (WHO) oder später im *European Center for Disease Control*. Die an sich uralte Erkenntnis, dass Seuchen jegliche Grenze überwinden, sorgte in der Bundesrepublik ab Mitte der 1950er Jahre für einen gewaltigen Internationalisierungsschub und damit für neue Erkenntnisse im Seuchenkampf. Der Wissensdurst war so groß, dass er sogar den »Eisernen Vorhang« überwand. Seit den 1970er Jahren tauschten selbst die erbitterten »Systemgegner« Bundesrepublik und DDR ihre Erfahrungen bei der Seuchenbekämpfung aus. Das deutsch-deutsche Bewusstsein, dass man im Pandemiefall in einer »Verantwortungsgemeinschaft« steckte,[9] war offenbar größer als Ängste vor einer sozialistischen bzw. kapitalistischen Unterwanderung.

Es war also eigentlich alles da: Wissen, Konzepte und Erfahrungen. Sowohl Notfallpläne von Bund und Ländern als auch medizinische Studien zur Häufung der neuen Seuchen lagen bereit. 2008 hatten vier Fraktionen des Bundestags in einem »Grünbuch des Zukunftsforums öffentliche

Sicherheit« besorgniserregende Konsequenzen aus jüngeren Pandemien gezogen. Die Vertreter der Union, SPD, FDP und Grünen konstatierten nicht nur strukturelle Defizite wie eine schnelle Überlastung des Gesundheitswesens oder das Fehlen einer »einheitlichen überregionalen Notfallplanung« im Seuchenfall. Darüber hinaus beschrieb das Grünbuch Gesundheitsmaßnahmen, die damals noch apokalyptisch anmuten mochten, die aus heutiger Perspektive jedoch allenfalls visionär genannt werden können: »Die hochinfektiöse Variante des SARS-Virus würde einschneidende Maßnahmen verlangen: zum Beispiel die Seuchengebiete abriegeln, die Ansteckungsrate durch Mund-Nasen-Schutz mindern, Desinfektionsschleusen einrichten, Einschränkungen der Bewegungsfreiheit der Bevölkerung durchsetzen.«[10] Noch ein gutes halbes Jahre vor der Coronapandemie zitierte beispielsweise die *Pharmazeutische Zeitung* Sylvie Briand, Leiterin der WHO-Pandemieabteilung, mit einer ebenso nüchternen wie ernüchternden Bestandsaufnahme: »Denn eins ist klar: Es ist keine Frage ›ob‹, sondern ›wann‹ eine neue Pandemie kommt.«[11]

Trotzdem blieben die meisten Deutschen Anfang 2020 erstaunlich gelassen. Selbst das zunehmende Rauschen im bundesdeutschen Blätterwald änderte daran wenig. Ab Ende Januar berichteten Zeitungen über die Quarantäne chinesischer Millionenstädte, über Isolationsmaßnahmen und überfüllte Krankenhäuser. Am 30. Januar rief die WHO eine internationale Notlage aus, einen Monat später stufte die Weltgesundheitsorganisation die internationale Gefährdungslage bereits als sehr hoch ein. Ungeachtet dieser Anzeichen ging das Leben in Deutschland weiter wie bisher. Ende Februar 2020 stellte das Bundesgesundheitsministerium auf einer Pressekonferenz klar, dass die Deutschen nichts zu befürchten hätten: »Gegenwärtig gibt es keine Hinweise für eine anhaltende Viruszirkulation in Deutschland, sodass die Gefahr für die Gesundheit der Bevölkerung in Deutschland aktuell weiterhin gering bleibt.«[12] Ein gewisser Pragmatismus gegenüber der Pandemie kennzeichneten die ersten beiden Monate des Jahres 2020.

Im Rückblick ist dieser Pragmatismus erstaunlich oder schlimmer: Der Historiker Mark Honigsbaum hat gar von einem »kollektiven Versagen« gesprochen.[13] Warum waren wir nicht gewarnt? Was waren die Hintergründe für die anfängliche Gelassenheit? Warum war all das jahrzehntelang gesammelte Seuchenwissen offenbar wertlos für Presse und Parlamente? Ordnet man die Coronapandemie in die Seuchengeschichte der

Moderne ein, gibt es auf diese Fragen zwei Antworten: Immunität und *Othering*.

Die Seuche der Anderen

Die Seuche, das sind immer die Anderen: Auf diese knappe Formel lässt sich der Umgang mit Infektionskrankheiten in historischer Perspektive bringen. Denn die Wahrnehmung von Seuchen ist seit jeher geprägt von Fremdzuschreibungen, die sich bis in die Namensgebung niederschlagen. Die Syphilis beispielsweise hieß schon im 15. Jahrhundert »Franzosenkrankheit«. In Deutschland verband sich diese nationale Zuschreibung seit dem 19. Jahrhundert zudem aufs Beste mit der Wahrnehmung als »Lustseuche«.[14] Geografische und moralische Zuschreibungen gingen hier also Hand in Hand, entsprach die Geschlechtskrankheit doch dem deutschen Stereotyp vom unsittlichen Frankreich. Das bekannteste Beispiel für nationale Zuschreibungen ist heute wohl die Spanische Grippe. Spanisch wurde die Grippe zunächst einmal nur wegen der relativ frühen und ausführlichen Berichterstattung. Im Gegensatz zu anderen Gazetten Europas standen spanische Zeitungen nicht unter der Militärzensur. Allerdings entsprach die »Spanische Grippe« eben auch zeitgenössischen Vorstellungen vom geheimnisvollen, barbarischen Spanien. Im Bild von der »Spanischen Lady« verdichteten sich solche Fremdzuschreibungen zur perfekten Projektionsfläche für Ängste vor dem unbarmherzigen Seuchentod.[15]

Sozialwissenschaftler:innen haben für solche Fremdzuschreibungen den Begriff des *Othering* geprägt. Dabei geht es um die Beobachtung, dass insbesondere neue, unbekannte Bedrohungen auf »Fremde« und »die Anderen« projiziert werden.[16] Dank ethnischer, moralischer, religiöser oder habitueller Zuschreibungen mutieren Seuchen demnach häufig zu Krankheiten »der Anderen«. Corona schreibt zur Geschichte des *Otherings* ein Kapitel fort, das die Deutschen im 19. Jahrhundert aufschlugen. Seit dieser Zeit fanden deutsche Seuchenängste ihre größte Projektionsfläche »im Osten«. Die Russische Grippe von 1889/90 mochte ihren Ursprung zwar tatsächlich in Russland haben. In die Schlagzeilen fand sie allerdings bevorzugt mit stereotypen Zuschreibungen vom rückständigen Osten.[17] Dass solche Fremdzuschreibungen in Deutschland besonders gut verfingen, überrascht nicht. Auch im Ersten Weltkrieg galten militärische Operationen im Osten als medizinische Feldzüge zur Sanierung schmutziger »Seuchenherde«, wie Polen und Russland von deutschen Medizinalbeamten gern umschrieben wurden.[18] Deutsche Impfprogramme bekämpften in dieser Vorstellung nicht nur medizinische Missstände der »russischen Herrschaft« oder der russischen »Volksseele«. Der Seuchenkampf in Osteuropa stellte zugleich den Leistungen des deutschen »Kulturvolkes« ein vorbildliches Zeugnis aus.[19] Im »Dritten Reich« steigerten sich solche Selbst- und Fremdzuschreibungen in eine Gigantomanie des Grauens. Auch dank stereotyper Seuchenvorstellungen gingen Holocaust und Vernichtungskrieg eine furchtbare Verbindung ein. Zeitgenössische Fremdzuschreibungen wie das »antisemitische Stereotyp des bärtigen ›Ostjuden‹« bündelten sich in Bildern von gefährlichen »Seuchenträgern«, die zum Schutze des deutschen »Volkskörpers« immunisiert oder gar »ausgemerzt« werden sollten.[20]

Mit Ausrottungsphantasien war es in Deutschland nach 1945 zwar vorbei. Allerdings klang »der Osten« als Grundakkord für deutsche Seuchenängste noch lange nach. Stereotype vom rückständigen, unhygienischen »Russen« oder »Chinesen« waren auch in der Bundesrepublik denk- und sagbar, ja mehr noch: Im Kalten Krieg erhielten Fremdbilder vom bedrohlichen Osten neue Nahrung. Dass die »Hongkong-Grippe« in Westdeutschland Ende der 1960er Jahre schon mal als »Mao-Grippe« verunglimpft wurde, die sich in die Bundesrepublik »einschleiche«, gibt für die anhaltende Attraktivität östlicher Seuchenzuschreibungen nur ein Beispiel von vielen.[21] Und noch nach der Jahrtausendwende waren die Deutschen während der Ausbrüche von Sars und Vogelgrippe mit Fremdzuschreibungen vom »Fernen Osten« schnell zur Hand.

Othering wird häufig als Erklärung für soziale Exklusionsprozesse herangezogen. Tatsächlich brachte die Coronapandemie zahlreiche Fälle brutaler Ausgrenzungen der »Anderen« auch in Deutschland zutage, auf die ich im nächsten Kapitel zurückkomme. Zur Beantwortung unserer Ausgangsfrage ist allerdings ein weiterer Effekt des *Otherings* von Bedeutung, der bislang sehr viel seltener betrachtet worden ist. Fremdzuschreibungen bündeln und verstärken nicht nur Ängste. Sie können uns ebenso Ängste nehmen und damit in falscher Sicherheit wiegen. Denn Fremdzuschreibungen führen zu einer Exotisierung der Bedrohung – und damit zu einer Ausgrenzung auch im geografischen Sinne, als Auslagerung von Ängsten aus unserer Lebenswelt. Insbesondere die verbreitete Betrachtung von

Seuchen als Ausdruck von Rückständigkeit machte Seuchen in der Wahrnehmung vieler Deutscher zu einem Problem der Anderen, das wenig mit uns zu tun zu haben schien.

Corona demonstrierte diesen Effekt der Auslagerung geradezu vorbildlich, wie ein Blick in die frühe Berichterstattung offenbart. Gerade in den ersten Wochen waren die Zeitungen voll von Exotik. Insbesondere im Boulevard ging es um graue Großstadtsilos und schmutzige Märkte, vor allem aber um Schlangen, Hunde und Fledermäuse auf chinesischen Speisekarten. Dass das Coronavirus wahrscheinlich von Fledermäusen auf Menschen übergesprungen war, bekräftigte Stereotype vom rückständigen, schmutzigen Chinesen, wie sie die »Bild«-Zeitung in gewohnter Manier vorführte: »Futtert uns China in die Katastrophe?«, fragte das Blatt besorgt und beschrieb anschließend ekelerregende Szenen auf »gefährlichen Wildtiermärkten«.[22] Das Fremdbild vom exotischen »Chinesen« bildete einen besonders krassen Kontrast zum deutschen Selbstbild, das sich aus einer großen Selbstsicherheit speiste. Altertümliche, geradezu abstoßende Essenspraktiken erklärten demnach den Ausbruch einer Pandemie, die so gar nicht zum »zivilisierten«, »hygienischen« und »fortschrittlichen« Leben in Deutschland passen wollte. Auch die Lebensbedingungen in Wuhan schienen entsprechende Erklärungen zu bieten: In dem Millionen-Moloch mit seinen engen Wohnungen und unhygienischen Arbeitsbedingungen lag die Ausbreitung des Virus ja quasi auf der Hand.

Am Anfang war Corona also die Seuche der Anderen mit ihren exotischen Lebensverhältnissen im fernen Osten. Die Pandemie schien nichts mit uns zu tun zu haben und daher auch keine große Bedrohung zu sein. Ende Januar 2020, da war die Krankheit bereits in sieben Länder eingeschleppt worden, verstand das Wochenmagazin *Der Spiegel* Corona allein als Herausforderung für China: »Die drohende Pandemie fordert nicht nur Chinas Gesundheitswesen, sondern auch seine Politik und Wirtschaft heraus.«[23] Eine Woche später machte das Magazin erstmals mit einem Corona-Titel »Made in China« auf, der heute in zahlreichen Studien als Ikone für die frühe Wahrnehmung der Deutschen herhält. Tatsächlich schien die Pandemie in diesem Titelbericht vor allem ein Problem Chinas zu sein, dessen Krisenlösungskompetenz über das Wohl und Wehe der Weltwirtschaft entscheide. In dasselbe Horn stieß in der Titelstory der Virologe Christian Drosten, der fortan die Berichterstattung prägen sollte wie kein anderer: »In Wuhan, wo alles begann und wo die Erkrankungs- und Todeszahlen nun von Tag zu Tag steigen, wird sich in den kommenden Wochen zeigen, ob das neue Virus aufgehalten werden kann.«[24] Letztlich verminderte *Othering* zu Beginn der Pandemie also den Handlungsdruck, da sich Corona als Problem der Anderen verstehen und letztlich aus unserer Lebenswelt auslagern ließ.

Immunität: Trügerische Sicherheit

Für eine anfängliche Arglosigkeit gegenüber der Pandemie findet sich noch eine zweite Erklärung und damit eine weitere Antwort auf die Frage, warum wir Anfang 2020 nicht gewarnt waren. Sie lautet Immunität. Die Geschichte der Moderne ist eine Geschichte des Impfens. Seit dem 19. Jahrhundert setzten sich auf der ganzen Welt systematische Impfprogramme durch, wie wir sie heute kennen. Den Auftakt gab die Pockenimpfung durch den britischen Arzt Edward Jenner 1796. In Bayern und Hessen wurde sie bereits Anfang des 19. Jahrhunderts als Pflichtimpfung eingeführt, für das gesamte Deutsche Reich galt eine Impfpflicht seit 1874. Seit den 1930er Jahren folgten Impfkampagnen gegen Diphtherie, Scharlach sowie Tetanus. In der Bundesrepublik und DDR wiederum flankierten zunächst Impfungen gegen Polio, Tuberkulose, Keuchhusten und Grippe das deutsch-deutsche Gesundheitswesen, ab den 1970er Jahren kamen Mehrfachimpfstoffe hinzu, die die Herdenimmunität noch einmal deutlich erhöhten.

Waren Infektionskrankheiten für unsere Eltern und Großeltern noch allgegenwärtig, ging diese Erfahrung im Laufe der Jahrzehnte verloren. Der Bedeutungswandel der »Kinderkrankheiten« steht dafür als Sinnbild. Denn lange Zeit meinte das Wort keineswegs jene Verniedlichungsform, die wir heute kennen. Kinderkrankheiten waren vielmehr Ausdruck einer Alltäglichkeit von »Volksseuchen«, die bis weit ins 20. Jahrhundert hinein für eine hohe Kindersterblichkeit sorgten. Noch Anfang des 20. Jahrhunderts waren Pockennarben im Alltag der Deutschen omnipräsent, der charakteristische Tuberkulosebuckel hielt sich noch einige Jahrzehnte länger, genauso wie die charakteristischen Sprachprobleme und häufigen Taubheitsfälle nach Diphtherieerkrankungen. Auch die Behinderungen von Armen und Beinen als Folge der Kinderlähmung blieben lange Zeit ein bekanntes Bild auf deutschen Straßen.

Erst die Durchsetzung systematischer Impfprogramme und der Masseneinsatz von Antibiotika seit den 1970er Jahren drängten diese Bedrohungen allmählich aus dem Alltag. Heute ist Immunität zumindest in Deutschland Normalität und eine Selbstverständlichkeit, ja eine Art Lebensgefühl geworden. Der Umstand, dass man gegen Infektionskrankheiten nicht geimpft werden kann oder beim Ausbruch neuer Seuchen nicht umgehend Impfstoffe bereitstehen, ist seither schwer vorstellbar. Der Ausbruch von Aids in den 1980er Jahren unterstreicht diese Vorstellung noch. Denn die Suche nach einem Impfstoff begleitete den Umgang mit der Immunschwächekrankheit von Anfang an. Immer wieder schien die Impfung kurz vor der Marktreife zu stehen, immer wieder »kam Hoffnung auf«,[25] schien das »Licht am Ende des Tunnels«[26] endlich sichtbar, bis die Aufmerksamkeit für Aids dank effektiver Therapeutika in Deutschland zurückging.[27]

Ausgerechnet die Erfolgsgeschichte der Medizin bietet also eine weitere Erklärung auf die Ausgangsfrage, warum wir nicht gewarnt waren. Im Zeitalter der Immunität verschwanden Pandemien allmählich aus unserem Erfahrungshorizont. Seit den 1970er Jahren verloren die Deutschen sukzessive die Angst vor dem »unsichtbaren Tod«, Immunität avancierte nun zu einem selbstverständlichen Sicherheitsgefühl. Mitte Februar 2020 warnte der Virologie Tom Frieden, ehemaliger Leiter des US-amerikanischen *Center for Disease Control* (CDC), vor den fatalen Folgen des Fortschrittglaubens: »Wir sollten uns nicht in falscher Sicherheit wiegen.«[28] Zu diesem Zeitpunkt waren solche Stimmen noch die Ausnahme. Paradoxerweise hatten Erfolge im Kampf gegen eine Vorläuferin von Corona, die Sars-Epidemie 2002, am trügerischen Sicherheitsgefühl einen erheblichen Anteil. Schließlich drängten sich die Parallelen zwischen Sars und Corona geradezu auf. Auch 2002 hatte das Epizentrum wahrscheinlich auf einem Markt in China gelegen, damals in der bevölkerungsreichsten Provinz Guangdong. Und trotz der globalen Dimension und einer sehr zurückhaltenden Informationspolitik Chinas war es damals insbesondere dank global koordinierter Maßnahmen relativ schnell gelungen, die Pandemie vor ihrer »Take-off«-Phase zu beenden.

Immunität hielt das Aufmerksamkeitsfenster für Corona also zunächst geschlossen. Selbst einige Wochen später, während des Anstiegs der Infektions- und Todeszahlen, stand Immunität noch als Sicherheitsgarantie vor aller Augen. So war Angela Merkels berühmte »Corona-Rede«, eine Fernsehansprache am 18. März 2020 mit mehr als 25 Millionen Zuschauern, durchzogen vom Heilsversprechen einer Corona-Impfung. Obgleich der Stand der Impfstoffentwicklung zu diesem Zeitpunkt noch vollkommen unklar war, bildete Immunität für die Bundeskanzlerin bereits eine Planungsgröße, an der sich alle Präventionsmaßnahmen ausrichteten, zumindest aber ein öffentlichkeitswirksames Beruhigungsmittel. Merkel ging es mit der Einführung von Hygienemaßnahmen und Abstandsregeln schließlich insbesondere darum, »Zeit zu gewinnen. Zeit, damit die Forschung ein Medikament und einen Impfstoff entwickeln kann.«[29]

Beim Ausbruch der Pandemie wurden die Deutschen letztlich also Opfer ihrer medizinischen Erfolge. Gerade weil Mediziner:innen seit Jahrzehnten auf eine beachtliche Bandbreite effektiver Gesundheitsmaßnahmen zurückgreifen können, gerade weil Impfungen und Vorsorgemaßnahmen in unseren Alltag mittlerweile als selbstverständliches Sicherheitsversprechen eingeschrieben sind, war die Coronapandemie zunächst nicht nur geografisch, sondern auch mental weit weg. Seuchen waren in der Vorstellung vieler Deutscher nicht nur ein Problem der Anderen, sondern zugleich ein Relikt grauer Vorzeiten, das nichts mit unserem Leben zu tun hatte.

Aktionismus und Gelassenheit

Warum also waren wir nicht gewarnt? Für eine frühe Alarmbereitschaft fehlte es nicht an Wissen und Konzepten. Vielmehr mangelte es am Bewusstsein, dass die Seuche der Anderen schnell zu unserer Seuche mutieren konnte. Im Zeitalter der Immunität blieb der Handlungsdruck zunächst gering. Vertreter:innen wichtiger Interessengruppen aus medizinischen Forschungseinrichtungen, Ärztekammern und Verbänden stießen in den ersten Wochen kaum auf Gehör oder schätzten die Situation selbst als nicht besonders bedrohlich ein. Ende Januar brachte der *Spiegel* die beruhigende Lage für Deutschland anhand von Expertenstimmen auf den Punkt: »Das Robert Koch-Institut hält die Gefahr für Deutschland weiterhin für gering; andere Experten erwarten einzelne Fälle, sehen jedoch keinen Grund zur Beunruhigung.«[30] Bundesgesundheitsminister Jens Spahn propagierte angesichts der geringen Erkrankungszahlen eine Haltung der »aufmerksamen Gelassenheit«,[31] die er sich von allen Bundesbürger:innen wünsche. Noch Mitte März bewertete das RKI in seinem täglich erscheinenden »COVID-19-Lagebericht« die Gesundheitsgefahr für die Bevölkerung als »mäßig«.[32]

Eine »aufmerksame Gelassenheit« speiste sich wohl nicht zuletzt aus den Erfahrungen mit der Schweinegrippe im Herbst 2009. Seit Aids war keine Pandemie deutschen Gesundheitspolitiker:innen so nahe gegangen. Auf die Titelseiten wanderte die Schweinegrippe nämlich nicht nur wegen Horrorzahlen wie den zu erwartenden »35.000 Toten«, die von der »Bild«-Zeitung unters Volk gebracht wurden.[33] Ebenso grelle Schlagzeilen konnte man im späteren Verlauf der Schweinegrippe lesen. Innerhalb weniger Monate war ein Impfstoff gegen die Grippe gefunden und zur Massenproduktion gelangt. Allein in Deutschland bevorrateten sich die Bundesländer mit zig Millionen Impfstoffdosen. Am Ende kam es aber noch besser – oder eben noch schlimmer. Wegen des milden Verlaufs der Schweinegrippe waren die Millionen an Impfstoffdosen weitgehend unnötig. Die Bundesländer blieben auf ihren teuren Einkäufen sitzen und mussten sich wochenlang hämische Kommentare anhören, dass sie einer Hysterie aufgesessen seien. Dass Zeitungen und Magazine wie der *Spiegel* in ihrer anschließenden Bilanz von »teurer Panikmache«[34] sprachen und die »Chronik einer Hysterie«[35] im Detail nachzeichneten, spricht indes für mangelndes Erinnerungsvermögen. Schließlich dürfte der *Spiegel* mit Titelgeschichten über »Das Weltvirus« und den »Angriff aus dem Schattenreich«[36] zur Schweinegrippen-Hysterie selbst seinen Teil beigetragen haben.

Die Enttäuschung über entbehrliche Impfstoffreserven saß in den Bundesländern so tief, dass diese Bundesgesundheitsminister Philipp Rösler (FDP) aufforderten, die Millionenkosten für Impfstoffe zu übernehmen, und sogar eine Neuordnung der Seuchenbekämpfung ins Spiel brachten. Angesichts der Erfahrungen mit dem Impfstoffdebakel wolle man »die Verantwortung für die Pandemiebekämpfung« zukünftig an den Bund abgeben.[37] In der aufmerksamen Gelassenheit von 2020 hallten letztlich also auch noch die Erfahrungen von 2009 nach. Der »Alarmismus« um die Schweinegrippe machte allen Gesundheitspolitiker:innen den hohen Schädigungsfaktor einer übertriebenen Seuchenbekämpfung schmerzlich bewusst. Im Frühjahr 2020 galt manchem Verantwortlichen wohl nicht allein die Pandemie als Gefahr, sondern ebenso eine voreilige Pandemiebekämpfung, die schnell als teurer Aktionismus gebrandmarkt werden konnte.

Im Nachhinein ist man immer klüger. Und bevor jetzt der Eindruck entsteht, ich würde es mir in der Retrospektive zu einfach machen, möchte ich von einem Interview im Südwestdeutschen Rundfunk Ende Januar 2020 erzählen. An diesem Tag durfte ich gemeinsam mit ARD-Chinakorrespondent Steffen Wurzel und Volker Wildermuth, Wissenschaftsjournalist und Biochemiker, über die Frage »Was schützt vor der Corona-Pandemie?« nachdenken. Meine damalige Einschätzung kann man als ziemlich gelassen, vielleicht sogar als ziemlich naiv beschreiben. Eine im Vergleich zu früheren Pandemien transparentere Kommunikation Chinas, ein intensiverer internationaler Austausch sowie eine »Versachlichung der Debatte« zeigten meinem damaligen Ausblick nach nämlich, dass wir aus der Geschichte gelernt hätten. Historiker:innen sind also nicht nur miese Prognostiker. Sie sind ebenso Kinder ihrer Zeit wie Expert:innen aus Gesundheitspolitik, Medizin und Medien.

Anfang 2020 war der deutsche Blick auf Corona also gerahmt vom Lebensgefühl der Immunität und von der Gewissheit um ein funktionierendes Gesundheitswesen, von »westlichen« Standards sowie vom guten Gefühl, dass es in der jüngeren Vergangenheit letztlich immer noch mal gut gegangen war. In einem der ersten Rückblicke auf den Beginn der Pandemie brachte Bundespräsident Frank-Walter Steinmeier das trügerische Sicherheitsgefühl gut auf den Punkt: »Vielleicht haben wir zu lange geglaubt, dass wir unverwundbar sind, dass es immer nur schneller, höher, weiter geht. Das war ein Irrtum.«[38] Auch deshalb haben Pandemien der Gegenwart viel mit der Vergangenheit vergangener Jahrhunderte zu tun. Weil wir im Zeitalter der Immunität leben und unsere Seuchenängste auf einen ebenso fernen wie fremden Osten projizieren konnten, blieb unser Aufmerksamkeitsfenster am Anfang geschlossen. Nach den jüngeren Erfahrungen mit der Schweinegrippe schien zudem ein voreiliger Alarmismus eine ebenso große Gefahr zu sein wie die Pandemie selbst. Die ebenso triviale wie uralte Erkenntnis, dass Seuchen mühelos jede Grenze überwinden, sickerte in der öffentlichen Debatte daher nur langsam durch. Und so rutschten wir zunächst mit erstaunlicher Gelassenheit in die große Krise.

2. Ausbrüche und Ausgrenzungen: Bedrohungswahrnehmungen

Mit der Ruhe war es Mitte Februar vorbei. Seither nahmen Coronafälle auch in Deutschland zu. Die erste Infektion eines 33-jährigen Mannes in Bayern am 27. Januar hatte zunächst noch ein Vorbild für eine effektive Seuchenbekämpfung gegeben. Der Mitarbeiter des Unternehmens Webasto hatte sich bei einer chinesischen Geschäftspartnerin angesteckt. Schnell waren im Unternehmen sämtliche Infektionsketten identifiziert sowie potenzielle Kontaktpersonen isoliert worden, so dass der behandelnde Chefarzt Clemens Wendtner am 22. Februar zum Fall Webasto ein beruhigendes Schlusswort sprach: »Ich gehe derzeit nicht von einer größeren Coronawelle hierzulande aus.«[39]

Stereotype, Stigmata und Sündenböcke

Ganz und gar nicht beruhigt waren zu dieser Zeit Menschen mit »ausländischem« Aussehen. Insbesondere Deutsche mit asiatischen Wurzeln erlebten seit Mitte Februar vermehrt Demütigungen und Anfeindungen. Besorgniserregende Berichte häuften sich auf dem Nachrichtendienst Twitter unter dem Hashtag »#ichbinkeinvirus«. Ende Februar schilderte beispielsweise eine asiatisch aussehende Deutsche folgende Szene an einer Sicherheitskontrolle im Frankfurter Flughafen. Ein Mitarbeiter habe dort ihre Abfertigung mit deutlichen Worten abgelehnt: »Mit Coronavirus muss ich mich nicht abgeben.« Einen Tag später berichtete Thea Suh von einem ähnlichen Erlebnis im Feierabendverkehr: »Zu früh auf den Feierabend gefreut. Bin in der Bahn von einer Frau angeblafft worden, ich solle meinen Corona-Körper woanders hinsetzen. Habe Sie angehustet und bin zu früh ausgestiegen. Aber was soll man tun, wenn NIEMAND im vollen Wagen hilft?«[40] Eine weitere Betroffene, die Bloggerin Minh Thu Tran, ordnete solche Stigmatisierungen in eine unheilvolle Tradition deutscher Ausgrenzungen ein. In der Wochenzeitung *Die Zeit* zog sie lange Linien von kolonialen Stereotypen bis zu den Ausgrenzungen vietnamesischer Menschen in der DDR. Corona sei indes der traurige Höhepunkt rassistischer Anfeindungen: »So offenen Rassismus auf der Straße wie in Corona-Zeiten, die Dimension und auch die Feindseligkeit, habe ich aber noch nie erlebt.«[41]

Alltägliche Anfeindungen offenbaren eine weitere Seite des *Otherings*, die in der Anfangsphase der Pandemie immer offener zu Tage trat. Hatten Fremdbilder zunächst noch dazu verleitet, Corona als Problem »der Anderen« abzutun, sorgten sie nun für Stigmatisierungen im Alltag. Die »Anderen« standen nun als Sündenböcke hoch im Kurs. Ein Paradebeispiel für das fatale Zusammenspiel von *Othering* und Sündenböcken bietet der Tweet des CDU-Bundestagsabgeordneten Peter Stein Mitte März: »Ich wünschte mir, dass bestimmte Volksgruppen mal aufhören #Fledermäuse, #Gürteltiere, #Affenschädel und anderen Scheiß zu essen. Das war bei #SARS schon so und bei #Ebola und jetzt wieder ...«[42] Um die Anklage ganz unmissverständlich zu machen, zierte Steins Tweet am Ende ein Emotionssymbol mit zwei chinesischen Essstäbchen.

Derartige Anfeindungen und Ausgrenzungen waren keine deutsche Spezialität. Unter dem Hasthag »#JeNeSuisPasUnVirus« hatte das Phänomen beispielsweise in Frankreich bereits für Aufsehen gesorgt. In Frankreich ließen sich auch besonders drastische Ausbrüche im Alltag beobachten wie an einem japanischen Restaurant, dessen Fenster in großen Lettern mit »Coronavirus« beschmiert worden war. Vor allem aber waren alltägliche Anfeindungen kein Novum, im Gegenteil. Die Seuchengeschichte ist von Anfang eine Geschichte der Ausgrenzung gewesen, die sich auf eine weitere knappe Formel bringen lässt: Seuchen machen Sündenböcke. Bis heute gelten die Pestpogrome des 14. und 15. Jahrhunderts als trauriger Höhepunkt solcher Ausgrenzungen. Dass jüdische Bürger während der Pestzüge auch in Deutschland als Brunnenvergifter abgestempelt und als »Seuchenbringer« verfolgt wurden, gab daher in Medienberichten des Jahres 2020 ein warnendes Beispiel für die Gegenwart ab. Allerdings müssen wir in der Seuchengeschichte gar nicht so viele Jahrhunderte zurückgehen, um auf Sündenböcke und Stigmatisierungen zu treffen. Anfeindungen und Ausgrenzungen sind eben keine Spezialität eines »finsteren Mittelalters«. Gerade das 19. und das 20. Jahrhundert sind voll von Sündenböcken und für eine Einordnung der Coronapandemie ungleich relevanter. Drei solcher Fälle möchte ich im Folgenden skizzieren, um anschließend die alltäglichen Ausbrüche des Jahres 2020 klarer einordnen zu können.

Das erste Beispiel führt uns nach Berlin ins Jahr 1895. An einem grauen Novembermorgen konnten die Leser der *Staatsbürger-Zeitung* Folgendes über einen Pocken-Ausbruch in der preußisch-deutschen Hauptstadt lesen:»Einem polnischen Juden haben wir es in Berlin wieder einmal zu verdanken, dass die echten Pocken nach Berlin eingeschleppt worden sind. [...] Irgendwelche Veranlassung zur allgemeinen Beunruhigung gibt das Vorkommnis nicht. Eins aber ergibt sich aus dem Geschehnis mit zwingender Notwendigkeit: strengste und rücksichtslose Maßregeln gegen den Zuzug russisch-polnisch-galizisch-ungarischer Juden in das Pestnest, das ›Scheunenviertel‹!«[43]

Der Bericht ist aus zwei Gründen bemerkenswert. Zunächst einmal tradiert er das uralte Stereotyp vom Juden als »Pestbringer«. Interessanter ist aber noch die Beobachtung, dass erst das Stereotyp vom »Juden« und »Ausländer« die Seuche überhaupt zur Bedrohung machte. Schließlich hob die *Staatsbürger-Zeitung* in diesem Artikel selbst hervor, dass die Pocken an sich keine Bedrohung darstellten. Und tatsächlich hatte die lang etablierte Pockenschutzimpfung zu diesem Zeitpunkt die Erkrankungszahlen im Deutschen Reich beinahe gen Null gedrückt. Zu einem Problem wurden die Pocken für die Berliner erst durch die Verbindung mit dem »Fremden«. Erst der Sündenbock und das Stereotyp vom schmutzigen, jüdischen Migranten verwandelten die Seuche in einen Skandal. *Othering* ist also nicht nur ein Modus, um Seuchen als Problem der Anderen aus der eigenen Lebenswelt auszulagern. Fremdzuschreibungen können umgekehrt auch Aufmerksamkeit erhöhen und Seuchen überhaupt erst zu einem Problem machen. Seuchenängste sind also nicht nur Katalysatoren für Sündenböcke, sondern ebenso umgekehrt: Sündenböcke befördern Seuchenängste.

Ein zweites Beispiel aus der Bundesrepublik macht diesen Zusammenhang besonders deutlich. Während der 1960er und frühen 1970er Jahre kehrten die Pocken nach Deutschland zurück. Reiserückkehrer brachten das tödliche Souvenir meist aus Afrika und Asien mit nach Hause. 1970 traf es die Mittelstadt Meschede im Sauerland. »Ein Gespenst geht um«, titelte die Tageszeitung *Die Welt* nach dem dortigen Pockenausbruch. Große Tages- und Wochenzeitungen machten mit umfangreichen Beiträgen über die Pocken-Panik von Meschede auf.[44] Über die fatalen Folgen dieser Panik sprachen beispielsweise die Gesundheitsminister:innen der Bundesländer auf einer gemeinsamen Sitzung einige Wochen später: »Da wurde Autos mit dem Mescheder Kennzeichen die Benzinabgabe verweigert. [...] Reisende aus Meschede wurden auf Bahnhöfen [...] gleich wieder zurückgeschickt. [...] Briefe aus Meschede wanderten ungeöffnet ins Feuer.«[45] Die Analogien zu ähnlichen Ausgrenzungen der in Heinsberg oder Gütersloh lebenden Menschen im Jahr 2020 liegen auf der Hand. Auch für beliebte Stereotype von feierwütigen Jugendlichen, die angeblich auf »Corona-Partys« die Pandemie verbreiteten, finden sich im Sauerland Parallelen. 1970 hatte Bernd Klein, ein junger Mann aus Meschede, die Pocken aus einem Asienurlaub mitgebracht, da seine Pockenimpfung offenbar unsachgemäß ausgeführt worden war. In den folgenden Tagen beobachteten die Gesundheitsbehörden in Meschede einen »lautstark geäußerten Zorn darüber, daß ein junger Mann [...] von einer Gammler-tour die Pocken eingeschleppt hatte«. Ein Ärztemagazin sprach sogar von »Sippenhaftung« gegenüber Klein und seiner Familie: »Mit der mittelal-terlichen Plage brach mittelalterliches Denken wieder durch: Daß Klein die Pocken eingeschleppt hatte, hätte man ihm in der sauerländischen Kleinstadt noch verziehen. [...] Da der junge Mann aber als Gammler galt, Haschis [sic] rauchte und lange Haare trug, brach der Volkszorn über ihn herein.«[46] Dass Stereotype von Jugendlichen Seuchenängste schüren, ist also kein Phänomen erst der Coronapandemie. Auf diesen Punkt komme ich später noch einmal zurück.

Der Ausbruch in Meschede macht noch weitere Parallelen zwischen den 2020er und den 1970er Jahren sichtbar, beispielsweise zur Rolle der Medien. Mit Ausbruch der Coronapandemie standen insbesondere sozia-le Medien im Kreuzfeuer der Kritik: Dank Facebook, Instagram, TikTok oder Twitter würden Stereotypen und Sündenböcke in die Welt gesetzt. Schuld an den aufgeladenen Auseinandersetzungen sei also letztlich »das Internet«, das Stigmatisierungen, Sündenböcke und Verschwörungs-theorien »viral« verbreite. Ein Blick in die Seuchengeschichte setzt hinter solche Diagnosen allerdings ein Fragezeichen. Zwar erhöhen digitale Medien dank vereinfachter Bild(re)produktionsmöglichkeiten zweifellos die Sichtbarkeit von Stereotypen. Auch die Geschwindigkeit, mit der Stereotype und Sündenböcke unter's Volk gebracht werden, wird durch Digitalität noch einmal erhöht. Allerdings ist eine virale Verbreitung von Stereotypen, Sündenböcken und Stigmata nichts Neues, sondern seit

Jahrzehnten Thema. 1970 ging das *Berliner Ärzteblatt* so weit, sogar die Medienberichte über die Pocken in Meschede wortwörtlich als »Seuche« zu bezeichnen. In einer etwas sperrigen Metapher umschrieb das Periodikum das große Tempo der Medienberichterstattung als »Infektiösität einer Hysterie, die, auf dem Nährboden von Unwissenheit und psychologischer Ungeschicklichkeit angegangen, von den Massenmedien mit der Geschwindigkeit eines Waldbrandes verbreitet wurde«.[47] Selbstverständlich spielten digitale Medien in der Coronapandemie eine tragende Rolle für die Verbreitung von Stereotypen und Sündenböcken. Sie sind jedoch auch im übertragenen Wortsinne Medium für gängige Stereotype, die bereits lange vor der digitalen Transformation kursierten. Das Neue an den neuen Medien ist also in erster Linie eine höhere Sichtbarkeit von Stereotypen.

Dass Stereotype und Sündenböcke Ängste vor Seuchen erhöhen, macht noch ein drittes und letztes Beispiel deutlich, mit dem wir in den 1980er Jahren ankommen. Denn auch im Falle von Aids ging die alltägliche Stigmatisierung von Schwulen, Prostituierten und Drogensüchtigen dank vielfältiger Medienberichte »viral«. Auf dem Schulhof, am Stammtisch und im Boulevard kursierten gruselige Gerüchte. Drogensüchtige würden verseuchte Spritzen auf Kinosesseln oder in Diskotheken auslegen, um Unschuldige zu infizieren – eine *urban legend*, die bis heute immer wieder aufgekocht wird und sogar schon im antiken Rom beobachtet wurde. Auch von »Aids-Partys« mit ungeschütztem Sex zwischen verantwortungslosen Schwulen war immer wieder die Rede. Wie in den beiden vorgenannten Beispielen schürten auch hier soziale Zuschreibungen Ängste. Die Verknüpfung der Aids-Pandemie mit einem ausschweifenden und »unmoralischen« Lebensstil öffnete das Aufmerksamkeitsfenster für Aids in einer größeren Öffentlichkeit. Vor diesem Hintergrund wird das zunächst paradox klingende Phänomen nachvollziehbar, dass Bedrohungswahrnehmungen im Laufe der 1990er Jahre allmählich zurückgingen, obwohl das Infektionsrisiko für die Deutschen nun *de facto* anstieg.[48] Denn erst in einer Zeit, in der Aids von einer Krankheit der »Fremden« zu einer Krankheit mutierte, die »alle angeht«, verloren Sündenböcke ihr Skandalisierungspotenzial.

Die virale Verbreitung von Stereotypen, Sündenböcken und Stigmatisierungen bis hin zu Ausgrenzungen ist also kein Spezifikum der Coronapandemie. Sie sind aber ebenso wenig die Spezialität eines »finsteren Mittelalters«. Vielmehr sind Stereotype, Sündenböcke und Stigmatisierungen eine relativ typische Reaktion auf Pandemien. Diese Kontinuität ist ja auch wenig überraschend. Denn Stereotype geben uns einfache Erklärungen für unbekannte Bedrohungen. Während wir das Virus nicht sehen können, suggerieren Stereotype und Sündenböcke zumindest eine Sichtbarkeit der Virenträger. Stereotypen scheinen die Seuche also kontrollierbar zu machen. Sie sind damit ein populäres Gegenmittel zum gefühlten Kontrollverlust, der beim Ausbruch neuer Pandemien schnell um sich greift.

Gerade weil Stereotype und Stigmatisierungen bis heute populär sind, gerieten sie in der Coronapandemie zu einer großen Gefahr. Als allererstes waren sie eine Bedrohung für Betroffene, die in der U-Bahn und im Bus, in Geschäften und auf der Straße alltägliche Anfeindungen zu spüren bekamen. Zweitens sind Stigmatisierungen aber auch eine Gefahr für die gesamte Gesellschaft. Schließlich kommt es bei der Eindämmung von Seuchen ganz entscheidend darauf an, dass möglichst alle Menschen die Gesundheitsmaßnahmen zu ihrer Sache machen und sich solidarisch verhalten. Ausgrenzungen von Individuen oder ganzer Gruppen als »Fremde« und »Seuchenträger« erschweren dieses Ziel, ja mehr noch: Sie erhöhen das Risiko versteckter Infektionsherde und Ansteckungsketten. Wer ausgegrenzt wird oder gar als schuldig gilt, der wird taub gegenüber Solidaritätsappellen. Und drittens sind Stereotype und Sündenböcke eine Gefahr für die gesamte Gesellschaft, weil diese blind wird für echte Bedrohungen. Selbst wenn sich im Februar zunächst tatsächlich viele Menschen in und aus China infizierten, war das Coronavirus zu dieser Zeit bereits in ganz Europa verbreitet. Hilfreicher als eine Stigmatisierung »chinesischer« Virenträger:innen waren daher Appelle und Aufklärungsmaßnahmen, die auf den sozialen Nahbereich zielten. Erst die Erkenntnis, dass nicht »die Fremden«, sondern »wir alle« die Seuche sein können, ermöglicht ein rationales Präventionsverhalten und damit auch eine effektive Eindämmung der Pandemie. Schon für diesen rationalen Umgang mit Bedrohungen lohnt sich eine Rückschau in die Seuchengeschichte, um den Zusammenhang von Seuchen, Stereotypen und Sündenböcken im Blick zu behalten.

Die Pandemie verstärkte also nicht nur Ängste vor »Fremden«, sondern ebenso umgekehrt: Bilder vom »Fremden« verstärkten Ängste vor der Pandemie. Dass die Alternative für Deutschland (AfD) bereits im Februar mit einer Mixtur aus Fremdenfeindlichkeit und Seuchenangst Stimmung machte, verwundert kaum. Forderungen nach einem Schließen der Bundesgrenze »für die Zeit der Corona-Krise für Asylbewerber« oder nach einer »schnellen und effektiven Rückführung der rund 250.000 ausreisepflichtigen Migranten«[49] passen ins Profil der Partei. Sorgen vor Migranten:innen, vor weltweiten Verkehrsströmen und einer »entfesselten Globalisierung« waren gleichwohl kein Privileg rechter Kreise. Aus der CDU kritisierte beispielsweise Alexander Mitsch die Bundeskanzlerin, »dass täglich immer noch hunderte Migranten ungesteuert und ohne Identitätskontrolle nach Deutschland einwandern«.[50] In solchen Äußerungen wird der Zusammenhang zwischen Stigmatisierungen, Seuchen und Ängsten vor einem Kontrollverlust mit Händen greifbar. Das Bedürfnis, der unbekannten Gefahr ein Gesicht zu geben – und zwar auch im eigentlichen Wortsinn –, war groß in Corona-Zeiten.

Skifahrer:innen, Gütersloher:innen und Corona-Partys

Sündenböcke sind flexibel. Nachdem »asiatische Ausländer« zu Beginn der Pandemie die größte Projektionsfläche für Seuchenängste gebildet hatten, fanden diese in den kommenden Monaten neue Ziele. Am *Othering* lässt sich daher eine Verschiebung von Bedrohungswahrnehmungen in vier Phasen festmachen. Am Anfang der Pandemie rückten »fremde« Attribute die Seuche zunächst noch in weite Ferne. In dieser ersten Phase galt Corona vorwiegend als Problem »der Anderen« und damit als keine große Bedrohung. Seit Mitte Februar schürten Fremdbilder vom »Ausländer« erstmals im Alltag Ängste, die sich in Anfeindungen und Ausgrenzungen gegenüber »asiatisch« aussehenden Mitbürgern bemerkbar machten. Nach den Coronaausbrüchen in Norditalien standen zudem »italienisch« aussehende Menschen im Fadenkreuz, wobei »italienisch« als flexibler Sammelbegriff fungierte. In Selbstzeugnissen finden sich Schilderungen von Deutschen mit türkischen, griechischen oder spanischen Wurzeln. Kurz gesagt legten in der zweiten Phase ethnische Zuschreibungen die Grundlage für Stigmatisierungen und Sündenböcke. Sie signalisierten, dass die Pandemie allmählich in den Wahrnehmungshorizont der Deutschen rückte.

Eine dritte Phase lässt sich ab März 2020 feststellen. Jetzt standen seltener »Chinesen« oder »Italiener«, sondern vermehrt Menschen aus Heinsberg oder Skifahrer:innen im Fokus. Die Corona-Hotspots vor der eigenen Haustür – zuerst im niederrheinischen Heinsberg, später in Form von Ischgl-Rückkehrenden, noch später auch in Gütersloh oder in Sachsen – erhöhten die Attraktivität von Stereotypen mit Raum- und regionalen Bezügen. Nicht mehr ethnische, sondern geografische Zuschreibungen schürten jetzt Ängste. Eine Regionalisierung der Bedrohungswahrnehmung markiert damit auch eine zunehmende Ausbreitung der Pandemie, die endgültig vor Ort angekommen war. Zugleich fanden Anfeindungen und Ausgrenzungen neue Ziele. In Heinsberg klagte der Bürgermeister bereits Anfang März 2020 über fehlende Solidarität und alltägliche Ausgrenzungen in ganz Nordrhein-Westfalen. Ein Ausbruch in einem fleischverarbeitenden Betrieb des Gütersloher Unternehmens Tönnies Ende Juni 2020 wiederum verwandelte plötzlich sämtliche Gütersloher:innen zu leibhaftigen Bedrohungen. Selbst im beschaulichen Münster kam es zu heftigen Reaktionen. Autos mit dem Kennzeichen »GT« wurden zerkratzt, Menschen aus Gütersloh beschimpft und der Zutritt zu Geschäften verboten. Die Ausbrüche und Anfeindungen gingen so weit, dass selbst der Bundesgesundheitsminister einschreiten musste. In einer Presseerklärung warnte Spahn »vor Stigmatisierung« eines ganzen Kreises und entsprechenden Schuldvorwürfen: Die Gütersloher:innen seien »Opfer der Umstände und nicht Bürger, die man mit irgendwelchen Schuldvorwürfen versehen sollte«. Die Warnung sei umso dringender, weil es »jede Region morgen genauso erwischen« könne.[51]

Eine vierte und letzte Verschiebung von Bedrohungswahrnehmungen lässt sich am Begriff der »Corona-Partys« festmachen, der seit Ende März für Aufmerksamkeit sorgten. Das Beispiel ist besonders interessant, weil die Popularität des Schlagworts im besonders scharfen Kontrast zur Faktenlage stand. Von Anfang an warnten Expert:innen, dass zu einer Stigmatisierung feierwütiger Jugendlicher als »Seuchentreiber« kein Anlass bestehe. Selbst im amüsierfreudigen Berlin mochte die Polizei auf Nachfrage des *Spiegels* »das Phänomen so nicht bestätigen«.[52] Die Popularität von Corona-Partys als Bezugspunkt für neue Bedrohungen lässt sich offenbar weniger auf Alltagserfahrungen zurückführen als auf ihre Kompatibilität zu verbreiteten Vorurteilen. Jugendlichkeit dient seit jeher auch als Chiffre für Risikobereitschaft oder Rücksichtslosigkeit, die sich beispielsweise an Schreckbildern von »Halbstarken« während der 1950er Jahre oder von satanischen Heavy-Metal-Fans seit den 1980er Jahren festmachten.[53] Vor diesem Hintergrund gaben Corona-Partys die perfekte Projektionsfläche für Seuchenängste ab, die in der breiten Bevölkerung verfingen. Selbst der

FDP-Vorsitzende Christian Lindner, der für Freiheitsbeschränkungen eigentlich wenig übrig hatte, begründete im März 2020 die Zustimmung der Liberalen zu Anti-Corona-Maßnahmen explizit mit diesem Schreckbild. So seien die Kontaktbeschränkungen »notwendig, weil es einige wenige völlig unvernünftige Menschen gegeben hat, die sich in Parks versammelt haben oder gar Corona-Partys gemacht haben. Das muss der Staat unterbinden.«[54] In der vierten Phase schürten also weniger ethnische oder regionale, sondern vermehrt habituelle Zuschreibungen Ängste.

Weil die Pandemie endgültig im Alltag angekommen war, sorgte vermeintlich unsolidarisches und riskantes Verhalten jetzt für die Verbreitung neuer Sündenböcke. Die Virenträger:innen waren jetzt mitten unter uns. Dass sich solche Sündenböcke zunehmend in Anzeigen bei der Polizei gegenüber Jugendlichen und der Nachbarschaft entluden, hing paradoxerweise mit der Popularität von Solidaritätsappellen zusammen, wie Ute Frevert beobachtet hat. Spätestens seit Angela Merkels großer Fernsehansprache von Mitte März steckten Appelle an Solidarität, Vernunft und Verantwortungsbereitschaft für alle Deutschen ein moralisches Koordinatensystem ab, das zugleich eine Pathologisierung sozialen Verhaltens erleichterte:»Der heimliche Groll, das Ressentiment, das Misstrauen waren zweifellos älter als die Krise, schufen sich aber erst unter Krisenbedingungen öffentlichen Raum. Der Appell der Kanzlerin, Solidarität, Vernunft und ›unser Herz für einander‹ sprechen zu lassen, goss bei vielen Bürgerinnen und Bürgern Öl ins Feuer. Warum sollten sie ein Herz für die haben, die sich um ihre Mitmenschen angeblich nicht sorgten und die eigenen Interessen verfolgten?«[55]

Vom Makel zur Modellregion: Heinsberg

Der Wandel von Sündenböcken war ein Indikator für die Ausbreitung der Pandemie und für eine Alarmstimmung, die Ende Februar mehr und mehr zu spüren war. Einzelne Expertenstimmen konnten zwar bereits Mitte Februar nachdenklich stimmen. So empfahl der Virologe Gérard Krause vom Helmholtz-Zentrum für Infektionsforschung, »die Bevölkerung und das Gesundheitspersonal schon jetzt darauf vorzubereiten, dass sich die Lage dramatisch zuspitzen könnte«.[56] Doch erst die Zunahme an Fällen in Nordrhein-Westfalen und Baden-Württemberg brachte Ende

Februar jene Erkenntnis in die Öffentlichkeit, die der Virologe Christian Drosten in der Fernseh-Talkshow »Maybrit Illner« auf die mittlerweile legendäre Warnung brachte: »Es wird schlimm werden.«[57] Auch der *Spiegel* sprach nun erstmals von der Pandemie als »Krise« und attestierte den Deutschen in bewährter *Spiegel*-Tradition ein strukturelles Problem – die Bundesrepublik sei gegen Corona nur »bedingt abwehrbereit«.[58]

Beobachten ließ sich die fehlende Abwehrbereitschaft im ersten deutschen »Hotspot«. Mitte Februar steckten sich auf einer Karnevalsfeier in der niederrheinischen Gemeinde Gangelt im Kreis Heinsberg über hundert Menschen mit Corona an. Das »deutsche Corona-Epizentrum«[59] zog zwar bundesweit Aufmerksamkeit auf sich. So ist seither der »Heinsberger Gruß«, also die Begrüßung Ellenbogen an Ellenbogen, als Ritual in unseren Alltag eingewandert. In den ersten Wochen blieb die bundesweite Berichterstattung indes noch relativ abgeklärt. Heinsberg galt zwar als »Testfall für die ganz Republik«,[60] aber eben noch nicht als unmittelbare Bedrohung aller Bundesdeutschen. In Nordrhein-Westfalen sah man das naturgemäß ganz anders. Seit Ende Februar schürte der Ausbruch in Heinsberg in der gesamten Region und darüber hinaus Ängste. Panik vor der Pandemie machte sich breit und in ersten Hamsterkäufen bemerkbar. Nicht nur in Aachen, Mönchengladbach, Köln und Düsseldorf, auch weit darüber hinaus bis ins westfälische Münsterland wurden Klopapier, Nudeln und Desinfektionsmittel knapp. Selbst im mehr als 100 Kilometer entfernten Kreis Borken häuften sich wegen der Nähe zum Epizentrum Heinsberg besorgte Telefonanrufe beim Gesundheitsamt: »Wie kann ich meine Familie und mich schützen?« Am 27. Februar schaltete die Stadtverwaltung Borken eine eigene Telefon-Hotline, um den Ansturm besorgter Anfragen zu bewältigen.[61]

In Heinsberg trieb die Furcht vor dem Virus Verantwortliche zu außergewöhnlichen Maßnahmen. Hier schlossen erstmals flächendeckend Schulen, Kitas und öffentliche Einrichtungen ihre Türen. Wegen des Mangels an Schutzausrüstung und Masken bat der Heinsberger Landrat Stephan Pusch (CDU) sogar den chinesischen Staats- und Parteichef Xi Jinping in einem offenen Brief um Unterstützung. Peking reagierte umgehend und sagte Unterstützung im Seuchenkampf sowie Hilfslieferungen von Schutzmasken nach Heinsberg zu. Aus chinesischer Perspektive war der Hilferuf aus der westdeutschen Provinz ein wahrer Glücksfall. Eine großzügigere Einladung zur Politur des ramponierten Images hätte man sich in China kaum wünschen können. Aber auch die Reaktion der nordrhein-westfälischen Landesregierung unterstrich die verzweifelte Lage am Ausbruchsort. Auf den ersten Blick war der Heinsberger Hilferuf ein Affront, stellte er der Landesregierung doch ein schlechtes Zeugnis im Fach Krisenmanagement aus. Schließlich ist die Beschaffung von Schutzausrüstung Ländersache. Angesichts gewaltiger Lieferengpässe bei Masken, Handschuhen und Desinfektionsmitteln blieb der nordrhein-westfälische Gesundheitsminister Karl-Josef Laumann (CDU) allerdings erstaunlich pragmatisch. Auf einer Pressekonferenz zum Ausbruch in Heinsberg lobte Laumann die Eindämmungsmaßnahmen seines Parteifreundes Pusch und würdigte den Hilferuf nach China als »eine gute Sache«.[62]

Laumanns Pragmatismus gab den Auftakt für eine Pandemiepolitik Nordrhein-Westfalens, die sich als Vorwärtsverteidigung begreifen lässt. Denn das »Stigma des Seuchen-Kreises«[63] haftete umgehend dem gesamten Bundesland an. In der Presse konnte man zunächst vom Kreis Heinsberg als »deutsches Wuhan« lesen, sogar in der ehrwürdigen *Times*.[64] Doch bereits am 6. März erklärte Jens Spahn Nordrhein-Westfalen neben Italien zum Corona-Risikogebiet und riet von Reisen in das Bundesland ab. Wegen solcher Zuschreibungen wurden selbst ansonsten abgeklärte Profis deutlich. Der Heidelberger Medizinhistoriker Wolfgang U. Eckart, seit Jahrzehnten Experte für die Seuchengeschichte und mit Quarantänemaßnahmen daher bestens vertraut, kommentierte die Reisewarnung knapp, aber deutlich: »Ich glaub, es hackt!!!«[65]

Für den nordrhein-westfälischen Ministerpräsidenten Armin Laschet kam diese Entwicklung zur Unzeit. Laschet lief sich gerade für die parteiinterne Abstimmung zum CDU-Parteivorsitz warm. Auch vor diesem Hintergrund verwandelte sich Heinsberg in ein riesiges Testlabor. Die Landesregierung gab dem Bonner Virologen Hendrik Streeck Ende März mehrere Millionen für eine Studie zur Ausbreitung des Coronavirus in Heinsberg an die Hand. Laschets Statement zu Beginn der Forschung legt nahe, dass die Heinsberg-Studie medizinische Bedürfnisse ebenso befriedigte wie politische: »Der Kreis Heinsberg kann uns als Forschungsbeispiel und Modellregion dienen, wissenschaftlich fundiert herauszufinden, welche Maßnahmen sinnvoll sind, um die Bürgerinnen und Bürger optimal zu schützen.«[66] Von Laschets Ausrufung der »Modellregion« zeigte sich der Berliner *Tagesspiegel* beeindruckt. Nach der Verkündung durch die Landesregierung adelte die Zeitung Heinsberg »auch offiziell« zur »Schule der

Nation« unter der passenden Schlagzeile: »Wie das deutsche Wuhan zum Vorbild für das ganze Land wurde«.[67]

Ganz offiziell wurde die Verwandlung des Makels zur Modellregion am 9. April. An diesem Tag – und damit nicht einmal zwei Wochen nach Studienbeginn – stellte nicht nur der Virologe, sondern ebenso der nordrhein-westfälische Ministerpräsident höchstpersönlich den Zwischenstand der bisherigen Forschungen vor. Laschet zog aus der Studie demnach fundamentale Erkenntnisse, um »einen Weg aus der Krise zu finden: Wir benötigen einen Fahrplan, um die Freiheit und Gesundheit, wirtschaftliches Wohlergehen und den Schutz der Menschen miteinander in Einklang bringen.«[68] Auch die außergewöhnlich intensive Öffentlichkeitsarbeit rund um die Studie deutet darauf hin, dass epidemiologische und politische Interessen in der Heinsberg-Studie Hand in Hand gingen. Zwischenergebnisse der Forschungen ließen sich fortlaufend auf Facebook als »Heinsberg Protokoll« sowie auf Twitter nachlesen, für die Vermittlungsarbeit wurde eigens die Berliner Social-Media-Agentur »Storymachine« beauftragt, so dass der WDR »eine regelrechte PR-Kampagne«[69] witterte.

In der Bundesrepublik galt Heinsberg Anfang März als Beleg, dass die Seuche endgültig in Deutschland angekommen war. Die 240 in der Bundesrepublik bekannten Erkrankten, davon »die meisten in Nordrhein-Westfalen«, führten bei Gesundheitsminister Spahn in einer Regierungserklärung am 4. März 2020 zu der Einsicht, dass »auch in Deutschland eine Epidemie begonnen« habe.[70] Eine Woche später sprach Spahn vom Ausbruch in Heinsberg als Beginn einer »neuen Phase« der Pandemie, da sich »erstmalig Infektionsketten in Deutschland« zeigten. Anschließend erklärte der Gesundheitsminister den Bundestagsabgeordneten anhand der Ereignisse in Heinsberg aber auch die Effektivität regionaler Eindämmungsmaßnahmen. Kontaktbeschränkungen, Kindergarten- und Schulschließungen sowie ein Verbot von Großveranstaltungen hätten in Nordrhein-Westfalen Wirkung gezeigt und damit der künftigen Pandemiebekämpfung den Weg geebnet. Regionale Eindämmungsmaßnahmen seien bundesweiten Maßnahmen wie einer »flächendeckenden« Schließung von Schulen vorzuziehen.[71] Zu diesem Zeitpunkt schien die Pandemie also noch im Raum beherrschbar zu sein. Regionale Hotspots erforderten demnach ein konsequentes Krisenmanagement von Land und Kommune, nicht aber bundesweite Maßnahmen. Nur zwei Wochen später sollten sich solche Hoffnungen endgültig zerschlagen.

Ihren ersten Höhepunkt erreichte die deutsche Krisenstimmung allerdings dank Ereignissen, die Anfang März weiter südlich zu beobachten waren. Vor allem besorgniserregende Zustände im norditalienischen Bergamo machten in Deutschland Schlagzeilen und ließen die Stimmung endgültig kippen. Auch für Spahn, der Ende Januar 2020 zunächst zu aufmerksamer Gelassenheit geraten hatte, markierte Norditalien einen Wendepunkt, wie die *Süddeutsche Zeitung* beobachtete:»Spahn [steht] im Foyer seines Ministeriums und erstattet Bericht zum Coronavirus. Das tut er nicht zum ersten Mal. Am Montag aber sagt er, sie blickten ›mit Sorge‹ auf Norditalien, das Geschehen dort ändere ›auch unsere Einschätzung der Lage‹. Die Coronapandemie sei ›in Europa angekommen‹.«[72] Bis heute hat sich Bergamo als Chiffre für den Ausbruch ins kollektive Gedächtnis eingebrannt. Als viele Monate später im sächsischen Erzgebirge die Infektionszahlen in die Höhe schnellten, warnte die *Zeit* vor einem »deutschen Bergamo«.[73] Und als im Februar 2021 in Tschechien hohe Infektionsraten gemeldet wurden, verbreitete sich die Warnung vor einem »zweiten Bergamo in Tschechien«[74] wie ein Lauffeuer.

Warum Bergamo? Wie lässt sich die Bedeutung Italiens für Bedrohungswahrnehmungen erklären? Was also machte Norditalien zu einem Wendepunkt für die Stimmung in der Bundesrepublik? Erst einmal waren die Erkrankungs- und Todeszahlen in Italien in der Tat besorgniserregend. Gleichwohl schossen die Zahlen auch anderswo in die Höhe. In China hatte man ja bereits seit Wochen mit ähnlich bedrohlichen Zuständen zu kämpfen, aber auch in den USA schnellte die Infektionsrate in die Höhe. Italien war indes anders als China und die USA. Zunächst einmal liegt es den Deutschen ungleich näher, und zwar nicht nur im geografischen Sinne. Darüber hinaus ist Italien vielen Deutschen quasi in die Seele eingeschrieben. Nicht allein die geografische Nähe, sondern auch die lange Tradition Italiens als deutscher Sehnsuchtsort beförderte im März Ängste. Für viele Deutsche standen die Schrecken der Pandemie im wohl schärfsten Kontrast zu populären Bildern von Italien als Inbegriff des *dolce vita*, als Urlaubsparadies, als Erholungs- und Rückzugsraum oder kulturelles Reiseziel. Im Sehnsuchtsort Italien wirkte die Seuche deshalb ganz anders als im ebenso fernen wie »fremden« Osten. Die mentale Nähe zu Italien ist daher eine Erklärung, warum Bilder aus Italien unter den Deutschen – und Österreicher:innen – häufiger verfingen als in anderen europäischen Ländern. In Großbritannien, den Niederlanden und Skandinavien beispielsweise, aber selbst im Nachbarland Frankreich war Italien als Hotspot lange nicht so präsent wie in der Bundesrepublik.

Der Kontrast zwischen Sehnsuchtsort und Seuchenherd erhöhte sich noch, weil aus Italien geradezu apokalyptische Bilder nach Deutschland wanderten. Kranke und Gestorbene auf überfüllten Krankenhausfluren oder Militärkonvois vor den Krankenhäusern illustrierten die frühe Berichterstattung. Markerschütternde Bilder aus Bergamo mit riesigen Lastenzügen voller Särge waren im Übrigen schon deshalb so präsent, weil sich die meisten katholischen Italiener:innen nicht einäschern lassen. Innerhalb kurzer Zeit bildete sich an diesen Bildern eine Ikonografie der Seuche aus, die die Berichterstattung über Wochen prägte. Doch warum sorgten ausgerechnet diese Bilder für Angstschübe? Waren nicht ganz ähnliche Bilder Wochen zuvor schon aus Wuhan und anderen chinesischen Städten zu sehen gewesen? Und bekamen die Deutschen nicht jeden Tag in Nachrichtensendungen mindestens ebenso schlimme Bilder aus den Krisen- und Kriegsgebieten dieser Welt zu sehen? Was also war das Besondere an dieser Ikonografie der Apokalypse?

Entscheidend war die »gefühlte Nähe« zu Italien in Verbindung mit einem spezifischen *Framing* der Bilder, also der Rahmung durch eine lange Deutungstradition. Um Italien als Wendepunkt zu verstehen, sollten wir uns diese Tradition kurz vor Augen halten. Bilder etwa der Pest und der Cholera sind seit dem Mittelalter überliefert. Im kollektiven Gedächtnis nehmen Darstellungen des Seuchentodes als Skelett und Sensenmann bis heute einen festen Platz ein. Als Ikone gilt eine Darstellung Alfred Rethels. 1851 brachte dessen Radierung den Choleraausbruch in Paris 1832 mit einer Karnevalszene eindrucksvoll zu Papier. Bis heute findet sich Rethels »Tod als Erwürger« in Filmen, Broschüren und Büchern.[75] Bilder wie diese stehen daher für eine Darstellungstradition, die bis weit ins 20. Jahrhundert hinein wenig variierte. Erst seit den 1970er Jahren änderte sich die Bildsprache. In dieser Zeit spülte eine Welle an Seuchenfilmen neue Bilder in deutsche Kinos bzw. später in die Videotheken und Streamingdienste und damit in die Köpfe der Deutschen. Filmtitel wie »Outbreak« mit Dustin Hoffman und Morgan Freeman oder »Contagion« mit Matt Damon und Kate Winslet sind nur die jüngeren Klassiker des Seuchenfilms. Darüber hinaus steht die Konjunktur an Zombie-Filmen seit den 1980er Jahren als besonders populäre Form der Seuchendarstellung. Denn erst zu dieser Zeit wurden Zombies so richtig ansteckend. Danny Boyle, Regisseur des

Referenzwerks »24 Days Later«, hat Ängste vor Aids und BSE als Anstoß für seine Zombie-Darstellungen in mehreren Interviews hervorgehoben. Vor diesem Hintergrund machte das Motiv der Ansteckung in Filmen Furore und verankerte Bilder der Pandemie in unserem Unterbewusstsein.[76] Ähnliche Untergangsbilder wanderten im März 2020 nach Deutschland. Die Motive aus dem Süden weckten Assoziationen mit der Apokalypse, die wir seit Jahrzehnten auf Kinoleinwänden und Fernsehschirmen betrachtet hatten. In einem Beitrag über die Ereignisse in Bergamo sprach der *Spiegel* sogar wortwörtlich von »Szenen wie aus einem Endzeitfilm«.[77] Diese Analogie ist schon deshalb so frappierend, weil dasselbe Wochenmagazin nur zwei Wochen zuvor derartige Bezüge noch als naive Phantasiegebilde abgetan hatte: »Dass Horrorvisionen, wie sie in Filmen wie ›Outbreak‹ oder ›Contagion‹ gezeigt werden, ins Reich der Fantasie gehören, darin sind sich alle Experten einig.«[78] Im Laufe des März hingegen waren Eindrücke aus Italien offenbar nur noch fassbar in den allgegenwärtigen Analogien zur Apokalypse. Angesichts der bedrohlichen Entwicklung gab die *Rheinische Post* ihren Lesern mit »Outbreak«, »Contagion« und »I am Legend« sogar praktische »Film-Empfehlungen zum Thema Virus« an die Hand.[79] Auch die *Deutsche Welle* spürte in einem langen Radiobeitrag der »Fiktion-Realität-Kongruenz« zwischen Corona, »Outbreak«, »Contagion« und anderen Filmen nach, um Lehren für die Gegenwart zu ziehen. Obwohl Hollywood-Produktionen zur Überzeichnung neigten, wie die *Deutsche Welle* einräumte, »können sie uns als Spiegelbild für unser eigenes Verhalten dienen: Wer es im Kino blöd findet, dass sich im Keller der einen die Vorräte im Überfluss stapeln, während sie anderen fehlen, sieht vielleicht von Hamsterkäufen ab.«[80] Die »Bild«-Zeitung trieb das *Framing* erwartungsgemäß auf die Spitze. Sie präsentierte eine Gleichsetzung von Filmen mit Fakten, die in dieser Zeit ihresgleichen suchte. Die »erschreckenden Ähnlichkeiten« zwischen Corona und »Contagion« illustrierte das Boulevardblatt mit schockierenden Filmausschnitten, um in einem beklemmenden Befund zu enden: »Vor 9 Jahren gab es das Virus schon mal – in Hollywood«.[81]

Dass relativ alte Filmtitel wie »Contagion« und »Outbreak« seit März 2020 die Hitlisten der Streamingdienste stürmten, steht für eine wechselseitige Verstärkung von Filmtraditionen und Gegenwart. Zum einen rahmten unsere an Endzeitfilmen geschulten Sehgewohnheiten die Wahrnehmung der Pandemie. Zum anderen beförderte Corona eine selektive Wahrnehmung von Endzeitfilmen, die gegenwärtige Entwicklungen umso bedrohlicher wirken ließen. Insofern könnte man von einer doppelten Rahmung unserer Seuchenwahrnehmung sprechen. Und insofern war Italien als Wendepunkt bundesdeutscher Aufmerksamkeitsökonomien auch ein Effekt popkultureller Traditionen.

Kränkung und Kontrollverlust

Wähnten wir uns am Anfang in trügerischer Sicherheit, schlug das Pendel nun ins Gegenteil um. Das Erstaunen, dass die Pandemie kein Problem der anderen blieb, dass in Heinsberg und anderswo bald Schutzausrüstungen und Masken fehlten und Hamsterkäufe selbst Klopapier und Nudeln zu Mangelware machten, sowie die Sorge, dass ein Impfstoff noch nicht einmal in Sicht war – das alles widersprach unserem Lebensgefühl zutiefst. Im Zeitalter der Immunität hatten Seuchenzüge lange Zeit als Gespenstergeschichten aus dunklen Vorzeiten gegolten, die so rein gar nichts mit unserem modernen Gesundheitswesen, geschweige denn unserem postmodernen Lebensstil zu tun haben konnten. Nun aber schnellten die Erkrankungszahlen steil nach oben. Am 1. März wurden erstmals zweistellige Erkrankungszahlen registriert, nur einen Tag später war die Zahl mit 150 Erkrankten schon dreistellig. Gerade mal eine Woche drauf, am 9. März, beklagte man bereits 1.112 Erkrankte und zwei Tote, weitere zehn Tage später waren die Zahlen erstmals fünfstellig: 12.327 Erkrankte zählte das RKI am 19. März.

Im März 2020 avancierte Corona zu einer Kränkung unseres Selbstverständnisses, ja zum Ausdruck eines kollektiven Kontrollverlustes. Ein Mittel gegen diese Empfindung waren Verschwörungstheorien. Sie suggerierten einfache Antworten auf komplexe Zusammenhänge und damit ein Sicherheitsgefühl (vgl. näher Kapitel 7). Ein anderes Mittel war politische Kommunikation. Der gefühlte Kontrollverlust mobilisierte Politiker:innen aller Ressorts und Ebenen, und zwar bis zur Regierungsspitze. Sogar Bundeskanzlerin Merkel wandte sich am 18. März 2020 mit einer Fernsehansprache an die gesamte Bevölkerung, um den Deutschen die Coronapandemie zu erklären. Die Bedeutung dieses Auftritts ist kaum zu überschätzen. Nicht nur wandte sich Merkel zum ersten Mal in ihrer langen Kanzlerschaft an die gesamte Bevölkerung. Selbst auf dem Höhepunkt der »Flüchtlingskrise« 2015, die der Bundeskanzlerin scharfe Kritik eingebracht hatte, war sie nicht in dieser Weise vor Fernsehkameras getreten. Und noch in anderer Hinsicht war Merkels Auftritt am 18. März eine Premiere. Noch nie hatte ein deutsches Regierungsoberhaupt wegen einer Pandemie eine Ansprache gehalten. Nicht einmal Aids hatte es zu einer Rede Helmut Kohls gebracht, geschweige denn die »Hongkong«-, die »Asiatische« oder die »Spanische Grippe«.

Merkels Ansprache brachte die Kränkung und den Kontrollverlust auf den Punkt: »Unsere Vorstellung von Normalität, von öffentlichem Leben, von sozialem Miteinander – all das wird auf die Probe gestellt wie nie zuvor.«[82] Sie machte aber zugleich deutlich, dass die Bundesregierung den Kontrollverlust parieren werde. Merkels Appelle an eine Verantwortungsgemeinschaft, in der jeder für jeden einstehen müsse, an Selbstverantwortlichkeit und Solidarität für die Schwachen setzten drei Schwerpunkte der Rede und damit den Tenor für die politische Kommunikation der folgenden Wochen. Dass die Bundeskanzlerin erstmals eine Fernsehansprache an die Nation hielt und sich mittlerweile ganze Zeitungsausgaben und Nachrichtensendungen ausschließlich der Pandemie widmeten, unterstreicht daher den allgemeinen Eindruck: Seit März 2020 hatte Corona endgültig unsere volle Aufmerksamkeit.

3. Achtsamkeit: Wandel von Risikovorstellungen

Das Virus war gut zu sehen. Seine Verbreitung zeichnete sich am Krankenstand in Betrieben oder an geschlossenen Behörden ab. In Augsburg musste die Müllabfuhr das Friedhofsamt unterstützen und Gräber ausheben, in Ludwigsburg sortierten Bundeswehrsoldaten Pakete, um erkrankte Briefträger:innen zu ersetzen. Einen Höhepunkt erreichte die Pandemie kurz nach Heiligabend. Weihnachtseinkäufe und Familienbesuche trugen das Virus durch die gesamte Republik, allein in Hamburg waren kurze Zeit später sämtliche 2.000 Krankenhausbetten belegt. Selbst betagte Krankenhaus- und Pflegekräfte wurden daraufhin aus ihrem Ruhestand zurückgebeten.[83] In Berlin war die Lage nicht minder dramatisch. Allein das Kreuzberger Urban-Krankenhaus sei zwischen den Feiertagen mit 145 Betten überbelegt gewesen, so dass man über »Erste-Hilfe-Stellen« für Berliner Krankenhäuser zur Bewältigung der Pandemie nachdenken müsse.[84]

Solche Schreckensmeldungen konnten die Deutschen zum Jahreswechsel 1969/70 lesen. Zu diesem Zeitpunkt hielt die »Hongkong-Grippe« die Deutschen seit mehreren Monaten im Griff. Sie gilt heute als die letzte große Pandemie des 20. Jahrhunderts, ja im Grunde bis 2020. Weltweit forderte die Hongkong-Grippe um die 1,5 Millionen Tote, allein in Westdeutschland beklagte man zwischen Frühjahr 1969 und Frühjahr 1970 ca. 50.000 Todesopfer.[85] Hinzu kamen noch weitere Tausende Opfer in der DDR. Ganz grob geschätzt forderte die Hongkong-Grippe innerhalb eines Jahres also ähnlich viele Menschenleben wie die Coronapandemie im selben Zeitraum. Auch Einschränkungen des öffentlichen Lebens waren 1969/70 zu spüren, wenngleich sich Schul-, Betriebs- und Behördenschließungen auf lokale Hotspots beschränkten. Und ebenso wie 2020 standen während der Hongkong-Grippe Sündenböcke hoch im Kurs. In der zeittypischen Rhetorik des Kalten Krieges verunglimpfte beispielsweise die *Rhein-Zeitung* die Pandemie als »Mao-Grippe«, die sich in die Bundesrepublik »einschleiche«.[86] Tatsächlich, auch das eine Parallele zur Coronapandemie, hatte die Hongkong-Grippe ihren Ursprung in China, von wo aus sie sich zunächst »im Radfahrertempo« durch Asien verbreitete, um dann zur weltweiten Seuche zu mutieren.[87]

Zwei Welten

Parallelen zwischen 1969/70 und 2020/21 täuschen schnell über gravierende Unterschiede hinweg, die im Vergleich zwischen Hongkong-Grippe und Coronapandemie sichtbar werden. Stellt man die Reaktionen der Deutschen auf beide Pandemien gegenüber, beschleicht einen geradezu das Gefühl, zwei unterschiedliche Welten zu betrachten.

Am eindeutigsten treten die Unterschiede am Umfang der Berichterstattung zu Tage. Während Corona deutsche Medienschlagzeilen seit März 2020 für einen Zeitraum von sehr viel mehr als einem Jahr beherrschte und im Frühsommer 2020 und 2021 sogar ganze »Tagesschau«-Sendungen füllte, ging die Hongkong-Grippe im Grundrauschen des medialen Blätterwaldes weitgehend unter. So ist der eben zitierte *Spiegel*-Artikel auch deshalb so bemerkenswert, weil er eine seltene Ausnahme darstellt. In den Jahren 1968 bis 1970 schaffte es die »Hongkong-Grippe« im Hamburger Nachrichtenmagazin ganze drei Mal in einen Artikel.[88] Die Lektüre von Regional- und Lokalzeitungen untermauert den Befund noch. Hier zog die Hongkong-Grippe selbst auf ihrem Höhepunkt im Januar 1970 gegenüber dem Einkaufsfieber im Winterschlussverkauf eindeutig den Kürzeren.

Noch weniger Aufmerksamkeit erregte die Hongkong-Grippe in deutschen Parlamenten. Ganze zwei Male brachten Bundestagsabgeordnete die Grippe zur Sprache, wobei selbst dieser Befund schon übertrieben ist. Denn diskutiert wurde die Grippe im Bundestag nicht. Beide Male reichten kurze Statements der Bundesregierung aus, um das mäßige Interesse zu befriedigen. So antwortete Gesundheitsministerin Käte Strobel (SPD) Mitte Januar 1969 auf die Frage, »welche Maßnahmen [...] die Bundesregierung« zur Eindämmung der Hongkong-Grippe getroffen habe, mit einer recht rustikalen Einschätzung: »In jedem Jahr steigen im ersten Quartal die Erkrankungen der oberen Luftwege an; [...]. Da der Umfang solcher Erkrankungen von einer ganzen Reihe von Faktoren, nicht zuletzt von der

Witterung, abhängt, sind verläßliche Prognosen nicht möglich.«[89] Strobel ordnete die Hongkong-Grippe also in eine Reihe mit der üblichen Grippe ein, die letztlich wie das schlechte Winterwetter zum üblichen Jahresverlauf gehöre.

Viele Mediziner:innen stießen ins selbe Horn. Ende 1968 tat das Bundesgesundheitsamt Vorstellungen von einer Grippepandemie noch als »mediales Phantasma« ab. Und selbst ein halbes Jahr später wollte das Amt »nicht von einer Epidemie sprechen«.[90] Einzelne Expert:innen wie der Hannoveraner Epidemiologe Rudolf Wohlrab, der von der Hongkong-Grippe als »Weiße Pest« sowie von mindestens 40.000 Toten sprach, blieben in Fachkreisen weitgehend ungehört. Selbst als zum Jahreswechsel 1969/70 die Überfüllung von Krankenhäusern mit Grippekranken mehreren Städten Sorgen bereitete, gab sich ein Großteil der Ärzteschaft abgeklärt. Auf einer Besprechung zwischen Gesundheitsexpert:innen in West-Berlin zog beispielsweise der Präsident der Berliner Ärztekammer, Alexander Hasenclever, eine beruhigende Bilanz unter die »Grippezeit« zwischen 1969 und 1970. Vereinzelte Kritik aus der Bevölkerung an fehlenden Krankenhauskapazitäten sei demnach auf »übertriebene Publikationen (z.B. auch in Illustrierten)« zurückzuführen. In dieser abgeklärten Haltung bestand zwischen Ost und West im Übrigen erstaunliche Einigkeit. Zwar legte das ostdeutsche Ministerium für Gesundheitswesen Impfstoffreserven und Aufklärungsmaterial auf Lager. Allerdings lehnten die Mitglieder des »Operativstabs ›Grippebekämpfung‹« »einschneidende Maßnahmen« wegen der Beeinträchtigung des »gesellschaftlichen Lebens« ab.[91] Abwarten, Ausharren, Aussitzen – das blieb die Devise vieler Medizinalbehörden und Gesundheitsministerien im Angesicht der letzten großen Pandemie des 20. Jahrhunderts.

Das Aufmerksamkeitsgefälle zwischen Coronapandemie und Hongkong-Grippe ist also mit Händen zu greifen. Wie lassen sich diese unterschiedlichen Reaktionen nachvollziehen? Welche Hintergründe erklären den erstaunlichen Fatalismus von 1969/70 und die ungleich heftigeren Reaktionen der 2020er Jahre? Und was sagen diese Hintergründe über unsere Gegenwart aus – warum hat sich unser Umgang mit Pandemien innerhalb weniger Jahrzehnte fundamental gewandelt? Die Historikerin Bettina Hitzer hat eine Erklärung für den früheren Fatalismus im Föderalismus gesucht. Aufgrund der Datenerhebungen durch die Länder habe 1969/70 auf Bundesebene »der Überblick über das tatsächliche Ausmaß der Grippepandemie«[92] gefehlt. In der Gesamtschau stechen noch drei weitere Gründe für die unterschiedlichen Wahrnehmungen der beiden Pandemien hervor. An diesen Ursachen wird zugleich nachvollziehbar, warum Corona ungleich heftigere Reaktionen provozierte als jede Pandemie zuvor.

Erstens lebten die Deutschen während beider Pandemien in gesundheitlicher Hinsicht in unterschiedlichen Erfahrungsräumen. Bis weit in die 1960er Jahre gehörten »Volksseuchen« wie Tuberkulose, Diphtherie, Kinderlähmung oder Masern zum westdeutschen Alltag dazu. Noch Ende der 1960er Jahre erkrankten jedes Jahr mehr als 200.000 Westdeutsche allein an der Tuberkulose, davon zwischen 6.200 und 7.500 Menschen tödlich.[93] In den ersten Jahrzehnten der Bundesrepublik war der Seuchentod im Alltag der Deutschen also ungleich präsenter als im 21. Jahrhundert. Die damalige Alltäglichkeit von Krankheit und Tod ist umso bestechender, wenn man die Sozialisationserfahrungen der Deutschen berücksichtigt. Auch in den 1960er Jahren waren die gesundheitlichen und seelischen Folgen des Zweiten Weltkriegs noch sehr präsent. Die Millionen an Kriegstoten und ebenso zahlreichen Kriegsversehrten hielten Tod und Krankheit im Bewusstsein der Menschen. Gleichzeitig setzte sich erst seit dieser Zeit allmählich »das Prinzip optimaler medizinischer Versorgung unabhängig vom entstehenden Kostenaufwand«[94] durch. Die Vorstellung, dass jedem Menschen die bestmöglichen Maßnahmen gegen Krankheit und Tod zuständen, war ein Novum, das erst im Laufe von Jahrzehnten zu einem Einstellungswandel führte. Kurz gesagt waren Krankheit und Tod in den ersten Jahrzehnten der Bundesrepublik alltäglicher als in Folgezeiten. Vor diesem Erfahrungshorizont litt die Hongkong-Grippe an einem Aufmerksamkeitsdefizit. Fünfzig Jahre später hingegen spielten im Erfahrungsraum der Deutschen Infektionskrankheiten keine große Rolle mehr. Dass sich das Aufmerksamkeitsfenster nach der Jahrtausendwende für einzelne Seuchenzüge wie Sars, Ebola und Schweinegrippe zumindest kurzfristig sehr viel weiter öffnete als 1969/70 für die Hongkong-Grippe, unterstreicht noch den Befund: Seuchen waren im 21. Jahrhundert keine Alltagserfahrungen mehr. Umso tiefer schnitt Corona ins deutsche Selbstverständnis ein.

Eine zweite Erklärung für das Aufmerksamkeitsgefälle zwischen 2020/21 und 1969/70 liegt in der Semantik der Grippe. Die Hongkong-Grippe stand schon wegen ihres Namens in einer langen Tradition alljährlicher Grippezüge, an die sich die Deutschen seit einem guten Jahrhundert gewöhnt hatten. Schon im 19. Jahrhundert forderten Influenza-Pandemien allein in Deutschland immer wieder zehntausende Tote. Die »Russische Grippe« von 1889 beispielsweise kostete allein in Europa 250.000 Menschen das Leben und erregte doch wenig Aufmerksamkeit.[95] Sie galt als bekannte Krankheit, gewissermaßen als Vertraute, an die man sich letztlich gewöhnt hatte. Während Corona als unbekannte Pandemie schnell sämtliche Schlagzeilen beherrschte, hatten Grippezüge als »bekannte Bedrohung«[96] in der Presse geringen Nachrichtenwert. Die Deutschen hatten gelernt, mit den Toten der Grippe zu leben.

Vor diesem Hintergrund ist nachvollziehbar, warum Impfungen gegen die Hongkong-Grippe auf mäßige Resonanz stießen. Nicht nur Beamte des Bundesgesundheitsamts zeigten eine gewisse Skepsis gegenüber der Wirksamkeit von Grippeschutzimpfungen. Auch unter den Deutschen, selbst unter den älteren, blieb der Zuspruch durchwachsen. So berichteten Ärzte und Medizinalbeamte, dass sich im Winter 1969/70 vorwiegend junge Erwachsene oder Sportbegeisterte impfen ließen, die noch schnell vor dem Skiurlaub einer Erkrankung vorbeugen wollten. Letztlich stellte auch die Grippeimpfung die Pandemie in den Aufmerksamkeitsschatten. Ab den 1960er Jahren etablierten sich Impfungen auch in der Bundesrepublik als präventive Maßnahme gegen die Influenza. Nicht nur Ärzt:innen warben für die Impfung, vor allem Betriebe nahmen den Grippeschutz in die eigene Hand. Betriebswirtschaftliche Überlegungen spielten dabei eine tragende Rolle, senkte Immunität doch den Krankenstand in Unternehmen. Mit der alljährlichen Werbung für die Grippeimpfung schrieb sich die Grippe im Bewusstsein der Deutschen also nicht nur als bekannte, sondern ebenso als vermeidbare Bedrohung ein, was ihren Aufmerksamkeitswert weiter schmälerte.

Dass die Semantik der »Grippe« bis heute als Signum für Selbstverständlichkeit und Sorglosigkeit steht, beklagen Ärzt:innen alle Jahre wieder. Allein die letzten drei großen Grippewellen vor Beginn der Coronapandemie, die Grippewelle 2014/15, die Welle 2016/17 und die von 2017/18, kosteten nach Schätzungen des Robert Koch-Instituts zwar jedes Mal weit über 20.000 Deutsche das Leben.[97] Dennoch tendierte die Aufmerksamkeit für diese Grippeopfer gegen Null. Vor diesem Hintergrund geriet »die Grippe« während der Coronapandemie sogar zu einem schlagkräftigen politischen Argument. Entsprechende Vergleiche zwischen Grippe und Coronapandemie waren 2020 nicht nur auf Coronademos zu hören (vgl. näher Kapitel 7). Auch im Bundestag waren solche Gleichsetzungen auf einigen Oppositionsbänken zu hören. Dass die Bundesregierung wiederum solche Gleichsetzungen zwischen Corona und Grippe schnell als Argumente von »Querdenkern« brandmarkte, unterstreicht noch einmal die Selbstverständlichkeit der Grippe. Analogien zwischen Influenza und Corona galten als bewusste Relativierung der Pandemie und damit als Generalangriff auf gesundheitspolitische Maßnahmen.

Probleme mit Kollateralschäden

Eine dritte Erklärung für das Aufmerksamkeitsgefälle zwischen Corona-pandemie und Hongkong-Grippe ist für eine Einordnung der Gegenwart am wichtigsten. Zwischen 1970 und 2020 veränderte sich die Wahrnehmung von Risikogruppen fundamental. Schon während der Hongkong-Grippe waren vorwiegend Alte und Vorerkrankte von der Pandemie betroffen. Sie galten bereits 1969/70 für Impfungen als bevorzugte Zielgruppe, gleich nach den Mitarbeitenden in wichtigen Betrieben. Gleichwohl gab das erhöhte Sterberisiko von Alten und Vorerkrankten während der Hongkong-Grippe ansonsten kaum Anlass zur Beunruhigung, im Gegenteil. Denn letztlich galt die hohe Sterblichkeit in Risikogruppen geradezu als Bestätigung, dass die Grippe ihren bekannten Gang gehe, wie der *Spiegel* zeitgenössische Stimmen zusammenfasste: Unter den Grippekranken mit schwerem Verlauf fänden sich meist jene Menschen, »die ohnehin gefährdet waren – durch Altersschwäche, Asthma oder chronische Bronchitis, durch Herz- und Kreislaufleiden, durch Stoffwechselstörungen wie Diabetes oder durch eine Schwangerschaft.«[98] Mediziner:innen diente die erhöhte Sterblichkeit der Alten und Vorerkrankten letztlich sogar als Beruhigung, dass die Hongkong-Grippe »im ganzen milder« verlaufe, als zunächst befürchtet worden war: »Bedrohlich wird die Erkrankung, wie die Experten meinen, allenfalls für alte und kränkliche Menschen.«[99] Letztlich brachte die Hongkong-Grippe also eine zeitgenössische Selbstverständlichkeit auf den Punkt: Der Tod von Alten und Vorerkrankten war eine bekannte Begleiterscheinung der alljährlichen Influenza. Was heute als kalter Fatalismus erscheinen mag, entsprach schlichtweg dem Erfahrungsraum, in dem sich die Deutschen in den ersten Jahrzenten der Bundesrepublik eingerichtet hatten.

Fundamentale Verbesserungen der Gesundheitsversorgung machten sich für Ältere vor allem seit den 1970er Jahren bemerkbar, dann jedoch in einem solchen Ausmaß, dass es seither »zu beträchtlichen generationellen Ungleichgewichten«[100] kam, wie Winfried Süß nachgewiesen hat. Denn seit dieser Zeit stiegen die Gesundheitsausgaben der Krankenkassen für Rentner:innen erheblich an. Während die durchschnittlichen Ausgaben für Ältere im Jahr 1970 – trotz des sehr viel höheren Krankheitsrisikos – nur geringfügig über den Ausgaben von erwerbstätigen Krankenversicherten lagen, stiegen die Mehrausgaben für Rentner:innen in einem Zeitraum von 15 Jahren auf satte 164 Prozent.[101] Selbst die Reformen der 1980er und 1990er Jahre änderten an den Verbesserungen wenig. Allen Sparzwängen zum Trotz blieb eine optimale medizinische Versorgung bis ins hohe Alter ein gesundheitspolitischer Grundakkord, den selbst anwachsende Klagen über »Kostenexplosionen« im Gesundheitswesen nicht übertönen konnten.[102] Mochte das »Ende des Wachstums« vielen Deutschen seit den späten 1970er Jahren auch drohend vor Augen stehen, blieb Gesundheit ein letztes Fortschrittsversprechen der Moderne, das sich allen Krisen zum Trotz bis heute gehalten hat.[103]

Nicht nur Immunität avancierte seit den 1970er Jahren daher zur Selbstverständlichkeit, sondern ebenso das »Vierte Lebensalter«. Vorstellungen von einem erfüllten und aktiven Leben nach dem Beruf waren lange Zeit Luxus und ein Privileg weniger gewesen. Einen »goldenen Herbst« konnten viele Deutsche erstmals ab den 1970er und 1980er Jahren genießen. Seither mauserten sich rüstige Rentner:innen zur begehrten Zielgruppe für Konsumangebote und Freizeitformate, die bis dahin exklusiven Kreisen vorbehalten geblieben waren. Als Schattenseite dieser Entwicklung stehen die bis heute andauernden Debatten über das »Rentenproblem«. Diese Diskussion rührt nicht nur vom demografischen Wandel und »Pillenknick« her, sondern speist sich auch aus der ständig steigenden Lebenserwartung, die nun erstmals einem Großteil der Bevölkerung ein jahrelanges aktives Leben nach dem Beruf eröffnete.[104]

Kurz gesagt galt das Leben von Alten und Vorerkrankten während der Coronapandemie in einem ganz anderen Maße als lebens- und schützenswert als noch fünf Jahrzehnte zuvor. Die seit Frühjahr 2020 propagierte Leitidee, dass wir im Kampf gegen die Pandemie möglichst alle schützen sollen, entsprach einem neuen Erfahrungsraum der Deutschen, die Gesundheit und Krankheit nun anders bewerteten. Noch während der Hongkong-Grippe hatte die erhöhte Sterblichkeit von Alten und Vorerkrankten letztlich als Kollateralschaden gegolten, der aus Gewöhnung an die Grippe hingenommen wurde. 2020 waren Kollateralschäden dagegen ein Problem, ja mehr noch: Die Bedrohung der Alten und Kranken begründete die schärfsten Eindämmungsmaßnahmen, die Deutschland bis dahin jemals gesehen hatte. Noch nie zuvor in der deutschen Geschichte befanden sich große Teile der Gesellschaft im Pausenmodus – und das ganz bewusst um den Preis erheblicher wirtschaftlicher Einbußen.

Man kann die Coronapandemie daher als vorläufigen Höhepunkt einer staatlichen Nervosität seit den 1970er und 1980er Jahren verstehen. Die Verwandlung der Deutschen in eine »Risikogesellschaft« forderte die Bundesregierung demnach zu immer umfassenderen Vorsorgemaßnahmen heraus.[105] Prävention geriet nun zu einem Egalitäts- und Partizipationsversprechen, mit dem das Grundrecht auf körperliche Unversehrtheit (Art. 2) als allgemeingültig betrachtet und zu einer absoluten Norm erhoben wurde. Auch deshalb stellte die Coronapandemie bisherige Wertehierarchien auf den Kopf. Nicht die Alten und Vorerkrankten, sondern die Wirtschaft hatte nun Kollateralschäden zu erleiden, wobei dieser Begriff aus heutiger Perspektive noch als blanker Euphemismus erscheint. Die wirtschaftlichen Folgen der Eindämmungsmaßnahmen waren fatal, zuerst für einzelne Unternehmen und Sparten, im Laufe der Monate allerdings für ganze Volkswirtschaften. Im zweiten Quartal 2020 sank das deutsche Bruttoinlandsprodukt um satte 9,8 Prozent. Noch schwerer wog der Rückgang privater Konsumausgaben in diesem Zeitraum um ganze 13 Prozent, da diese unmittelbar auf die Eindämmungsmaßnahmen seit Ende März zurückzuführen waren. Selbst in der schweren Finanzmarkt- und Wirtschaftskrise von 2008/09 waren private Konsumausgaben noch stabil geblieben. Der Infektionsschutz von 2020 hingegen schränkte den privaten Konsum drastisch ein, mit entsprechenden Auswirkungen auf die gesamte Wirtschaftsleistung.[106] Das alles waren also keineswegs Kollateralschäden. Aber sie schienen gerechtfertigt im Angesicht der Sicherheit für Vorerkrankte und Alte.

Vom Eigennutz zur Achtsamkeit

Der Wandel der Risikovorstellungen könnte also deutlicher nicht sein. 2020 stand der Schutz von Vorerkrankten und Alten also ganz oben auf der Agenda. Weitgehende Einschränkungen des öffentlichen Lebens und Grundrechtseingriffe fanden ihre Begründung im Schutz jener, deren erhöhtes Sterberisiko bis weit in die zweite Hälfte des 20. Jahrhunderts hinein als Begleiterscheinungen von Pandemien hingenommen worden waren. Der Philosoph Jürgen Manemann hat diesen Wandel als Erhöhung von »Differenzsensibilität« beschrieben, als eine neue Empfindsamkeit für unterschiedliche Verwundbarkeiten. Mit dieser erhöhten Sensibilität erklärt Manemann eine ganz neue Form der Solidarität, die in den Gesundheitsmaßnahmen 2020/21 sichtbar geworden sei. Im Krisenfall sind gemeinhin Solidaritätsforderungen verbreitet, die auf eine »Bündnissolidarität« von Zweckgemeinschaften abheben: »Ich unterstütze dich, damit du mich unterstützt.« In der Coronapandemie hingegen war ein neuer Appell zu hören: »Seid achtsam und vorsichtig im alltäglichen Umgang mit Personen, die verwundbarer sind als ihr.«[107] Demnach war Solidarität 2020/21 nicht mehr nur eine Frage des Eigennutzes, sondern ebenso Ausdruck einer allgemeinen Achtsamkeit.[108] Dass die weitgehenden Einschränkungen des öffentlichen Lebens und sogar von Grundrechten während des gesamten Zeitraums 2020/21 hindurch von einer Mehrheit der Deutschen befürwortet wurde, unterstreicht den Zusammenhang zwischen neuen Solidaritätskonzepten und veränderten Risikovorstellungen noch.

All das bildete den Hintergrund für ein gewaltiges Aufmerksamkeitsgefälle, das für einen Zeitraum von 50 Jahren zwischen Coronapandemie und Hongkong-Grippe festzustellen ist. Das Aufmerksamkeitsgefälle speiste sich aus einem Wandel von Risikowahrnehmungen, aber auch umgekehrt: Die erhöhte Sensibilität für Risikogruppen befeuerte Ängste vor der Seuche als gesamtgesellschaftliche Bedrohung. Der Schutz von Risikogruppen avancierte damit zum Ausgangspunkt aller gesundheitspolitischen Programme. Einzelne Stimmen, die zu Beginn der Coronapandemie Bedürfnisse »der Jungen« gegen die »der Alten« ausspielen wollten oder auf Herdenimmunität durch eine »natürliche« Durchseuchung drangen, setzten sich nicht durch. Vielmehr galt das Überleben der Risikogruppen von Anfang an als Messlatte einer humanen Seuchenbekämpfung. Selbst exklusive Maßnahmen nur für Risikogruppen oder die konsequente Isolation von Alters- und Pflegeheimen, wie sie zeitweilig in Schweden praktiziert wurde, galten in der Bundesrepublik daher nicht als Option. Abstand für alle und die Einschränkungen des öffentlichen Lebens waren stattdessen ein Beitrag, den die Gesellschaft nicht nur für sich selbst, sondern mehr noch für den Schutz der Risikogruppen zu leisten hatte. Bundeskanzlerin Angela Merkel brachte diesen Zusammenhang in ihrer Fernsehansprache wie folgt auf den Punkt: »Kein Handschlag mehr, gründlich und oft die Hände waschen, mindestens eineinhalb Meter Abstand zum Nächsten und am besten kaum noch Kontakte zu den ganz Alten, weil sie eben besonders gefährdet sind.«[109]

Im Vergleich zwischen Coronapandemie und Hongkong-Grippe wird also ein grundsätzlicher Wandel im Umgang mit Krankheit und Tod deutlich. 2020 hatten der medizinische Fortschritt und die Entdeckung des »Vierten Alters« den früheren Fatalismus im Umgang mit Risikogruppen verdrängt. Der Tod von Alten und Vorerkrankten galt nicht mehr als hinnehmbare Begleiterscheinung, sondern als ein gesamtgesellschaftliches Problem, gegen das sich alle wappnen mussten. Dieser Wahrnehmungswandel erklärt also die weitgehenden Reaktionen auf Corona, die in der deutschen Geschichte ohne Beispiel sind. Der im Jahr 2020 häufig bemühte Vergleich mit der »Spanischen Grippe« von 1918/19 zeigt daher keineswegs Parallelen auf, wie immer wieder suggeriert wurde. Die pragmatische Haltung von Reichs- und Landesregierungen, das Desinteresse der Zeitungen und der Fatalismus der Bevölkerung gegenüber der »Spanischen Grippe« stehen vielmehr als gewaltiger Gegensatz zu 2020/21 und damit einmal mehr für einen Wahrnehmungswandel.

Der Befund vom Wahrnehmungswandel meint keineswegs, dass die weitgehenden Maßnahmen des Infektionsschutzes unwidersprochen blieben. Das Gegenteil ist der Fall, wie intensive parlamentarische und mediale Debatten um Verhältnismäßigkeit und Nutzen der Maßnahmen belegen (vgl. näher Kapitel 5). In diesen Debatten ging es daher nicht nur um Gesundheit und Krankheit oder um Leben und Tod. Es ging um sehr viel mehr, nämlich um die Grundsätze der Gesellschaft sowie um die Frage, wie wir eigentlich zusammenleben wollen. Die Heftigkeit und Dauer solcher Debatten unterstreichen aber einmal mehr, dass sich etwas Grundsätzliches geändert hatte. Bescherten die Ausbrüche in Bergamo, Heinsberg und Ischgl der Coronapandemie bereits große Aufmerksamkeit, erhöhte die Sorge um Risikogruppen den politischen Handlungsdruck. Aufmerksamkeit für die Pandemie und für Risikogruppen begründete seit März 2020 eine Bedrohungswahrnehmung, die weitgehende Maßnahmen wie flächendeckende Lockdowns und sogar Grenzschließungen legitimierte.

4. Abschottung: Nationale Alleingänge und internationale Konkurrenz

Seuchen überwinden sämtliche Grenzen. Von Anfang an fungierte Corona als Chiffre für die dunklen Seiten der Globalisierung, für die Kehrseite entfesselter Menschen- und Warenströme. Ganz neu waren solche Sorgen nicht. Schon vor Hunderten von Jahren sorgte man sich in Hafenstädten vor den gesundheitlichen Nebenwirkungen globaler Netzwerke. Schiffe brachten den unsichtbaren Tod an Land, Häfen erschienen als Einfallstore für Seuchen, die sich rasch über ganze Kontinente verbreiteten. Quarantäne- und Isolationsmaßnahmen galten somit als Mittel der Wahl.

Bis ins 19. Jahrhundert hatten schon die langen Reisezeiten von Segelschiffen meist sichergestellt, dass Pest, Pocken und Cholera bereits an Bord ausbrachen und daher schnell entdeckt wurden. Dampfschiffe und Eisenbahnen warfen solche Konzepte immer häufiger über den Haufen. Je kleiner die Welt dank Schifffahrtsrouten und Bahnverbindungen wurde, desto schneller wuchsen Sorgen vor der Seuche. So löste im 19. Jahrhundert die Cholera endgültig die Pest als größte epidemische Bedrohung Europas ab. Sie weckte fortan Ängste vor einem primitiven Orient und »mikrobiellem Mongolensturm«.[110] Vor allem aber machte sie auf die Schattenseiten imperialer Größe und weltweiten Handels aufmerksam.

Stellten Dampfschiffe und Eisenbahnen bereits ein gravierendes Problem dar, erwiesen sich Flugzeuge geradezu als epidemiologischer Albtraum. Flüge verkürzten die Reisezeit zwischen Ländern und Kontinenten auf wenige Stunden und damit die Reaktionszeit für Gesundheitsmaßnahmen. In der Bundesrepublik wurde der Albtraum während der 1960er Jahre mehrfach Realität. Mehrere Pockeneinschleppungen aus Asien und Afrika insbesondere nach Nordrhein-Westfalen und Niedersachsen warfen sämtliche Präventionsprogramme über den Haufen. Da trotz einer Impfpflicht gegen die Pocken die Impfquote seit den 1940er Jahren kontinuierlich gesunken war, hatten Medizinalbeamte Anlass zur

Sorge. Die Einführung von »Impfschleusen« an internationalen Flughäfen und die Aufstellung der »Pockenalarmpläne« in den 1960er Jahren sollten Antworten geben auf eine neue Bedrohungslage, die vom globalen Massentourismus und Handel ausging.

Ländervergleiche als Leistungstest

Effektiver noch als nationale Präventions- und Eindämmungsmaßnahmen schienen internationale Kooperationen. Globale Bedrohungen ließen sich am besten mit weltweiten Wissenstransfers angehen. Für eine »Welt ohne Krankheit«, von der ja letztlich jede Nation etwas hatte, brauchte es stabile internationale Beziehungen.[111] Auch diese Einsicht wurzelt im 19. Jahrhundert, das mit den Internationalen Sanitätskonferenzen seit 1851 ein regelmäßiges internationales, wenngleich rein europäisches Forum für den Kampf gegen Pest und Cholera etablierte. Die Hygienesektion des Völkerbundes sorgte nach dem Ersten Weltkrieg für einen kontinuierlichen Austausch über alle Fragen des Seuchenschutzes, der mit ihrer Nachfolgerin, der Weltgesundheitsorganisation (WHO), noch einmal intensiviert wurde. Mediziner:innen tauschten sich über neueste Forschungsergebnisse ebenso aus wie über praktische Erfahrungen der Seuchenbekämpfung.

Der internationale Austausch verwandelte die Welt in ein gigantisches Versuchslabor. Das gilt nicht nur für europäische Kolonien in Afrika und Asien, die auch im eigentlichen Wortsinne zu Experimentierfeldern für Europa mutierten. Mindestens ebenso wichtig waren nationale Vergleiche zwischen europäischen Staaten. Denn aus der Gegenüberstellung nationaler Gesundheitskonzepte ließen sich Erkenntnisse über die Wirksamkeit unterschiedlicher Gesundheitsmaßnahmen unter »heimischen« Lebensbedingungen gewinnen. So schlussfolgerten Mediziner:innen aus unterschiedlich hohen Todeszahlen verschiedener Staaten etwa den besten Zeitpunkt für Impfprogramme oder die ideale Dauer von Isolationsmaßnahmen.[112] Aus heutiger Perspektive könnte man über solche Erkenntnisgewinne müde lächeln. Spielten bei Vergleichsanordnungen in einem derart großen Maßstab nicht zahlreiche andere Faktoren eine mindestens ebenso große Rolle wie Gesundheitsmaßnahmen? Hatten klimatische Bedingungen eines Landes beispielsweise nicht gewaltigen

Einfluss auf das Seuchengeschehen, ganz zu schweigen von verschiedenen politischen oder Sozialsystemen, von Urbanisierungs- und Industrialisierungsgraden? Waren solche Vergleiche nicht eher die Folge eines allzu reduktionistischen Gesundheitsverständnisses?[113] Anders gefragt: Welchen Wert konnte Seuchenforschung in einem derart großen, geradezu überzogenen Maßstab haben?

Das Lachen bleibt einem schnell im Halse stecken, wenn man auf jüngere Entwicklungen seit Frühjahr 2020 blickt. Seither kam der Ländervergleich nämlich zu ganz neuen Ehren, ja mehr noch: Nationale Vergleiche waren während der gesamten Pandemie verbreiteter als je zuvor. Täglich aktualisierte Rankings in Tageszeitungen, Applikationen und auf Internetseiten stehen als Sinnbild für eine neue Popularität nationaler Vergleiche von Infektionszahlen, Toten, Inzidenzwerten, Reproduktionszahlen oder Impfquoten. Angelika Epple hat die gegenwärtige Vergleichslust auf eine verbreitete Unsicherheit im Angesicht der neuen Bedrohung zurückgeführt: »Wir sind Augenzeug*innen, wie mithilfe von Vergleichen Orientierung gesucht, gefunden und begründet wird.«[114] Wegen des großen Orientierungsbedürfnisses waren Vergleiche mitnichten eine Spezialität von Expert:innen, die das Seuchengeschehen meist ohnehin mit feinerem Besteck sezierten. Vielmehr wanderten Vergleiche dank ihrer medialen Omnipräsenz in den Alltag der Deutschen ein und strukturierten zunehmend unser Alltagswissen. Häufige Bezüge in Chats und Leserbriefen auf Infektionszahlen, Inzidenzwerte oder später auf Impfquoten stehen für diese Popularisierung des Vergleichs als Alltagspraxis und Mittel der Sinnstiftung.

Die Popularität des Vergleichs verwandelte Corona bald in eine Arena, in der Staaten und Länder wahre Wettbewerbe um die niedrigere Infektionsquote austrugen. Schließlich ließen sich täglich aktualisierte Ranglisten als Leistungstest für die nationale Krisenlösungskompetenz lesen. Eines der frühesten Beispiele präsentierte der *Spiegel* Ende Februar 2020. Nach einer Auswertung mehrerer Quellen der WHO und der Fachzeitschrift *The Lancet* präsentierte das Magazin eine Übersicht über den »Gesundheits-Sicherheits-Index« und damit Antworten auf die drängende Frage, welche Staaten für die Pandemie am besten gewappnet seien. Wer im Frühjahr 2020 noch einen Beweis für die zweifelhafte Aussagekraft solcher Rankings benötigte, konnte im *Spiegel* einen Blick auf die ersten drei Plätze werfen: Hier standen die USA auf Platz 1, gefolgt von Großbritannien auf Platz 2 und den Niederlanden auf Platz 3. Deutschland mühte sich immerhin noch auf einen achtbaren 14. Platz, fast ganz Afrika galt hingegen als »am wenigsten vorbereitet«.[115] Dass Wettbewerbe bis tief ins Jahr 2021 hinein nichts von ihrer Popularität verloren, demonstriert der wöchentliche Newsletter des bayerischen Innenministeriums. Dessen »wöchentliche Updates zur Coronakrise« klangen gelegentlich mehr nach einer Olympiareportage als nach einem Pandemiebericht. Am 14. Januar 2021 konnten die Bayern dort beispielsweise lesen: »Und wo steht Bayern im Ländervergleich? Heute liegt der Freistaat auf Platz sieben, nach Platz vier in den Vorwochen. An der ungeliebten Spitze steht nunmehr unser nördlicher Nachbar Thüringen mit einer 7-Tage-Inzidenz von 310,4 (Vorwoche 242) und verweist den bisherigen Spitzenreiter Sachsen (292,4 nach 299) auf Platz 2.«[116]

Mediziner:innen und Statistiker:innen warnten von Anfang an vor dem zweifelhaften Nutzen solcher Vergleiche. Wegen unterschiedlicher Testkapazitäten, abweichender Erfassungskriterien für Infizierte und Tote sowie Krankenhauskapazitäten für Erkrankte zogen sie die Aussagekraft solcher Wettbewerbe fundamental in Zweifel. Diese Zweifel wuchsen noch, weil die Vergleichskriterien im Laufe der Pandemie ständig verändert wurden. Galten am Anfang die Erkrankungs- und Todeszahlen als wichtigster Indikator, kam bald die Zahl der Genesenen hinzu, bevor einige Wochen lang die R-Zahl – also die Reproduktionszahl – zum Maßstab aller Vergleiche wurde, der wiederum ab Herbst 2020 vom Inzidenzwert als neues Leitkriterium abgelöst wurde, während im Winter 2020 kurzfristig wieder Erkrankungs- und Todeszahlen das Maß aller Dinge schienen. Warum blieb der nationale Vergleich dennoch eine zentrale Bezugsgröße während der gesamten Coronapandemie? Wie lässt sich die Popularität und Verbreitung von Rankings in Politik und Presse erklären, wenn ihre Aussagekraft bei genauerem Hinsehen doch recht begrenzt schien?

Eine erste Antwort führt noch einmal zu den Vergleichen auf internationalen Sanitätskonferenzen des 19. Jahrhunderts zurück, von denen eben schon die Rede gewesen ist. Denn auch im Jahr 2020 war man angesichts geringer Erfahrungen mit dem Coronavirus bereit, nach jedem statistischen Strohhalm zu greifen, der wenigstens eine grobe Einordnung der unbekannten Pandemie versprach. Dieser Pragmatismus ist absolut nachvollziehbar, wenn man sich den rasanten Anstieg der Infektionszahlen im März 2020 vor Augen hält. Allerdings mündeten die Vergleiche schnell in nationale Zuschreibungen, die wiederum neue Probleme mit

sich brachten. In der Öffentlichkeit gerannen Begriffe wie der »südkorea-
nische« oder der »deutsche Weg« bzw. das »schwedische Modell« schnell
zu Schlagworten, mit denen jegliche Differenzierung verloren ging. Die
Popularität nationaler Vergleiche speiste sich nämlich nicht zuletzt aus
Prestigegewinnen, die der Wettbewerb um die niedrigere Infektionszahl
versprach. Da Pandemien *per se* globale Phänomene sind, die weltweit
scheinbar ähnliche Herausforderungen mit sich bringen, gilt die Statistik
als quasi objektives Zeugnis für die Krisenlösungskompetenz einzelner
Staaten. Im internationalen Vergleich konnten sich einzelne Staaten
mit niedrigen Infektionszahlen als das effektivere Gesundheitssystem
präsentieren oder eben gleich als das bessere Gesellschaftsmodell.

Corona mutierte so zu einer Projektionsfläche für nationale Selbst-
und Fremdbilder, die nur noch wenig mit epidemiologischen Erkenntnissen, dafür aber umso mehr mit politischem Legitimationsdruck zu
tun hatten. So arbeiteten deutsche Zeitungen im Frühsommer 2020 an
der Gegenüberstellung britischer und deutscher Erkrankungszahlen
beispielsweise nicht nur strukturelle Probleme des *National Health System* (NHS), des britischen Gesundheitswesens, heraus. Darüber hinaus
standen die schlechten britischen Zahlen ebenso für einen unwürdigen
Schlingerkurs des britischen Premiers Boris Johnson während der Brexit-
Verhandlungen mit der EU.[117] Auf britischer Seite hingegen mühte sich
Premierminister Boris Johnson, die unterschiedlichen Erkrankungszahlen zwischen Deutschland, Italien und Großbritannien mit dem britischen
Selbstbild zu erklären. Als Johnson im September 2020 während einer Debatte im *House of Commons* von der Opposition auf die im Vergleich zu
Großbritannien sehr viel niedrigeren Infektionszahlen in Italien und
Deutschland angesprochen wurde, bemühte der Premier sogar gleich die
britische Volksseele als Erklärung für das schlechte Abschneiden: »Ein
wichtiger Unterschied zwischen uns und vielen anderen Ländern auf der
Welt ist der, dass wir ein freiheitsliebendes Land sind. Wenn man sich
die vergangenen 300 Jahre vor Augen hält, wird man feststellen, dass
jeglicher Fortschritt – von der Meinungsfreiheit bis zur Demokratie – von
unserem Land ausging, und es sehr schwer ist, die britische Bevölkerung
zum Gehorsam für einheitliche Maßnahmen zu bitten.«[118]

Infektionszahlen und Ländervergleiche dienten aber nicht nur als Mittel der Legitimation nach innen, weil sie dem eigenen Sozialstaat ein gutes Zeugnis ausstellen. Darüber hinaus gaben sie ein schlagkräftiges Argument für außenpolitische Abgrenzungen ab, das während der Brexit-

Verhandlungen in Europa ebenso gut verfing wie in Wahlkämpfen in den USA. Das »China-Virus«, das US-Präsident Trump in unzähligen Ansprachen und Tweets bemühte, war eben auch eine Chiffre für den Wettbewerb mit China, das mit allen Mitteln nach der globalen Führungsrolle greife. Solche Sündenböcke blieben im Publikum hängen. Während des Präsidentschaftswahlkampfs konnte man in den USA entsprechende Szenen im Alltag beobachten. Nach dem Wahlsieg Trumps in Florida stellte beispielsweise eine Trump-Anhängerin klar, wer die Schuld an der aktuellen Krise trage: »Uns ging es so gut, bevor China das Coronavirus auf uns losließ, und es wird uns bald wieder gut gehen.«[119]

US-amerikanische Legitimationsversuche reichten bis nach Deutschland. Nachdem Außenminister Pompeo in der »Bild«-Zeitung Mitte April 2020 klargestellt hatte, dass »die Verantwortlichen« der Pandemie bald »zur Rechenschaft« gezogen würden, griff das Boulevardblatt die Schuldvorwürfe begeistert auf. Nur einen Tag später legte das Blatt mit den großen Lettern seinen Lesern die »Corona-Rechnung« offen und listete genau auf, »was China uns jetzt schon schuldet«.[120] Nach scharfer Kritik des chinesischen Botschafters legte Bild-Chefredakteur Julian Reichelt sogar noch mit Vorwürfen nach: »Der größte chinesische Exportschlager, den keiner haben wollte, aber der trotzdem um die Welt gegangen ist, ist Corona.«[121] Solche Vorwürfe und nationalen Abgrenzungen fußten wohl nicht nur auf Kritik an der chinesischen Informationspolitik, für die es ja durchaus Gründe gab. Im Kern ging es beim »China-Virus« immer auch um den Länder- als Systemvergleich und damit um die Grundsatzfrage, welches System die Pandemie am besten bewältigen könne: »ein demokratisches oder ein autoritäres«.[122]

Als Wahlkampfschlager blieben Rankings die gesamte Pandemie über beliebt. Im »Superwahljahr« 2021 standen in der Bundesrepublik mehrere Landtagswahlen sowie im September auch die Bundestagswahl an. Vor diesem Hintergrund gewannen Ländervergleiche innerhalb Deutschlands noch einmal an politischem Gewicht. An den Inzidenzen, Infektionszahlen sowie seit Anfang 2021 an der Impfquote der Bundesländer vermaßen Politiker:innen und Publizist:innen die Handlungsfähigkeit und Durchsetzungskraft der jeweiligen Ministerpräsident:innen. Wegen des Wettbewerbs um die Kanzlerkandidatur für die Union zogen im Frühjahr 2021 die beiden Ministerpräsidenten Armin Laschet und Markus Söder und damit die Infektions- und Todeszahlen aus Bayern und Nordrhein-Westfalen besondere Aufmerksamkeit auf sich. Der Vergleich galt in der Öffentlichkeit als Beleg, »wer die bessere Corona-Strategie hat: die lässigen Rheinländer oder die strengen Bayern«.[123] Auch hier ging es also nie um die Zahlen allein, sondern immer auch um Zuschreibungen wie »lässig« oder »streng«, an denen die Kanzlertauglichkeit Laschets und Söders diskutiert wurde. Als selbst Angela Merkel Ende März Kritik an der Corona-Strategie einiger Bundesländer, darunter Nordrhein-Westfalen, äußerte, brandmarkte Armin Laschet die Popularität von Rankings und Ländervergleichen mit deutlichen Worten: »Es darf nicht zum allgemeinen Ton werden, anderen Ministerpräsidenten ihre Infektionszahlen oder gar Todeszahlen vorzuhalten.«[124] Noch schärfer klang die Retourkutsche im Übrigen aus der Bundeshauptstadt, wo der Regierende Bürgermeister Michael Müller (SPD) auf entsprechende Kritik auch an Berlin sogar von einem »Länder-Bashing« der Bundeskanzlerin sprach.[125]

Vergleiche als Leistungstest waren also eine schlagkräftige Waffe auf allen Ebenen der politischen Auseinandersetzung, weil sie scheinbar objektiv die jeweilige Krisenlösungskompetenz von Kommunen, Ländern oder ganzen Nationen belegten. Insofern blieb im Übrigen auch Armin Laschets Ablehnung von Ranglisten nur von kurzer Dauer. Als der Ministerpräsident Nordrhein-Westfalens Ende März 2021 in der Talkshow »Markus Lanz« von diesem gefragt wurde, wie er mit Söders »Treffern gegen sie« umgehe, griff auch Laschet zum Vergleichs-Argument: »Wenn man sich die Ergebnisse [ansieht], welches Land wie durch die Pandemie gekommen ist, da ist Nordrhein-Westfalen nicht bei den schlechtesten Ländern, um es mal ganz vorsichtig zu formulieren.«[126]

Vergessene globale Kooperationen

Wie sehr Vergleiche, Wettbewerbe und nationale Alleingänge in der Coronapandemie an Dynamik gewannen, ist in historischer Perspektive erschreckend. Denn eigentlich waren wir schon einmal weiter. Die internationalen Konferenzen des 19. Jahrhunderts mündeten im Laufe des 20. Jahrhunderts in einer zunächst trivial klingenden Erkenntnis: Globale Bedrohungen erfordern nicht nur einen internationalen Austausch, sondern ebenso globale Kooperationen. Insbesondere die WHO etablierte gemeinsame Standards und Programme gegen Infektionskrankheiten, die sich sehen lassen konnten. So gelang es der WHO während der 1960er und 1970er Jahre, die Pocken vollständig »auszurotten«, wie es damals hieß. Dank globaler Kooperationen in dem »Smallpox Eradication Programme« verschwand zum ersten Mal ein Virus für immer von der Erde. Die offizielle Erfolgsmeldung des *WHO-Magazins* erschien wohl nicht zufällig zum 35. Jahrestag des Endes des Zweiten Weltkriegs und klang entsprechend martialisch: »Smallpox is dead«. Möglich war dieser Erfolg, weil Ost und West – und das immerhin mitten im Kalten Krieg – an einem Strang zogen. Selbstverständlich gab es in der Zusammenarbeit der »Systemgegner« auch im Rahmen der WHO Konkurrenz und Konflikte.[127] Allerdings befriedigte das Ziel einer globalen Ausrottung eben auch nationale Einzelinteressen. Schließlich hatten vom Verschwinden der Pocken ja letztlich alle etwas. Zum einen war man die extrem ansteckende Krankheit für immer los, zum anderen aber auch die unbeliebte Pockenimpfung mit ihren verhältnismäßig heftigen und relativ häufigen Nebenwirkungen.

Die ebenso alte wie triviale Erkenntnis, dass globale Bedrohungen globale Kooperationen erfordern, war 2020 zunächst nicht sehr verbreitet. Dass die USA aus internationalen Kooperationen für die Entwicklung eines Impfstoffs ausscherten, verwundert kaum, entsprach es doch ganz der »America first«-Politik des US-Präsidenten Trump. Aber selbst innerhalb der Europäischen Union zogen Länder auf dem ersten Höhepunkt der Pandemie im Frühjahr 2020 ihre Mauern hoch. Einreiseverbote und Grenzschließungen sollten das Virus »draußen« halten. Den Nutzen dieser Abschottung stellten einige Mediziner:innen angesichts zehntausender Infizierter grundsätzlich in Frage: Das Virus war ja in vielen europäischen Staaten schon da und verbreitete sich längst über nationale Infektionsketten.[128] Wahrscheinlich wären der personelle Aufwand und die finanziellen Ressourcen anstatt für Grenzschließungen in anderen Maßnahmen besser investiert gewesen. Warum aber machten im Frühjahr 2020 dennoch zahlreiche europäische Staaten ihre Schotten dicht? Was war der Hintergrund für nationale Alleingänge gegen eine globale Bedrohung?

Grenzziehungen gegen den Kontrollverlust

Grenzschließungen waren immer auch Symbolpolitik. Nationale Abschottungen sollten die Handlungsfähigkeit der Regierungen und deren Krisenlösungskompetenz unter Beweis stellen. Obgleich Christian Drosten Ende Februar 2020 öffentlichkeitswirksam in der Fernseh-Talkshow »Maybrit Illner« den Nutzen von Einreiskontrollen relativierte,[129] ließ die Bundesrepublik nur zwei Wochen später ihre Schlagbäume herunter. Die Abschottung gen Westen und Süden sollte den Deutschen das Versprechen geben, dass sich die Bilder aus Italien nicht »bei uns« wiederholten. Die Popularität von Grenzziehungen hat ganz entscheidend mit einem Schlüsselbegriff unserer Zeit zu tun: Globalisierung. Denn im Laufe der zweiten Hälfte des 20. Jahrhunderts mutierte »Globalisierung« mehr denn je zur Chiffre für die Schattenseiten der Moderne. In der Bundesrepublik standen insbesondere Migrationsprozesse sowie etwas später der Strukturwandel als zwei besonders düstere Facetten der Globalisierung vielen Deutschen vor Augen. Corona galt also im doppelten Wortsinn als »Welt-Virus«,[130] sowohl wegen seiner globalen Verbreitung als auch als Symptom einer entfesselten Globalisierung.

Für Europäer:innen stand Migration schon lange beispielhaft für Bedrohungen durch »die« Globalisierung. »Seuchenschutz und Immigrationskontrolle«, so hat Andrea Wiegeshoff nachgewiesen, gingen seit dem 19. Jahrhundert nicht nur »Hand in Hand«, sondern mehr noch: Gesundheitsmaßnahmen machten Grenzen und damit die Nation sichtbar und mitunter sogar wortwörtlich greifbar.[131] Schließlich ermöglichten Gesundheitsuntersuchungen wie Entlausungen, Impfungen oder Isolationsmaßnahmen als konkrete Praktiken eine Ausgrenzung von Menschen.[132] Medizinische Maßnahmen an nationalen Grenzen galten daher seit dem 19. Jahrhundert als Medizin auch gegen Migrationsströme.[133]

Der Welthandel brachte es dagegen erst später zu einer populären Bedrohung. In seiner Studie zum Zusammenhang von Handelswegen und Pandemien hat Mark Harrison dieser Pathologisierung der Globalisierung vom 19. bis ins 21. Jahrhundert nachgespürt. Während der Welthandel lange Zeit Vorrang hatte vor der Weltgesundheit, drehten sich die Verhältnisse spätestens seit der Jahrtausendwende um. Mit dem ersten Sars-Ausbruch 2002/03 habe endgültig das Quarantäneprinzip die Oberhand über den freien Welthandel gewonnen, weil nun Embargos und Abschottungen auf wachsende Abstiegsängste westlicher Industrienationen reagierten.[134] Im Pandemiefall galten Grenzziehungen nun auch als Medizin gegen Globalisierungsängste sowie als Beleg, dass europäische Nationalstaaten ihre Wohlstands- und Sicherheitsversprechen halten wollten. Dass im Frühjahr 2020 allein in der Bundesrepublik zeitgleich zur nationalen Abschottung zehntausende Saisonkräfte vor allem aus Osteuropa zur Erdbeer- und Spargelernte ins Land gelassen wurden oder unter unhygienischen Arbeitsbedingungen in niedersächsischen und nordrhein-westfälischen Fleischfabriken schufteten, unterstreicht daher den Befund, dass Grenzen im Seuchenfall als Mittler von Symbolpolitik dienen. Grenzziehungen sollten Handlungsfähigkeit im Angesicht der unbekannten Seuche demonstrieren sowie Sicherheit gegen den Kontrollverlust in einer globalisierten Welt bescheren. Erdbeeren und Spargel standen in Deutschland offenbar nicht für die Schattenseiten der Globalisierung.

Besonders absurde Beispiele dieser Symbolpolitik ließen sich im April und Mai 2020 beobachten. So wurden Sonntagsausflügler, Radfahrer und Jogger aus Hamburg in diesen Wochen an der schleswig-holsteinischen Landesgrenze von der Polizei zurückgewiesen, um ein Ausgreifen der Pandemie über die Landesgrenze zu verhindern. Dass zur selben Zeit Hunderttausende Berufspendler jeden Tag vollkommen unbehelligt zwischen Hamburg und Schleswig-Holstein hin- und herreisten, unterstreicht die Absurdität solcher Grenzziehungen. Abschottungsbedürfnisse gehorchten offenbar einem Legitimationsbedürfnis der schleswig-holsteinischen Landesregierung, nicht aber epidemiologischen Erfordernissen. Im Übrigen provozierte die drastische Grenzziehung selbst kühle Hanseaten zu ungewohnt emotionalen Ausbrüchen: Von einem »bizarren Grenzstreit« war in Hamburg schnell die Rede, von unnötigen Schikanen und Ausgrenzungen.[135] Ein Gipfeltreffen zwischen dem schleswig-holsteinischen Ministerpräsidenten Daniel Günther (CDU) und Hamburgs Erstem Bürgermeister Peter Tschentscher (SPD) am 7. April 2020 besänftigte die aufgewühlten Gemüter nicht. Während Günther der schleswig-holsteinischen Polizei für ihren »großartigen Job« dankte, warnte Tschentscher vor einem »feindlichen Miteinander« in der Krise.[136]

Ganz ähnliche Szenen konnte man in dieser Phase in der gesamten Republik bestaunen. Ostseebesucher wurden an der Grenze zu Mecklenburg-Vorpommern abgewiesen, Touristen berichteten »von Einheimischen, die ihnen offen feindlich begegneten und sie unwirsch aufforderten, das Land umgehend zu verlassen«.[137] Bezeichnenderweise wurde bei solchen Abschottungen häufig mit zweierlei Maß gemessen. Reiseeinschränkungen galten vornehmlich für Touristen und Besucher, nicht aber für den Berufsverkehr, obgleich dieser oft ungleich höhere Verkehrsströme mit sich brachte. Schon diese wenigen Beispiele machen die Attraktivität von Abschottungen noch einmal nachvollziehbar. Bei Grenzziehungen gegenüber Tagesausflüglern und Touristen ging es weniger um Einschränkungen der Bewegungsfreiheit im Sinne des Infektionsschutzgesetzes, das den Regierenden ja durchaus legitime Mittel der Seucheneindämmung an die Hand gegeben hätte. Vielmehr ging es den Landesregierungen mit Grenzziehungen um öffentlichkeitswirksame Demonstrationen von Handlungsfähigkeit. Kleinstaaterei stand auf einmal für Krisenlösungskompetenz sowie als Beweis, dass die Länder den Kontrollverlust durch Corona nicht einfach hinnehmen wollten. Kurz gesagt ging es bei Grenzziehungen um politische Legitimation, nicht um epidemiologische Plausibilität.

Grenzziehungen im Inneren machten den Deutschen die Einschnitte in ihrem Alltag besonders bewusst. Bereits beim Ausbruch des Grenzstreits zwischen Hamburg und Schleswig-Holstein war die Bedrückung in mehreren Wortbeiträgen Hamburger Abgeordneten zu spüren. Im städtischen Parlament, der Bürgerschaft, brachte der CDU-Abgeordnete Dennis Thering das Gefühl der Ausgrenzung mit seiner Alltagserfahrung auf den Punkt: »Ich kann es kaum erwarten [...] [g]anz selbstverständlich wieder über die Landesgrenze zu gehen und sogar wieder an Nord- und Ostsee zu fahren, ohne von dort vertrieben zu werden, nur weil wir das falsche Autokennzeichen haben.«[138] Aus den Reihen der Grünen handelte sich Thering daraufhin eine Retourkutsche und die Empfehlung ein, er möge doch bei seinem schleswig-holsteinischen Parteifreund Günther »einmal nachhelfen, um das auch für die Hamburgerinnen und Hamburger ein bisschen besser zu machen. Sie wollen ja selbst am Ostseestrand wieder spazieren gehen, ich hätte auch nichts dagegen, also rufen Sie ihn an.«[139]

Schon dieser kleine parlamentarische Schlagabtausch verweist darauf, wie sehr Grenzziehungen in den Alltag der Deutschen eingriffen. Schon die nationalen Grenzschließungen und Einschränkung von Fernreisen hatten Diskussionen über die Verhältnismäßigkeit der Maßnahmen provoziert. Grenzschließungen im Nahbereich schnitten allerdings noch tiefer in den Alltag der Deutschen ein. Denn an den Stadt- und Landesgrenzen machten sich die Maßnahmen als Begrenzung der Bewegungsfreiheit sehr viel drastischer bemerkbar. Waren Mittelmeer, Atlantik oder Karibik ferne Ziele für den Jahresurlaub, gehörten Ost- und Nordsee, die Mecklenburgische Seenplatte, die Mittelgebirge oder die bayerischen Alpen sehr viel selbstverständlicher zum persönlichen Nahbereich. Umso größer waren das Unverständnis über Grenzschließungen zwischen Bundesländern und damit der Einschnitt in unsere Lebensgewohnheiten. Es war dieser Einschnitt in unsere *mental maps*, der sich im Alltag als Signum der »neuen Normalität« festsetzen sollte (vgl. unten Kapitel 8).

Ordnet man die nationalen und regionalen Grenzziehungen der ersten Jahreshälfte 2020 in eine historische Perspektive ein, kommt man zu einem ernüchternden Befund: Die Deutschen mussten Globalität im Seuchenkampf erst wieder lernen. Dabei war die Gesundheitspolitik schon mal weiter gewesen. Während der 1950er und 1960er Jahre nahmen Mediziner:innen in West- und Ostdeutschland allmählich Abschied von nationalen Alleinstellungsphantasien, die sich bis dahin noch aus dem Selbstbild einer ruhmreichen Vorreiterrolle Deutschlands auf dem Feld der Bakteriologie gespeist hatte. Standen »ausländische Fortschritte«[140] bei der Virusforschung im Allgemeinen und bei der Impfstoffentwicklung im Speziellen während der 1950er Jahre noch bei mehreren Mediziner:innen unter Generalverdacht, leitete nicht zuletzt der beginnende Generationswechsel in den Folgejahren eine internationale Öffnung ein. Gerade auf dem Gebiet der Pandemiebekämpfung ging seit den 1960er Jahren auch in der Bundesrepublik nichts mehr ohne internationale Kooperationen und wenig ohne die WHO. In Westdeutschland leistete die Weltgesundheitsorganisation seit den 1970er Jahren sogar Entwicklungshilfe bei der Einführung und Erprobung neuer Impfprogramme.[141] Auch im Kampf gegen Sars, Ebola und Schweinegrippe waren ein enger Austausch und internationale Zusammenarbeit das Mittel der Wahl gewesen; Grenzkontrollen ja, aber keine nationalen Abschottungen. Allerdings hatten diese »Neuen Seuchen« längst nicht jenen Handlungsdruck auf die Politik ausgeübt, den Corona seit März 2020 entfaltete. Selbst die Schweinegrippe, die ja auch in Deutschland anfänglich für Panik sorgte, galt dank schnell verfügbarer Impfstoffe bald als kontrollierbar. Pläne, die Reisebeschränkungen und Grenzschließungen vorsahen, blieben daher in der Schublade liegen.

Vor diesem Hintergrund standen globale Kooperationen im Jahr 2020 unter einem schlechten Stern. Zum einen spielte die WHO beim Ausbruch der Coronapandemie eine schwache Rolle. Das hing nicht allein mit der fragwürdigen Informationspolitik Chinas zusammen, sondern ebenso mit einer nicht minder fragwürdigen Entscheidung der USA. Ausgerechnet im Juli 2020, mitten in der Coronapandemie, hatte US-Präsident Donald Trump den zuvor bereits angedrohten Austritt aus der Weltgesundheitsorganisation wahrgemacht.[142] Zum anderen lagen

Impfprogramme im Frühjahr 2020 in scheinbar unerreichbarer Ferne. Zeitgenössische Prognosen des RKI gingen von der frühesten Verfügbarkeit von Impfungen nicht vor Frühjahr 2021 aus,[143] andere sahen den Beginn von Impfprogrammen sogar erst im Laufe des Jahres 2022.[144] Da Impfprogramme seit dem 19. Jahrhundert als schlagkräftigste Waffe im gesundheitspolitischen Arsenal gelten, ihr Einsatz zur Coronabekämpfung allerdings vollkommen offen schien, war das Bedürfnis nach Alternativen umso größer. Mochte der Nutzen nationaler oder Ländergrenzen in epidemiologischer Hinsicht also noch so zweifelhaft sein, setzten sie zumindest ein Zeichen für die Handlungsfähigkeit und Entscheidungskraft der jeweiligen Regierung. Grenzschließungen boten Bund und Ländern also zumindest einen großen Vorteil, »den eigenen Bürgern das Gefühl von Halt und Kontrolle angesichts der global entgrenzten Gefahr zu vermitteln«.[145]

Zugespitzt könnte man Grenzschließungen somit als Ersatz für Wissen und Präventionsprogramme verstehen. Das Aufkommen einer neuen Pandemie und die Unsicherheit über die Verfügbarkeit von Vorsorgemaßnahmen erhöhten die Attraktivität von Grenzen. Diese Formel galt im Übrigen auch umgekehrt, wie weitere Entwicklungen im Jahr 2021 zeigten: Je größer das Wissen über die Seuche, Impfungen und Therapeutika, desto unattraktiver erscheinen Grenzziehungen. Der weitere Verlauf der Pandemie unterstreicht diesen Befund. Obwohl die Infektions- und Todeszahlen im Spätherbst 2020 die Zahlen vom Frühjahr um ein Vielfaches übertrafen, blieben in Deutschland die Grenzen zunächst offen. Diese Entwicklung erscheint erklärungsbedürftig. Sah die pandemische Lage mit Ausbruch der zweiten Welle nicht ungleich bedrohlicher aus als im Frühjahr? Auch in Deutschland standen Krankenhäuser nun vor dem Kollaps, Intensivbetten für Corona-Erkrankte wurden rar, Warnungen vor einer Triage lauter. Obwohl die pandemische Lage seit Herbst 2020 *de facto* bedrohlicher war als je zuvor, zogen die Europäer nun sehr viel kräftiger an einem Strang. Die Überwindung nationaler Grenzen dürfte zunächst einmal mit Erfahrungen über begrenzte Wirkungen räumlicher Eindämmung im Frühjahr 2020 zusammenhängen. Außerdem zog das bundesweite Beherbergungsverbot sehr viel effektivere Grenzen im Alltag hoch. Vor allem aber lag im Herbst 2020 die Einführung erster Impfprogramme zum Greifen nah. Die Seuche schien also in absehbarer Zeit endlich präventiv kontrollierbar.

Ein kurzes Comeback der Grenze im Februar 2021 unterstreicht den Zusammenhang zwischen Unwissenheit und Abschottungsbedürfnissen. Denn in dieser Zeit schürte eine Mutation des Coronavirus neue Ängste in Deutschland: »B.1.1.7«, so die Bezeichnung der Mutante, war im November 2020 in Großbritannien beobachtet worden und breitete sich von dort rasend schnell über ganz Europa aus. Obwohl die Mutation bereits seit November in Deutschland kursierte, wurden erste deutsche Fälle erst Ende Dezember bekannt.[146] Die »britische« Variante des Virus (seit Mai 2021: Alpha-Variante) mischte die Karten vollkommen neu. Zunächst war unklar, ob die gerade erst zugelassenen Impfstoffe auch gegen die Mutation wirken würden. Corona verwandelte sich plötzlich also wieder in eine unbekannte Bedrohung ohne Präventionsmöglichkeiten, was die Sehnsucht nach Abschottung erhöhte. Als Mitte Februar 2021 hohe Infektionsquoten mit der Mutation in Tschechien und Tirol bekannt wurden, zog Bundesinnenminister Horst Seehofer die Reißleine und schloss einen Teil der Grenzen. Die erneute Abschottung stieß zwar auf Kritik. Während die EU eine unverhältnismäßige Verletzung des Schengen-Abkommens brandmarkte, wies das RKI darauf hin, dass die Mutation zu diesem Zeitpunkt bereits bei gut einem Viertel aller Erkrankungen in Deutschland nachzuweisen sei. Nur eine Woche später war sogar schon jeder zweite deutsche Erkrankungsfall, nämlich 46 Prozent, von der Mutation betroffen.[147] Obwohl die Mutante also bereits längst in Deutschland angekommen war, erhöhte der gefühlte Kontrollverlust erneut die Attraktivität von Abschottungen. Wie sehr die Grenze auf einmal wieder zu einem Symbol für Handlungsfähigkeit und Tatkraft mutierte, zeigt die martialische Rhetorik Seehofers in einem Interview mit der »Bild«-Zeitung: »Wir kämpfen an der Grenze zu Tschechien und Österreich gegen das mutierte Virus.«[148]

Dass die Deutschen an den Grenzen zu Tirol und Tschechien gegen das Virus kämpften, wie Seehofer behauptete, dürfte den Austausch und Kooperationen mit Nachbarländern nicht gerade erleichtert haben. Insofern waren Grenzschließungen als Kompensation für Unwissenheit und den gefühlten Kontrollverlust zumindest in einem Europa mit großem Binnenmarkt und Schengen-Abkommen nicht nur Symbolpolitik, sondern letztlich sogar eine Gefahr für Nationalstaaten. Gegen Unwissenheit und Kontrollverlust helfen grenzüberschreitender Informationsfluss und enge Kooperationen meist sehr viel besser als nationale Abschottungen. Wenn Seuchen Grenzen so mühelos überwinden, sollten wir Menschen das also erst recht schaffen.

5. Aushandlungen des Ausnahmezustands: Solidarität, Sicherheit oder Freiheit?

Es waren gespenstische Bilder. Die Fotografien geschlossener Geschäfte, menschenleerer Einkaufsstraßen und autofreier Autobahnen haben sich als Ikonen der Pandemie ins Gedächtnis eingebrannt. Es sind Bildes eines »Ausnahmezustands«, den Bundes- und Landesregierungen ab März 2020 verhängten. Tatsächlich waren die Maßnahmen gegen Corona in der bundesdeutschen Geschichte ohne Beispiel. Weder die Ölkrise noch die Eiszeiten des Kalten Krieges, geschweige denn Tschernobyl oder die Terroranschläge von der RAF bis zum 11. September führten zu derart weitgehenden Einschränkungen. Dass im Sommer 2020 sogar König Fußball abdankte und die Europameisterschaft verschoben wurde, unterstreicht den zeitgenössischen Eindruck vom Ausnahmezustand: Kein Bereich des öffentlichen Lebens blieb von den Eindämmungsmaßnahmen verschont.

Die zeitgenössische Popularität dieses Schlagwortes macht seine Einordnung umso wichtiger. Was genau war dieser Ausnahmezustand eigentlich? Was also machte die Coronamaßnahmen zur Ausnahme und damit so einzigartig? Angesichts massiver Einschränkungen der Bewegungs- und Versammlungsfreiheit erscheinen diese Fragen trivial. Bereits Ende März 2020 warnte der Deutsche Ethikrat, dass solche Maßnahmen eine gründliche ethische Abwägung sowie enge zeitliche Befristungen erforderten: »Auch der gebotene Schutz menschlichen Lebens gilt nicht absolut. Ihm dürfen nicht alle anderen Freiheits- und Partizipationsrechte sowie Wirtschafts-, Sozial- und Kulturrechte bedingungslos nach- bzw. untergeordnet werden. Ein allgemeines Lebensrisiko ist von jedem zu akzeptieren.«[149]

Derart differenzierte Einordnungen blieben im Frühjahr 2020 die Ausnahme. Denn »Ausnahmezustand« oder »Notstand« gerieten nun zu schlagkräftigen Argumenten, die im gesamten Parteienspektrum verfingen. Dass diese Schlagworte für unterschiedliche Fraktionen kompatibel waren, untermauert noch ihre Popularität. Die Verbreitung der Begriffe fußte weniger auf ihrer verfassungsrechtlichen Präzision, wie der Staatswissenschaftler Matthias Lemke beobachtet hat. Vielmehr war der »Ausnahmezustand« ein Versuch, »in einem umgangssprachlichen Sinne eine Krisensituation zu deuten, ihr einen Bedeutungsrahmen zu geben, der so noch nie dagewesen war«.[150] Mit Martin Florack, Karl-Rudolf Korte und Julia Schwanholz müsste man anstatt vom »Ausnahmezustand« also von »Ausnahmezeiten« sprechen.[151] Denn tatsächlich fungierte der »Ausnahmezustand« in öffentlichen Debatten als Sammelbegriff für die Erfahrung, »wie das Coronavirus das Leben verändert«.[152] Vizekanzler Olaf Scholz (SPD) brachte dieses zeitgenössische Empfinden in einer Bundestagsansprache Mitte März 2020 in norddeutscher Kürze treffend auf den Punkt: »Wir sind in ungewöhnlichen Zeiten. Das merkt man daran, dass wir alle unsere Abläufe und Tagesordnungen verändern müssen.«[153]

Ausnahmezustände als Argument

Die Erfolgsgeschichte des »Ausnahmezustands« speiste sich also auch aus seiner Anpassungsfähigkeit für unterschiedliche politische Bedürfnisse. Am schrillsten klangen die Statements naturgemäß aus dem rechten Lager. Insbesondere die AfD machte sich den Ausnahmezustand zu eigen, um vor der »Corona-Diktatur« zu warnen. Dass die Fraktion während einer Bundestagsdebatte im November 2020 die erneuten Änderungen des Infektionsschutzgesetzes als »Ermächtigungsgesetz« geißelte und der Fraktionsvorsitzende Alexander Gauland eine »smarte Gesundheitsdiktatur« aufziehen sah,[154] passt ins Bild. Aber schon im Mai 2020 malte die AfD-Bundestagsfraktion den Ausnahmezustand in düsteren Farben aus, um sich gegen die Bundesregierung zu positionieren: »Für Regierungen sind Ereignisse wie Corona ein Glücksfall. Man setzt ansonsten undenkbare Vorhaben durch und legitimer Protest wird diskreditiert. Selbst Grundrechte werden mit dem Verweis auf seuchenpolitische Verantwortung bis zur Unkenntlichkeit geschleift. [...] Der Ausnahmezustand, der unser Land erwürgt, muss beendet werden, sofort.«[155]

Der Ausnahmezustand war für die AfD ein so schlagendes Argument, weil er gleich drei Funktionen erfüllte, die sich beispielsweise im »2. Positionspapier der Thüringer AfD-Fraktion zur Corona-Problematik«

nachlesen lassen. Erstens stand der Ausnahmezustand als Schreckbild für die »Widersprüche und Willkür« eines »Corona-Regimes«,[156] mit dem sich wahlweise die Bundes- oder die Landesregierungen sowie fast alle Bundestagsparteien diskreditieren ließen. In dieses Horn stieß Ende Januar 2021 der AfD-Abgeordnete Stephan Brandner im Bundestag mit seinem Rückblick auf die Einführung der Coronamaßnahmen: »Die Regelung des [...] Ausnahmezustandes ging ganz flott: wenige Tage Debatte, Verunglimpfung der Gegner durch Altparteien und Medien bei gleichzeitiger Unterstützung der Regierenden, ein paar Wasserwerfereinsätze gegen friedliche Demonstrierende und dann nahezu einstimmige Zustimmung der ganz großen Koalition aus CDU, CSU, SPD und Grünen.«[157]

Der AfD diente der Ausnahmezustand somit erstens als Hebel, um sich als Alternative der »Altparteien« zu profilieren. Insofern bauten Klagen über den Ausnahmezustand zweitens eine Brücke zu den »Corona-Demos«, deren Wahlpotenzial die AfD gern ausschöpfte. Und nicht zuletzt konnte sich die AfD am Ausnahmezustand drittens als aufrechte Demokraten darstellen: »So wird im Schatten der Corona-Pandemie letztlich nicht nur die Spaltung der Gesellschaft vorangetrieben, sondern die Corona-Maßnahmen erweisen sich als Anschlag auf unsere Demokratie.«[158] In Zeiten, in denen sich der Verfassungsschutz für die AfD interessierte, gewann der Ausnahmezustand als Kampfbegriff also noch einmal an Überzeugungskraft. Aus diesem Grund geriet selbst der bei Alt- und Neurechten eigentlich beliebte Carl Schmitt auf einmal zu einem Feindbild für die AfD. Ende Oktober 2020 drängte Fraktionsvorsitzender Alexander Gauland im Bundestag eindringlich auf eine Rücknahme der Maßnahmen der Bundesregierung: »Sonst sind wir exakt wieder bei Carl Schmitt.«[159]

Es wäre dennoch zu einfach, den Ausnahmezustand als Argument des rechten Lagers abzutun. Als »Anwalt der Bürgerrechte« hatten auch die Liberalen ein großes Interesse, dass die Coronapandemie nicht »langfristige Überwachungsfantasien« beflügele, wie der FDP-Bundestagsabgeordnete Stephan Thomae warnte.[160] Während der Bundestagsdebatte um das Infektionsschutzgesetz Ende März 2020 zeigten die Liberalen angesichts der bedrohlichen Lage zwar Verständnis für weitgehende Maßnahmen. Gleichwohl blieb der »Ausnahmezustand« für die FDP ein Argument, um Eindämmungsmaßnahmen als Ausnahmen zu markieren und so eine enge zeitliche Befristung festzuschreiben. Der Ausnahmezustand geriet so zum Gegenbegriff für den Normalzustand, wie ihn der liberale Bundestagsabgeordnete Oliver Luksic Ende März 2020 beschrieb: »Der Ausnahmezustand, den wir gerade erleben, kann und darf allerdings nicht zur Regel werden.«[161] Die FDP argumentierte also staatsrechtlich sauberer als die AfD mit dem Ziel einer stärkeren Parlamentsbeteiligung.

Neben den Liberalen standen auch Grüne und Linke von Anfang mit einer fehlenden Parlamentsbeteiligung auf Kriegsfuß.[162] Für die Linke war der »Ausnahmezustand« außerdem ein Argument, um auf rechtsstaatliche Probleme in Polen und Ungarn hinzuweisen. Dort sei der »aufgrund des Coronavirus ausgerufene Ausnahmezustand«[163] ein Mittel, um Rechtstaatlichkeit abzubauen und gegen Werte der EU zu verstoßen. Ansonsten nutzte die Linke den »Ausnahmezustand« im umgangssprachlichen Sinne als Synonym für Ausnahmezeiten, etwa im Falle von Kindern, die nach der Wiedereröffnung der Kindertagesstätten im Mai 2020 »wieder ein wenig Alltag im Ausnahmezustand erfahren dürfen«,[164] oder im Falle queerer Menschen, die im »pandemiebedingten Ausnahmezustand«[165] nach wie vor bedroht seien. Auch die Grünen legten den Ausnahmezustand in Bundestagsdebatten meist eher umgangssprachlich aus. Bei Anfragen zur Zunahme rechtsextremistischer Aktivitäten oder zur Unterstützung von Studierenden blieb der Ausnahmezustand eine Umschreibung für die außergewöhnliche Situation.[166]

Wenn mehrere das Gleiche sagen, meinen sie also nicht unbedingt dasselbe. Der Ausnahmezustand war zwar in allen Debatten präsent, seine Auslegung allerdings je nach politischer Heimat flexibel. Eine Flexibilität lässt sich mitunter sogar innerhalb einer Fraktion nachweisen. Während die AfD im Bundestag gern gegen den Ausnahmezustand der »Altparteien« wetterte, hatte sie zumindest in der Frühphase der Coronapandemie kein Problem damit, selbst ganz ausdrücklich den Ausnahmezustand auszurufen, um beispielsweise den verhassten Klimaschutz zu verhindern. Ende März 2020 stellte beispielsweise die AfD einen Antrag, der Corona als Ausnahmezustand für eine Lockerung der Klimaschutzmaßnahmen in Stellung brachte: »Gegenüber den Auswirkungen des aktuellen Ausnahmezustandes infolge des SARS-CoV-2-Coronavirus sind CO_2-Emissionen [...] als eindeutig nachrangig zu betrachten«.[167]

Unterm Strich macht die Popularität des Ausnahmezustands also zunächst einmal deutlich, dass einfache politische Zuordnungen zumindest zu Beginn der Coronapandemie schwierig waren. Kritik am Ausnahmezustand war seit 2020 nicht mehr das Privileg von Liberalen und Linken, die schon seit Jahrzehnten an der Kritik der »Notstandsgesetze« ihr politisches Profil geschärft hatten.[168] Vielmehr war der Ausnahmezustand auch im rechten Spektrum als Drohkulisse beliebt, so dass man von Ausnahmezuständen im Plural sprechen sollte. Nun könnte man aus der hohen Kompatibilität des Ausnahmezustandes für Oppositionsparteien von rechts bis links weiterhin schlussfolgern, dass Bundes- und Landesregierungen Corona als »Stunde der Exekutive« nutzten, um in der Seuche durchzuregieren. Von einem »tiefgreifenden Legitimitätskonflikt« sprach der Demokratietheoretiker Sascha Kneip im Juni 2020 in seiner Warnung, dass es den »Maßnahmen zumindest in Teilen an Rechtskonformität und Verfassungsmäßigkeit mangelt«.[169] Dieser Vorwurf blieb während der Pandemie in der öffentlichen Debatte verbreitet. Mir scheint diese Interpretation jedoch aus drei Gründen fraglich zu sein.

Zunächst einmal kann von »der« Exekutive und »dem« Ausnahmezustand im Föderalismus keine Rede sein. Seuchenbekämpfung ist in Deutschland seit jeher Ländersache, selbst nach dem Kompetenzzuwachs für die Bundesregierung durch die Erweiterung des Infektionsschutzgesetzes seit März 2020 und auch nach der »Bundesnotbremse« ein gutes Jahr später. Insofern stechen bei den Eindämmungsmaßnahmen große regionale Unterschiede hervor. Während Bundesländer wie Bayern relativ weitgehende Einschränkungen und zeitweilig Ausgangssperren verhängten, blieben die meisten Bundesländer zurückhaltender. Von Ausgangssperren war hier bis zum April 2021 wenig zu merken.[170] Auch mit Blick auf die föderale Struktur Deutschlands sollte man von »Ausnahmezuständen« also im Plural sprechen und genauer hinsehen, welche Einschränkungen wo, wann und wie lange galten.

Zweitens zielten viele Beschlüsse von Gesundheitsmaßnahmen keineswegs an den Parlamenten vorbei, wie Kritiker einer »Stunde der Exekutive« bemängelten. Sowohl den Bundestags- als auch den Landtagsbeschlüssen gingen meist intensive Debatten in den Parlamenten voraus. Für Rheinland-Pfalz haben Julia Jennewein und Simone Korte-Bernhardt angesichts der umfangreichen Einbindung von Landtagsabgeordneten sogar von einer »Stunde der Landesparlamente«[171] gesprochen. Auch die Verabschiedung des nordrhein-westfälischen »Epidemiegesetzes« Mitte April 2020 war das Ergebnis eines engen Austausches mit der Opposition, die maßgebliche Änderungen im Gesetz durchsetzte. »Parlamente und Expertengremien«, so urteilt Matthias Lemke über das Epidemiegesetz, waren »in die Gestaltung und Beschlussfindung signifikant eingebunden.«[172] Und selbst die weitgehenden Maßnahmen in Bayern, das als erstes und einziges Land mit Ausgangssperren reagierte, beruhten auf dem alten bayerischen Katastrophenschutzgesetz, das selbstverständlich eine Zustimmung des Landtags voraussetzte. Im Übrigen war auch der Deutsche Bundestag keineswegs kaltgestellt, wie Warnungen vor einer vermeintlichen »Stunde der Exekutive« suggerierten. Vielmehr kreisten seit dem 12. Februar 2020 – dem Tag der ersten »aktuellen Stunde« des Bundestags zum »Coronavirus« – über die zahlreichen Regierungserklärungen im März und April 2020 bis in den Mai 2021 hinein ganze Plenarsitzungen um nichts anderes als um Corona, Eindämmungsmaßnahmen und Gesetze, die vom Bundestag beschlossen wurden, um die Seuche in Schach zu halten. Und selbstverständlich stellten auch die Neufassungen des Infektionsschutzgesetzes (IfSG) sämtliche Maßnahmen unter Parlamentsvorbehalt und versahen diese mit einer zeitlichen Befristung. Diese Befristungen boten dann bis zum Frühsommer 2021 hinein wiederholt Anlässe für Debatten, die ich im Folgenden noch genauer in den Blick nehme.

Drittens waren Grundrechtseinschränkungen keineswegs ungewöhnlich. Juristisch gesehen standen die Eindämmungsmaßnahmen von Anfang an auf relativ sicheren Füßen. Bei aller berechtigten Kritik an der Umsetzung von Maßnahmen stand die Verfassungskonformität nie grundsätzlich in Frage, im Gegenteil. Wegen der Schutzpflicht des Staates und seiner im Grundgesetz verankerten Verpflichtung, Leben und körperliche Unversehrtheit seiner Bürger:innen zu schützen, waren Einschränkungen »verfassungsrechtlich sogar geboten«.[173] Das IfSG sorgte also für Rechtskonformität und stellte darüber hinaus klar, dass Grundrechtseinschränkungen zeitlich begrenzt und politisch gut begründet werden mussten. Im Übrigen war das IfSG überhaupt nichts Neues. Vielmehr steht es in einer ausgesprochen langen Tradition, die sich vom »Reichsseuchengesetz« (1900) über das »Bundesseuchengesetz« (1961) bis zum »Infektionsschutzgesetz« (2001) und in unsere Gegenwart zieht. Verordnungen im Pandemiefall befanden sich also in einer langen Linie, die selbst die während der Coronapandemie häufig bemühte »Notstandsgesetzgebung« von 1968 relativ jung aussehen lässt. Im Jahr 2020 hatten sich die Deutschen bereits mehr als ein Jahrhundert lang mit Fragen der parlamentarischen Partizipation im Pandemiefall befasst – auch wenn man die Zeit des »Dritten Reichs« aus dieser Tradition herausrechnet. Von einem Ausnahmezustand konnte also auch in dieser Hinsicht nicht die Rede sein.

Für diese Erkenntnis brauchte man nicht einmal das Infektionsschutz-gesetz oder seine Vorgänger zu bemühen. Schon ein Blick in das relativ schlanke Grundgesetz reichte aus. Denn dort ist eine Einschränkung der Artikel 11 (Reisefreiheit) und 13 (Unverletzlichkeit der Wohnung) »zur Be-kämpfung von Seuchengefahr« bereits ausdrücklich vermerkt. Auch bei Artikel 8 (Versammlungsfreiheit) ist die Einschränkung durch ein Gesetz wie das IfSG bereits explizit formuliert. Dass das Grundgesetz auf zahl-reichen »Corona-Demos« oder in der AfD-Bundestagsfraktion dennoch zur beliebten Requisite avancierte, kann daher verwundern. Insofern war der vielbeschworene »Ausnahmezustand« vielleicht die Folge einer verbreiteten Vergesslichkeit. Staatsrechtliche Auseinandersetzungen mit einer Pandemie waren keineswegs »Neuland«,[174] schon gar nicht auf dem Gebiet der Gesundheitspolitik. Corona läutete also mitnichten einen »Ausnahmezustand« oder eine »Stunde der Exekutive« ein, in der die Regierungen nun endlich durchregieren konnten. Vielmehr blieben Be-schlüsse über Eindämmungsmaßnahmen Aushandlungssache zwischen Politik, Wissenschaft und Wirtschaft sowie zwischen unterschiedlichen Ebenen: vom Bund über die Länder bis zu den Kommunen.[175]

Diese Aushandlungen sind allerdings noch interessanter als die Popu-larität des »Ausnahmezustands«, ging es doch um Grundsätzliches: um die sozialen Bindekräfte der Deutschen, um das Verhältnis zwischen Staat und Wirtschaft, zwischen Gesundheitsbedürfnissen und Wirtschaftsin-teressen, ja um das Verhältnis zwischen Sicherheit und Freiheit. In diesem Sinne war Corona nicht nur ein Stresstest für die Gesellschaft, sondern ebenso ein Seismograph des Sozialen, der die Tektonik der deutschen Ge-sellschaft und deren soziale Verwerfungen offenlegte. Deutlich wird das an drei Themen, an denen 2020 und 2021 heftige Debatten aufbrachen: die Maskenpflicht, der Lockdown sowie der Streit um das Verhältnis von Schutzmaßnahmen und wirtschaftlichen Einbußen.

»Vermummungsgebot« und Gesichtsverluste

Anfang 2020 galt die Maske oft als Fremdkörper. Während das Tragen eines Mund-Nase-Schutzes in asiatischen Ländern schon lange eine Selbstverständlichkeit war, fremdelten viele Deutsche mit der Maske. Frühe Statements aus Ministerien und Medizinerkreisen änderten daran zunächst wenig. Der zweifelhafte Nutzen von Masken im Alltag galt zunächst als gängige Lehrmeinung – und zwar mit guten Begründungen. Nach den Erfahrungen mit der Sars-Pandemie 2002/03 gingen Expertinnen und Experten zunächst nicht von einer leichten Ansteckung aus. Ende Januar 2020 empfahl das RKI Masken daher nur für medizinisches Personal. Der Vorsitzende der Deutschen Gesellschaft für Infektiologie, Bernd Salzberger, hielt Masken für die Bevölkerung gar für »vollkommen unsinnig«.[176] Im Februar witterte das *Redaktionsnetzwerk Deutschland* »eine regelrechte Anti-Masken-Kampagne« von Ministerien und Interessengruppen wie der Bundesvereinigung Deutscher Apothekerverbände.[177] Noch am 11. März 2020 bezweifelte Spahn auf einer gemeinsamen Pressekonferenz mit Bundeskanzlerin Merkel und RKI-Chef Lothar Wieler den Nutzen von Masken: »Auch der klassische OP-Mundschutz, den viele tragen, schützt sehr überschaubar, um es so zu formulieren. Das ist auch gar nicht notwendig, wenn man sich an die Regeln hält.«[178] Zu dieser Zeit dürften für Spahns Zurückhaltung neben seiner Skepsis über den Nutzen ebenso spürbare Lieferschwierigkeiten ein Grund gewesen sein. In Heinsberg zumindest waren zu dieser Zeit die Versorgungsprobleme bereits mit Händen greifbar. Wohl auch angesichts dieser Verknappung lehnte der Vorsitzende der Kassenärztlichen Bundesvereinigung, Andreas Gassen, Ende März eine Mundschutzpflicht eindeutig ab: »Die Verpflichtung zum Tragen eines Mundschutzes ist reine Symbolpolitik.«[179]

Einige Kommunen gingen zu diesem Zeitpunkt bereits andere Wege. In den thüringischen Städten Jena und Apolda galt vom 6. April an eine Maskenpflicht beim Betreten öffentlicher Gebäude. In Hanau setzte Oberbürgermeister Claus Kaminsky (SPD) Ende März zwar nicht auf Pflicht, allerdings auf ein »Schutzmaskengebot« und versprach, innerhalb weniger Tage eine »Nähanleitung« für Masken bereitzustellen.[180] Zu diesem Zeitpunkt änderten auch RKI und Bundesregierung ihre Meinung und sprachen eindeutige Empfehlungen für Masken aus.[181] Kurze Zeit später erklärte mit Sachsen das erste Bundesland eine Maskenpflicht in öffentlichen Gebäuden, beim Einkaufen und im öffentlichen Nahverkehr, alle anderen Bundesländer folgten bis Ende April nach.

Die Maskenpflicht stand gemeinhin als Symbol für den Ausnahmezustand. Denn die Maske bedeutete einen kollektiven Gesichtsverlust, der unseren Blick füreinander veränderte. Erklären lässt sich dieser Einschnitt mit kulturellen Zuschreibungen. Dafür muss man nicht erst Nobert Elias bemühen, der das Gesicht als »Signaltafel« und »Kontakthof«[182] von

Gesellschaften beschrieben hat. Allein ein Rückblick auf jüngere bundesdeutsche Debatten des 21. Jahrhunderts offenbart tiefsitzende Vorbehalte gegen die »Maske«. Nach jahrelangem »Kopftuchstreit« und Debatten um die Verschleierung muslimischer Frauen galt das unverhüllte Gesicht vielen Deutschen mehr denn je als Differenzmerkmal gegenüber »asiatischen« oder »arabischen Kulturen«. Es passt in dieses Bild, dass im Mai 2020 AfD-Abgeordnete im Hessischen Landtag mit einem Mundschutz mit Aufdruck »Merkel-Burka« auftraten.[183] Die Thüringer AfD-Fraktion trug mit einem weiteren Grund zur Ablehnung bei, stünden Masken doch für Unterdrückung. Die AfD-Fraktion um Björn Höcke sprach in einer Broschüre vom Mund-Nasen-Schutz folglich als »das sprechende Symbol des Corona-Ausnahmezustandes, ein Symbol, das ebenso an den Maulkorb wie an den Gesslerhut erinnert«.[184]

Kritik an der Maske war dennoch keine Spezialität der AfD. Die Vorbehalte saßen sehr viel tiefer, und zwar im gesamten politischen Spektrum. So beobachtete die Philosophin Sybille Krämer verbreitete Vorbehalte gegen die Maske an ihrer persönlichen Reaktion auf die freundliche Zuschrift eines Kollegen: »Am 23. März 2020 bekomme ich von einem Kollegen von der Tshinghua-Universität in Peking [...] eine Mail: [...] ob er mir Desinfektionsmittel und Gesichtsmasken aus China schicken könne, um zu helfen. Ich war berührt, auch gerührt; doch in dieses Gefühl mischte sich leiser Spott, oder war es: kulturelle Überheblichkeit? Gesichtsmasken? Für ›uns Westeuropäer‹ ist das ein No-Go, ein Unding, an dem eine kulturelle Differenz aufbricht, die unter allen Umständen – so dachte ich damals – zu bewahren ist.«[185]

Die Lieferengpässe des Frühjahrs 2020 sollten also nicht darüber hinwegtäuschen, dass Gesichtsmasken für viele Deutsche als Fremdkörper wirkten. Die Maske stand für Unterordnung und Unterdrückung, maskentragende Menschen mitunter sogar für eine Bedrohung, womit wir noch einmal beim *Othering* wären. Dass Vorstellungen vom »Fremden« in der Anfangsphase der Pandemie von Bildern maskentragender Asiaten grundiert wurden, unterstreicht Fremdheitserfahrungen und Vorbehalte gegen den Mund-Nasen-Schutz. Selbst offenen Zeitgenossen galt die Maske als Ausdruck von Anonymität, die zwar zu kollektivistischen Gesellschaften Asiens, nicht aber zum »westlichen« Lebensgefühl passen wollte: Die Maske avancierte im Frühjahr 2020 also zum Symbol für eine »Mentalitätsdifferenz zwischen – grob gesagt – Ost und West«, wie das *Redaktionsnetzwerk Deutschland* treffend beobachtete: »Unterordnung?

Sich selbst einschränken ohne persönlichen Vorteil? Zum Wohl der anderen?«[186] Angesichts solcher Zuschreibungen verwundert es kaum, dass die Maske Parlamente und Presse monatelang in Atem hielt. Bei der Debatte um eine Maskenpflicht ging es sowohl um das Spannungsverhältnis zwischen Sicherheit und Freiheit als auch um die sozialen Bindekräfte und damit um das Selbstbild der Bundesrepublik. War die Maske ein unverhältnismäßiger Eingriff in die persönliche Freiheit oder vielmehr Ausdruck eines solidarischen Verantwortungsgefühls?

Schon während einer Bundestagsdebatte Ende April 2020 gab sich Bundesverkehrsminister Andreas Scheuer (CSU) optimistisch. Seinem Eindruck nach begannen die Deutschen allmählich, sich an das Tragen von Masken zu gewöhnen: »Dass die Hemmschwelle fällt, [...] freut mich. Keiner braucht sich zu schämen, [...] denn er schützt sich selbst und andere, und ich möchte, dass wir das im öffentlichen Raum [...] den Bürgerinnen und Bürgern auch so antragen.«[187] Scheuers Beitrag war weniger eine Bestandsaufnahme als ein Plädoyer, die Maske umzudeuten – von einem Accessoire der Scham zu einem Symbol für Solidarität.

Der Weg zu dieser Umdeutung war lang. Das gilt umso mehr, weil die Maskenpflicht in den kommenden Monaten immer weitere Kreise zog und nicht mehr nur Geschäfte und Gebäude, sondern sogar den öffentlichen Raum betraf. Als beispielsweise die nordrhein-westfälische Landesregierung nach den Sommerferien eine Maskenpflicht für Schulen bis zum 31. August erklärte, war die AfD-Fraktion umgehend mit einer Forderung zur Stelle, den »Maskenzwang« sofort aufzuheben, um »Kinder und Jugendliche aus der Geiselhaft der Angstpsychose« zu befreien. Die Maske bedeutete zudem für Lehrkräfte »massivste Einschränkungen ihres persönlichen Wohlbefindens«.[188] Noch im Oktober 2020 war die Maske ein zuverlässiges Reizwort, dass Emotionen hochkochen ließ, wie eine Sendung der Talkshow »Markus Lanz« deutlich macht. In dieser Sendung provozierte Bundesärztekammer-Präsident Klaus Reinhardt mit einem Statement. Er sei »von den Alltagsmasken nicht überzeugt, weil es auch keine wissenschaftliche Evidenz darüber gibt, dass die tatsächlich hilfreich sind«. Dass Reinhardt im weiteren Verlauf der Sendung von der Maskenpflicht gar als »Vermummungsgebot« sprach und damit unbewusst ein Schlagwort der Corona-Demos bemühte,[189] rief Kritiker auf den Plan. Der Marburger Bund und mehrere Landesärztekammern gingen umgehend auf Distanz. Schon am nächsten Morgen forderte der SPD-Gesundheitsexperte Karl Lauterbach Reinhardts Rücktritt, falls dieser seine Äußerung nicht zurücknehme.

Auf den ersten Blick spiegelt die Aufregung einmal mehr die Emotionen wider, die anhand der Maske seit Monaten hochkochten. Auf einen zweiten Blick markiert die Debatte allerdings einen schleichenden Einstellungswandel. Letztlich hatte Reinhardt in der Talkshow ja nur zusammengefasst, was schon lange bekannt war: dass Alltagsmasken – im Gegensatz zu OP- oder FFP2-Masken – keinen Selbstschutz und nur einen geringen Schutz anderer bieten. Zu einem Skandal wurde die Sendung, weil Reinhardts »Vermummungsgebot« sich gegen Appelle an das Verantwortungsgefühl zu richten schien, die mittlerweile bei einem Großteil der Bevölkerung mit der Maske verbunden waren. Dass sich Reinhardt dieser Verbindung bewusst war, belegt sein Statement, dass er als Präsident der BÄK umgehend veröffentlichte. Hier bestätigte die Ärztekammer den Nutzen von Alltagsmasken, selbst wenn diese »keinen sicheren Schutz vor einer eigenen Infektion« böten. Wichtiger noch war das Schlusswort der BÄK, das die zeitgemäße Umdeutung der Maske als Ausdruck von Solidarität mit der neuen Norm erklärte: »Wenn wir langfristig mit dieser Situation vernünftig umgehen wollen, dann müssen wir den Menschen helfen, verantwortliches Handeln in dieser Pandemie zu lernen.«[190]

Dank monatelanger Debatten erlebte die Maske jetzt eine Metamorphose. Ab Herbst 2020 trug die große Mehrheit der Deutschen die Maske mit großer Selbstverständlichkeit. Das hatte nicht zuletzt mit ihrer Verfügbarkeit zu tun. Nicht nur Apotheken und Drogeriemärkte, auch Kaufhäuser, Kioske, Supermärkte und Bäckereien boten nun Masken »to go« an. Grundlage der Metamorphose war eine neue Codierung. Im Laufe des Jahres 2020 verwandelte sich die gesellschaftliche Aufladung der Maske fundamental – von einem Stigma für Anonymität zu einem Symbol für Solidarität. Die Maskenpflicht entsprach nun dem Selbstbild des eigenverantwortlichen Menschen, der sich und sein Umfeld schützen sowie einen Beitrag für das Allgemeinwohl leisten wollte. Vor diesem Hintergrund fiel die Entscheidung zwischen Sicherheit oder Freiheit zunehmend zugunsten der Sicherheit aus. Selbst in angespannten Zeiten wie im Winter 2020/21, als über die Verhältnismäßigkeit von Kontaktsperren und Lockdown intensiv debattiert wurde, stand die Maskenpflicht nicht mehr zur Diskussion.

Diskussionswürdig blieb eine Pflicht zum Tragen von FFP2- oder OP-Masken. Mitte Januar 2021 führte Bayern die Pflicht zum Tragen solcher Masken im öffentlichen Nah- und Fernverkehr, im Einzelhandel, in Arztpraxen und in Gottesdiensten ein. Der Aufschrei war laut, allerdings nicht wegen der Maskenpflicht. So rechneten Vereinigungen wie der Sozialverband VdK und der Sozialverband Deutschland vor, dass die hohen Kosten für FFP2-Masken für Menschen mit niedrigem Einkommen oder Hartz-IV-Beziehende kaum zu stemmen seien.[191] Die Erweiterung der Maskenpflicht um den FFP2-Standard geriet nun zum Signum für die Verschärfung sozialer Ungleichheit und für das Desinteresse der Gesundheitspolitik an einkommensschwachen Schichten (vgl. Kapitel 6). Als der Berliner Senat beispielsweise Ende März 2021 eine FFP2-Maskenpflicht ins Spiel brachte, stand der rot-rot-grüne Senat umgehend am Pranger. Auch hier richtete sich die Kritik nicht mehr gegen die Maske an sich, sondern gegen eine Benachteiligung einkommensschwacher Menschen. Gerade für »einen linksgestrickten rot-rot-grünen Senat wäre das eine seltsame Haltung«,[192] wie der *Tagesspiegel* das Gerechtigkeitsproblem kommentierte. Offensichtlich hatte sich die Einstellung zur Maske mittlerweile grundlegend verändert. Wurde bis Herbst 2020 um die Maskenpflicht gestritten, ging es fortan im Gegenteil um das Recht einer Maske für alle.

Die Maske wurde so zum Allgemeingut, ja zu einer Art Lebensstandard. Der Gewöhnungsprozess lässt sich mit Zahlen stützen. Verstöße gegen die Maskenpflicht waren seit Herbst 2020 in sämtlichen Bundesländern rückläufig.[193] Wie sehr frühere Vorbehalte gegen die Maske im Laufe des Jahres verloren gingen, zeigen Alltagsbegriffe wie der »Schnutenpulli«, der es 2020 immerhin zum plattdeutschen Wort des Jahres brachte.[194] Im Laufe eines halben Jahres etablierte die Maskenpflicht somit eine neue soziale Praxis, ja ein soziales Ordnungsmuster. Die Maske verlor ihre negativen Konnotationen und galt fortan als Ausdruck von Rücksicht, Verantwortungsbewusstsein und Sicherheitsversprechen. Damit verwandelte sich die Maske von einem Stigma zu einem Symbol für die solidarischen Bindekräfte der Bundesrepublik.

Lockdown I: Geld oder Leben

Schränkte die Maskenpflicht die meisten Deutschen noch wenig ein, gingen Ausgangs- und Kontaktbeschränkungen sehr viel weiter. Besonders an den wiederholten Lockdowns entzündeten sich folglich Debatten, die ans Eingemachte gingen. Welchen Preis soll man für die Eindämmung einer Pandemie zahlen? Wie stark musste das öffentliche Leben eingeschränkt werden, um die Ausbreitung der Seuche zu vermeiden? Welche wirtschaftlichen Einbußen rechtfertigen das Bedürfnis nach Sicherheit?

Boris Palmer, grüner Oberbürgermeister Tübingens, gab auf solche Fragen Ende April 2020 im Sat.1-Frühstücksfernsehen eine klare Antwort: »Ich sage es Ihnen mal ganz brutal: Wir retten in Deutschland möglicherweise Menschen, die in einem Jahr sowieso tot wären – aufgrund ihres Alters und ihrer Vorerkrankungen.«[195] Die Empörung war programmiert. Selbst aus seiner eigenen Partei wurde Palmer scharf kritisiert, was im Übrigen noch einmal einen Wandel deutscher Risikovorstellungen belegt (siehe Kapitel 3). Darüber hinaus machte Palmers Provokation die Tragweite von Aushandlungen zwischen Sicherheit und Freiheit offenkundig, um die fortan immer wieder gerungen werden sollte.

Da Berufsverkehr, Handels- und Verkehrswege erheblich zur Ausbreitung von Seuchen beitragen, zielen Einschränkungen des öffentlichen Lebens, Quarantäne- und Isolationsmaßnahmen ins Herz jeder Volkswirtschaft. In der Moderne war die Entscheidung über Isolations- und Quarantänemaßnahmen von besonderer Brisanz. Volkswirtschaften waren seit dem 19. Jahrhundert undenkbar ohne neue Formen der Mobilität. Bahnverbindungen zwischen Städten, interkontinentale Schifffahrtslinien sowie später die Massenmotorisierung durch Autos und Fluglinien verknüpften Arbeits- und Handelswege zu einem engmaschigen Netz, das weltweite Wertschöpfungsketten, Erweiterungen des Warenangebots und letztlich die moderne Konsumgesellschaft hervorbrachte.[196]

Handelsnetze erhöhten zwar den Lebensstandard, zunächst vor allem in Europa, und damit auch die Legitimität moderner Nationalstaaten. Sie erhöhten allerdings genauso das Pandemierisiko. Seit Erfindung der Dampfmaschine mutierten zuvor endemische, also überwiegend lokal oder regional begrenzte Krankheiten wie die Cholera zu weltweiten Problemen. Großbritannien war das erste Land, in dem dieses Problem scharfe Auseinandersetzungen um die Verhältnismäßigkeit von Schutzmaßnahmen befeuerte. Schließlich kamen die Schattenseiten des Welthandels im britischen Empire dank seiner technischen Vorreiterrolle besonders früh zum Vorschein. Schon Mitte des 19. Jahrhunderts stritt in Großbritannien eine »Anti-Quarantäne-Lobby« gegen die wirtschaftlichen Nachteile der Seucheneindämmung. Vordergründig ging es dabei um Vorsorgemaßnahmen gegen Einschleppung der Cholera oder des Gelbfiebers aus den Kolonien. Letztlich ging es aber ebenso um eine Klärung der Rollen, die Wirtschaft, Politik und Wissenschaft für das Allgemeinwohl spielen sollten.[197] Dass sich Ärzte – Ärztinnen spielten noch keine Rolle – in dieser Zeit zu Sozialingenieuren erhoben, die sich an den Schalthebeln der Gesellschaft wähnten, machte die Debatten nicht einfacher. Europäische Ärzte verstanden die Einführung von Quarantäne- und Isolationsmaßnahmen nämlich als Impuls zur Etablierung ihres Berufsstandes.

Die Entscheidung zwischen freiem Handel und Sicherheit vor Seuchen fiel lange Zeit meist zugunsten der Wirtschaft aus. Im 19. und 20. Jahrhundert wogen wirtschaftliche Argumente gemeinhin schwerer als gesundheitliche, auch in Deutschland. Selbst der Sozialmediziner Max Pettenkofer gab 1873 im Angesicht wiederholter Cholera-Einschleppungen der Wirtschaft den Vorrang vor der Gesundheit: »Der freie Verkehr ist ein so großes Gut, daß wir es nicht entbehren könnten, selbst um den Preis nicht, daß wir von Cholera und noch vielen anderen Krankheiten verschont blieben.«[198] Auch während der Spanischen Grippe mit ihren Millionen an Toten erschien das Offenhalten der Wirtschaft in aller Regel wichtiger als der Schutz vor der Pandemie. In Deutschland war diese Priorisierung besonders gut nachvollziehbar. Schließlich standen Regierung und Generalstab auf dem Höhepunkt der zweiten Grippewelle, im Oktober und November 1918, mit dem Rücken zur Wand. Um eine Kriegsniederlage und die Erosion der politischen Ordnung zu verhindern, musste die Wirtschaft auf Hochtouren laufen. Schulschließungen waren vor diesem Hintergrund allenfalls im Notfall eine Option, um möglichst wenige werktätige Eltern an die Kinderbetreuung zu verlieren. Fabrikschließungen oder Einschränkungen des Eisenbahnverkehrs sucht man in Deutschland zu dieser Zeit ohnehin vergebens. Beim Kriegsgegner sah die Lage 1918/19 kaum anders aus. Nur in den USA setzten einzelne Städte wie St. Louis auf massive Einschränkungen des Handels und des öffentlichen Lebens, um die Ausbreitung der Influenza zu verhindern. Der Erfolg dieser rigiden Maßnahmen war umso augenscheinlicher, weil zeitgleich sehr viel mehr Städte große Truppenparaden zuließen und infolgedessen vielfach höhere Erkrankungszahlen zu beklagen hatten.[199] In Frankreich oder Großbritannien waren Einschränkungen der Wirtschaft generell unbeliebt. Obwohl etwa in England Seehandel und Berufsverkehr als wichtigste Faktoren für die Verbreitung der Pandemie ausgemacht wurden, schreckten die Behörden vor Hafen- und Geschäftsschließungen häufig zurück.[200]

Erst am Ende des 20. Jahrhunderts begannen sich die Gewichte allmählich zugunsten der Gesundheit zu verschieben. Der Ausbruch von Sars rief 2002 zunächst noch einmal gewohnte Abwehrreflexe gegen allzu rigide Eindämmungsmaßnahmen hervor. So warnten die Handelsminister ausgerechnet der am stärksten von der Pandemie betroffenen Asiatisch-Pazifischen Wirtschaftsgemeinschaft (APEC) im Juni 2003, dass Ängste vor der Seuche nicht für protektionistische Maßnahmen oder das Wiedererrichten von Zollgrenzen instrumentalisiert werden sollten.[201] Zwar blieben die Auswirkungen von Sars hinter den anfänglichen Befürchtungen zurück. Dennoch erarbeitete die WHO kurze Zeit später neue Regeln für die Seuchenbekämpfung, die fortan schärfere Quarantänemaßnahmen und empfindliche Einschnitte in den Welthandel ermöglichten.[202]

Am historischen Rückblick auf das Spannungsfeld von Wirtschaft und Gesundheit werden zwei Entwicklungen der Coronapandemie nachvollziehbar. Erstens markiert Corona den vorläufigen Höhepunkt einer populären Pathologisierung »der« Globalisierung. Seit dem 19. Jahrhundert und noch einmal seit den 1970er Jahren hatten die Deutschen gelernt, Pandemien als dunkle Seite des Welthandels zu lesen (siehe Kapitel 4). »Globalisierung«, so bringt Philipp Sarasin diesen Lernprozess auf den Punkt, »ist der Name für eine kaum noch einzudämmende weltweite Infizierbarkeit.«[203] Der Spiegel sah bereits Ende Januar 2020 in der »hypervernetzten Wirtschaft« gute Gründe, warum »die Globalisierung zur tödlichen Gefahr wird«.[204] Diese Betrachtung war ja nicht falsch. So hängt die hohe Ausbreitungsgeschwindigkeit von Pandemien mit globalen Wertschöpfungsketten zusammen. Allerdings gerieten Welthandel und Globalisierung seit 2020 schnell zu Schlagworten, die den Blick auf spezifischere Voraussetzungen, Formen und Folgen der Pandemie verstellten. Dass sich die Seuchenlage im internationalen Vergleich ganz unterschiedlich darstellte und ausgerechnet Asien als Herzkammer globaler Wertschöpfungsketten recht glimpflich durch die Pandemie ging, ist für die begrenzte Aussagekraft des Globalisierungs-Narrativs nur ein Beispiel unter vielen.

Die Popularität solcher Pathologisierungen erklärt zugleich eine zweite Entwicklung des Jahres 2020: die zunehmende Polarisierung der Debatte um den Lockdown, die sich immer wieder an den beiden Polen

Wirtschaft vs. Gesundheit ausrichtete. In seiner Regierungserklärung vom 4. März 2020 hatte Jens Spahn diese Polarisierung mit seinem Grundsatz der Bundesregierung bei der Pandemiebekämpfung auf den Punkt gebracht: »Die Sicherheit der Bevölkerung geht im Zweifel vor – auch vor wirtschaftlichen Interessen.«[205] Der Bundesgesundheitsminister begründete mit dieser Erklärung zwar zunächst nur die Absage von Großveranstaltungen. Das Gegensatzpaar Gesundheit vs. Wirtschaft stand fortan indes als Leitmotiv über allen Diskussionen.

Die *Zeit* bot für diese Polarisierung Ende April 2020 ein gutes Beispiel. In der Wochenzeitung warnte Thomas Assheuer vor »Menschenopfern für den Kapitalismus«, falls wirtschaftliche Gründe schwerer wiegen sollten als Sorgen um die Gesundheit. Für Assheuer kündigte sich in der Coronapandemie demnach ein Sieg des Neoliberalismus an: »Die Alten sollen sterben, damit die Wirtschaft leben kann.«[206] Er bezog sich dabei auf den französischen Philosophen Alain Finkielkraut. Der hatte in der FAZ die Aushandlung von Schutzmaßnahmen als Sieg der Gesundheit und Solidarität über Geld und neoliberale Wertschöpfungsideen interpretiert: »Das Leben eines Greises ist so viel wert wie jenes eines Menschen im Vollbesitz seiner Kräfte. Solange wir dieses Prinzip hochhalten, hat der zeitgenössische Nihilismus nicht endgültig triumphiert, und wir bleiben eine Zivilisation.«[207]

Auf der anderen Seite wurde nicht minder schweres Geschütz aufgefahren. Im *Handelsblatt* wies beispielsweise der Mediziner und Unternehmensberater Alexander Dibelius auf die enormen wirtschaftlichen Folgen der Eindämmungspolitik hin: »Ist es richtig, dass zehn Prozent der – wirklich bedrohten – Bevölkerung geschont, 90 Prozent der gesamten Volkswirtschaft aber extrem behindert werden, mit der unter Umständen dramatischen Konsequenz, dass die Basis unseres allgemeinen Wohlstands massiv und nachhaltig erodiert?« Dibelius bot auf diese Frage gleich eine Antwort: »Besser eine Grippe als eine kaputte Wirtschaft.«[208] Und nicht nur grüne Politiker wie Boris Palmer hielten wirtschaftliche Einschränkungen für einen zu hohen Preis. Verbreitet waren solche Bedenken zunächst in allen Parteien. In Düsseldorf brach beispielsweise Ende März 2020 eine emotionale Debatte um den Oberbürgermeister Thomas Geisel (SPD) auf. Geisel hatte angeregt, die Eindämmungsmaßnahmen auf Risikogruppen zu konzentrieren, da sich »der überwiegende Teil der kritischen Krankheitsverläufe auf einen Personenkreis beschränken dürfte, der einen kleinen Bruchteil der

Gesamtbevölkerung ausmacht«. Aus der CDU erntete Geisel daraufhin die rhetorische Gegenfrage, ob Geisel in der Corona-Bekämpfung einen Generationengegensatz aufreißen wolle: »Alles halb so schlimm, weil das Virus nur die Alten und Kranken tötet?«[209] Auch die oppositionellen Düsseldorfer Liberalen schossen scharf. Marie-Agnes Strack-Zimmermann berief sich in ihrer Replik auf christliche Grundsätze: »Der Wert eines Menschen errechnet sich nicht nach ökonomischen Maßstäben, sondern nach unserem humanistischen, ja christlichen Wertekanon.«[210] Strack-Zimmermanns Hervorhebung humanistischer gegenüber ökonomischen Werten ist besonders bemerkenswert, weil sich FDP-Parteichef Christian Lindner zu diesem Zeitpunkt bereits für wirtschaftliche Interessen stark machte und Geisels Position womöglich einiges abgewinnen konnte.

In den Folgemonaten brachten im Bundestag vor allem FDP- und AfD-Abgeordnete ökonomische Gründe gegen den Infektionsschutz vor. Während die AfD den Vorrang von Gesundheit vor der Ökonomie als Beleg für die »Corona-Diktatur« anführte, befürchteten die Liberalen nur ein Ende der freien Marktwirtschaft. Während einer Bundestagsdebatte Ende April 2020 beschwor Christian Lindner (FDP) geradezu das Gespenst des Sozialismus, das in Deutschland umgehe. Er warf der Bundesregierung eine »Diskriminierung der gesamten Gastronomie« und sogar »planwirtschaftliche Eingriffe« vor, um an einem etwas verunglückten Begriffspaar die Polarität der Debatte aufzuspießen: »Das sind aber nur scheinbar Alternativen: Vorsicht und Leichtsinn. Freiheit und Gesundheit dürfen wir nicht und müssen wir auch nicht gegeneinander ausspielen.«[211] Lindners Parteifreund Michael Theurer bekräftigte in derselben Debatte das sozialistische Schreckbild, das die Eindämmungsmaßnahmen zeichneten: »Aber wir müssen auch dafür sorgen, dass die Interventionsketten des Staates, die jetzt in Gang gesetzt worden sind, gestoppt werden, damit die Grenze des Staatseingriffes nicht immer weiter in Richtung einer Planwirtschaft verschoben wird.«[212]

Mochten Polemiken gegen eine »Planwirtschaft« Ende April 2020 übers Ziel hinausschießen und das Wie einer erfolgreichen Verbindung von »Vorsicht und Leichtsinn« das ewige Geheimnis Christian Lindners bleiben, traf die FDP dennoch einen zentralen Punkt: Gesundheit oder Ökonomie bildeten in der Coronapandemie eigentlich gar kein Gegensatzpaar. Denn der Lockdown brachte massive wirtschaftliche Einschränkungen, betriebliche Einbußen und damit weitreichende soziale sowie gesundheitliche Folgen mit sich, die allen Parteien vor Augen standen, auch in der Bundesregierung. Mit ihrer Fernsehansprache vom 18. März 2020 brachte Angela Merkel dieses Problembewusstsein auf den Punkt: Gesundheit und Sicherheit, gerade auch für Risikogruppen, waren Leitlinien, an denen sich die Pandemiebekämpfung ausrichtete, obwohl die wirtschaftlichen Folgen gewaltig waren, wie Merkel selbst hervorhob. Sie tat das sehr bewusst, weil sie mit den weitreichenden Folgen für die Wirtschaft ebenso weitreichende Reaktionen ankündigte: »Die Bundesregierung tut alles, was sie kann, um die wirtschaftlichen Auswirkungen abzufedern – und vor allem um Arbeitsplätze zu bewahren. […] Wir können und werden alles einsetzen, was es braucht, um unseren Unternehmern und Arbeitnehmern durch diese schwere Prüfung zu helfen.«

Das waren nicht nur große Worte. Wenige Tage vor Merkels Ansprache hatten Bundesfinanzminister Olaf Scholz (SPD) und Bundeswirtschaftsminister Peter Altmaier (CDU) einen milliardenschweren »Schutzschild für Beschäftigte und Unternehmen« aufgerichtet. Wenige Tage nach Merkels Ansprache folgten ein »Eltern-Entschädigungsgesetz«, steuerliche Entlastungen für Beschäftigte und Unternehmen sowie bis Juni 2021 mehrfach aufgelegte »Überbrückungs«- bzw. »Corona-Hilfen« mit Zuschüssen für Selbstständige, Freiberufler:innen und Kleinunternehmen zur Kompensation von Umsatzeinbußen und betrieblichen Fixkosten. Hinzu kamen massive steuerliche Entlastungen wie die Absenkung der Mehrwertsteuer über mehrere Monate, Kredite und Bürgschaften sowie Förderprogramme der Länder.[213] Ein so großes Hilfspaket war nicht nur in europäischer Perspektive einzigartig, sondern ebenso in historischer. Derart schnelle und umfassende Unterstützungsangebote für die Wirtschaft sucht man in früheren Krisenzeiten der Bundesrepublik vergeblich.

Die Bundesregierung ließ sich ihre Priorisierung von Gesundheit also gewaltige Summen für die Wirtschaft kosten. Diese Summen sind zugleich eine Erklärung für die erstaunlich langlebige und relativ hohe Akzeptanz der Eindämmungsmaßnahmen bei einer großen Mehrheit der Deutschen. Noch Anfang April 2021 – und damit immerhin mehr als ein Jahr nach dem ersten Lockdown – war die Zustimmung zum Infektionsschutz ungebrochen, ja mehr noch: Angesichts steigender Infektionszahlen forderte in einer Umfrage der ARD fast die Hälfte aller Befragten (48 %) einen härteren als den bestehenden Lockdown, ein Viertel der Befragten hielt die Maßnahmen für angemessen, und nur einem weiteren Viertel gingen die Maßnahmen zu weit.[214] Es läge nahe, aus solchen Umfragen eine Kritik an Unternehmen herauszulesen. Schließlich machte sich bei allen Eindämmungsmaßnahmen seit Herbst 2020 immer wieder Unmut breit, dass viele Unternehmen keine Arbeit in den heimischen vier Wänden ermöglichten. Interessanter an den Umfragen scheint mir die Deutung zu sein, dass der Lockdown bei mindestens zwei Dritteln aller Befragten offenbar keine existenziellen Sorgen vor dem Arbeitsplatzverlust schürte. Gesundheit und Wirtschaft schienen also auch für viele Deutsche kein großer Gegensatz zu sein.

Ein Blick auf die Wirtschaft erhärtet den Befund noch einmal. Denn Zustimmung zu härteren Maßnahmen war seit Ende 2020 zunehmend von Unternehmen und Wirtschaftsverbänden zu hören. Das Deutsche Institut für Wirtschaft (DIW) brachte diesen Trend Ende März 2021 auf eine einfache Formel: »Der beste Schutz für die Wirtschaft ist eine schnelle Begrenzung der dritten Infektionswelle.«[215] Erst das Sinken der Infektionszahlen und ein erhöhtes Sicherheitsgefühl verbesserten demnach das Konsum- und Investitionsklima. Entsprechende Zustimmung für einen »harten Lockdown« hatten Ökonomen daher bereits seit Dezember 2020 geäußert. Der Präsident des Ifo-Instituts und Ökonom Clemens Fuest – ansonsten des Lobes über den Wirtschaftsstandort Deutschland relativ unverdächtig – sprach vom deutschen Lockdown gar als »Investition in die Zukunft« und »Chance für die Wirtschaft«.[216] Auch für viele Ökonomen waren Gesundheit und Wirtschaft also zwei Seiten derselben Medaille.

Wieso sorgte ein Gegensatz zwischen Wirtschaft und Gesundheit dennoch lange Zeit für scharfe Auseinandersetzungen? Zunächst einmal war die ökonomische Aufladung der Debatte Folge eines Präventionsparadoxons. Vorsorge erscheint meist nicht so dringend wie akute Behandlungen oder Therapien. Weil Prävention einer zukünftigen Bedrohung vorbeugt und diese abmildert, sind Präventionseffekte schwer spürbar.[217] Gerade zu Beginn der Pandemie wirkte Prävention somit kostspielig oder gar unverhältnismäßig. Nicht die Seuche, sondern der Staat mit seinen Maßnahmen galt als Ursache einer wirtschaftlichen Talfahrt. Zu diesem Bild passen frühe Einschätzungen wie die des Ifo-Instituts, das als volkswirtschaftliche Kosten der Pandemie zunächst vor allem die durch den Lockdown entgangenen Einkommen und Gewinne bezifferte, nicht aber volkswirtschaftliche Kosten durch Krankheit, Tod und medizinische Begleitung,[218] geschweige denn die Effekte anhaltender Ängste vor einer Seuche. Nur ein Jahr und knapp 90.000 Tote später war die Lage eine vollkommen andere, was auch den Sinneswandel des Ifo-Instituts als Verfechter des harten Lockdowns erklärt.

Darüber hinaus reaktivierte die Pandemie liebgewonnene Deutungsmuster, die in jahrzehntelangen Diskussionen um die Privatisierung des Gesundheitswesens einstudiert worden waren.[219] Kritiker staatlicher Eindämmungsmaßnahmen hatten mitunter ein schreckliches *Déjà vu.* Sie interpretierten den Lockdown als eine Art Rückfall in die junge Bundesrepublik der 1960er Jahre. Die obsolet geglaubte sozialstaatliche Expansion und Planungseuphorie schien sich 2020 auf einmal zu wiederholen: »Der Staat hat das Regiment übernommen, er koordiniert und dirigiert und domestiziert die Maßnahmen gegen die Seuche und die Bewältigung der Folgen.«[220] Die Befürworter staatlicher Interventionskompetenz wiederum fühlten sich durch die Pandemie in ihren Vorstellungen bestätigt. Ihrer Meinung nach legte Corona einmal mehr die schwere Hypothek einer Privatisierung des Gesundheitswesens seit den 1990er Jahren offen: die prekären Arbeitsbedingungen in Krankenhäusern,[221] der jahrzehntelange Rückbau der Gesundheitsämter oder gar eine unbändige Gier von Pharmaunternehmen nach Gewinnen. Im Bundestag zog Amira Mohamed Ali (Linke) bereits Ende März 2020 entsprechende Folgerungen aus der Coronakrise: »Aber auch die Kürzungspolitik im Gesundheitswesen, das Spardiktat durch die Privatisierung der letzten Jahre, war falsch. Gesundheit ist keine Ware; das muss spätestens, wirklich spätestens jetzt klar sein.«[222] Zwei Monate später wagte die *Frankfurter Rundschau* einen Rückblick auf die Privatisierung der 1990er Jahre und zog wichtige »Lehren aus der Pandemie«: »Corona macht deutlich: Die Gesundheitsversorgung darf nicht dem Markt überlassen werden.«[223]

Angesichts solcher Debatten warnten Wirtschaftsethiker wie Karl Homann und Ingo Pies im Sommer 2020 vor einem Dualismus zwischen Wirtschaft und Gesundheit gar als »Frontlinie«, an der versucht werde, beide Seiten gegeneinander auszuspielen.[224] Erst im Laufe des Jahres 2021 wurde es an dieser Front friedlich. Unter einem Großteil der Ökonomen setzte sich nun die Vorstellung durch, dass Geld oder Leben während einer Pandemie kein Gegensatzpaar sind, sondern der Infektionsschutz letztlich beidem nützt: Gesundheit und Wirtschaft.[225]

Lockdown II: Starker Staat und Systemfragen

Beim Lockdown ging es nicht nur um das Verhältnis zwischen Geld oder Leben oder zwischen Sicherheit oder Freiheit. Das Zusammenspiel zwischen Bundesregierung, Bundestag und Bundesländern warf zudem die Frage auf, wer bei der Seuchenbekämpfung eigentlich welche Rolle spielen durfte. Wie unter einem Brennglas schlugen sich in Debatten um den Lockdown somit Spannungsverhältnisse zwischen Regierung und Parlament sowie zwischen Bund und Ländern nieder. Eigentlich waren solche Auseinandersetzungen auf dem Feld der Gesundheitspolitik nichts Neues. Corona verschärfte die Debatte allerdings derart, dass 2020 und 2021 immer wieder die Systemfrage im Raum stand: Wie soll eine Demokratie auf eine globale Bedrohung reagieren?

Am Anfang herrschte große Einigkeit. Angesichts der rasanten Verbreitung des Coronavirus beschlossen Bund und Länder auf einer Konferenz am 22. März 2020 einhellig weitgehende Eindämmungsmaßnahmen. Seither galten Kontakt- und Ausgangsbeschränkungen als Königsweg zur Seuchenbekämpfung. Im öffentlichen Raum war nur noch der Kontakt zu Angehörigen oder einer anderen Person erlaubt sowie ein Mindestabstand von eineinhalb Metern einzuhalten. In den meisten Bundesländern beschränkten sich Ausgangsbeschränkungen auf Empfehlungen, unnötige Kontakte zu vermeiden und möglichst zu Hause zu arbeiten. Angesichts bundesweiter Kindergarten- und Schulschließungen war diese Empfehlung für viele Eltern indes ohnehin überflüssig. Gastronomie- und Dienstleistungsbetriebe wurden geschlossen, offen bleibende Geschäfte hatten Hygienevorschriften und Schutzmaßnahmen umzusetzen.[226]

Solche Maßnahmen hatten historische Ausmaße. In der deutschen Geschichte waren ähnlich weitgehende Maßnahmen allenfalls regional sowie zeitlich auf wenige Wochen begrenzt gewesen. Allerdings gingen viele europäische Staaten im Frühjahr 2020 noch sehr viel weiter. Menschen in Frankreich, Italien und Spanien hatten zu dieser Zeit mit ungleich strikteren Ausgangsbeschränkungen zu kämpfen. Selbst der britische Premier Johnson, der zunächst auf einen pragmatischen Kurs gesetzt hatte, führte im Laufe des Jahres 2020 ungleich schärfere Maßnahmen als in Deutschland ein. Dass sich im deutschen Sprachgebrauch dennoch der Begriff des Lockdown festsetzte, unterstreicht noch einmal zeitgenössische Empfindungen eines »Ausnahmezustandes«. Angesichts sehr viel weitgehenderer Maßnahmen europäischer Nachbarn, von asiatischen Ländern ganz zu schweigen, klang der ›deutsche‹ Lockdown doch recht martialisch.[227]

Maßnahmen zur Reduzierung persönlicher Kontakte im öffentlichen Raum waren gleichwohl ein Eingriff in die Grundrechte. Und sie trafen einen wunden Punkt. Denn in Krisenzeiten steigt das Bedürfnis nach Kontakten mit Familie und Freunden. Dramatische Szenen spielten sich beispielsweise an den Eingangstüren zu Alters- und Pflegeheimen ab, an denen besorgte Kinder und Enkelkinder als potenzielle Seuchentreiber zurückgewiesen wurden. Die Kontaktbeschränkungen standen also im besonders scharfen Kontrast zu menschlichen Grundbedürfnissen. Für diesen Widerspruch fand Angela Merkel in ihrer Fernsehansprache am 18. März 2020 treffende Worte: »Wir möchten, gerade in Zeiten der Not, einander nah sein. Wir kennen Zuwendung als körperliche Nähe oder Berührung. Doch im Augenblick ist leider das Gegenteil richtig. Und das müssen wirklich alle begreifen: Im Moment ist nur Abstand Ausdruck von Fürsorge.«[228] Paradoxerweise wurde dieser Widerspruch vom Lockdown noch verschärft. Denn die seit Mitte März bundesweiten Kindergarten- und Schulschließungen erhöhten letztlich noch das Kontaktbedürfnis insbesondere von Eltern. Für sie war der Kontakt mit Großeltern oder Freunden eine Möglichkeit, Arbeitsleben und Kinderbetreuung einigermaßen miteinander in Einklang zu bringen. Gerade alleinerziehende Mütter oder Väter hatten kaum Chancen, Kontaktbeschränkungen und Berufsleben zu verbinden. Hier lag also eine wichtige Quelle für die massive Verschärfung sozialer Ungleichheiten (siehe hierzu Kapitel 6).

Den ersten Schritt in den Lockdown ging Bayern. Am 16. März 2020 rief die Landesregierung den Katastrophenfall aus. Normalerweise fühlten sich dafür die Kommunen oder Bezirksregierungen zuständig. Katastrophen waren bislang vor allem Naturereignisse und damit regional begrenzt gewesen.[229] Corona rechtfertigte in den Augen der bayerischen Landesregierung hingegen die Ausrufung des Katastrophenfalls für das gesamte Staatsgebiet. Eine Woche später, am 23. März 2020, machte auf Bundesebene ein Gesetzentwurf zum »Schutz der Bevölkerung bei einer epidemischen Lage von nationaler Tragweite« die Runde. Das Gesetz sollte das bestehende Infektionsschutzgesetz erweitern und dem Bund neue Kompetenzen in der Pandemie einräumen.[230] Damit wurde der Bundestag zur Bühne, auf der um das Verhältnis zwischen Exekutive und Legislative gerungen wurde. Am 25. März stimmte der Bundestag dem Gesetz mit großer Mehrheit – die AfD und die Fraktion der Linken enthielten sich – zu. Die vorausgegangene Debatte um die »Bewältigung der Coronakrise« gab insofern den Auftakt zu einem konfliktreichen Aushandlungsprozesses, der lange anhielt.

Vizekanzler Scholz (SPD) eröffnete diese Debatte, da Bundeskanzlerin Merkel wegen einer möglichen Covid-19-Ansteckung in Quarantäne festsaß. Scholz behielt in seinem Redebeitrag jenen zurückhaltenden Tonfall bei, der bereits zuvor von ihm und Merkel zu hören gewesen war. Trotz bzw. gerade wegen der im Gesetz vorgesehenen neuen Kompetenzen sprachen Vertreter:innen der Bundesregierung nicht von einer Stunde der Exekutive. Vielmehr sahen sie sich als eine Exekutive »auf dem Prüfstand«,[231] wie es Scholz' Nachredner Ralph Brinkhaus (CDU) anschaulich formulierte. Die Bundesregierung bleibe nach Scholz also angewiesen auf eine Kontrolle durch Länder, Opposition und Medien: »Ja, wir schränken die Bewegungsfreiheiten ein. Aber wir setzen dabei auf die aufgeklärte Einsicht der Bürgerinnen und Bürger. Ja, wir verlangen allen vieles ab. Aber das tun wir, weil sich demokratische Regierungen in Bund und Ländern darauf verständigen. Und es ist gut, dass uns freie Medien und eine kritische Öffentlichkeit dabei begleiten.«[232]

Angesichts der Kompetenzgewinne, die im IfSG der Bundesregierung zugewiesen wurden, ging es in der Debatte um den Infektionsschutz immer auch um eine Bestandsaufnahme bundesdeutscher Staatlichkeit. Das Ergebnis der frühen Debatte lässt sich auf eine einfache Formel bringen: So viel Staat war selten. Gleich zwei Fraktionen bemühten explizit den »starken Staat« – und zwar ausdrücklich nicht als Negativfolie. So sprach Rolf Mützenich (SPD) von einer »Rückbesinnung auf den Staat, ja, auf den starken Staat, aber ich sage als Sozialdemokrat: insbesondere auf einen sozialen, auf einen demokratischen Staat«.[233] Kurz zuvor hatte Katrin Göring-Eckardt (Grüne) schon vom »Vertrauen in einen handlungsfähigen Staat« gesprochen, »der keine und keinen vergisst, Vertrauen übrigens in einen starken Staat, der nicht national, sondern europäisch und global handelt«.[234] Selbst Christian Lindner (FDP), ansonsten allzu großer Staatsgläubigkeit unverdächtig, konnte sich für den Kompetenzzuwachs der Bundesregierung erwärmen: »Jetzt ist die Stunde des Staates. Wir brauchen ihn bei allem, was über die Fähigkeit, individuell Verantwortung zu übernehmen, hinausgeht.«[235]

Im Gegensatz zu solchen Bekenntnissen traten die Regierungsparteien geradezu auf die Bremse. Wie im Eröffnungsbeitrag von Scholz waren Kontrolle und Kooperation die beiden Leitbegriffe, an denen Union und

SPD ihren Staatsbegriff entwickelten. So lobte Ralph Brinkhaus (CDU) ausdrücklich das Entgegenkommen der Opposition und den breiten Konsens, der die Handlungsfähigkeit in der Pandemie erhöhe. Er war aber zugleich beruhigt, dass all die Krisenlösungskompetenz »soweit eben möglich auch befristet ist«. Der Konsens im Bundestag sei damit eine Aufforderung an alle Menschen, die den Staat unterstützen müssten: »Aber all das staatliche Handeln kann nur funktionieren, wenn tatsächlich alle mitmachen. [...] Wir alle müssen jetzt solidarisch sein; sonst wird diese Krise nicht überstanden werden.«[236]

Dass die AfD aus diesem Kurs ausscherte, überrascht nicht. Peter Boehringer beispielsweise brandmarkte den Kompetenzzuwachs als »Regierungshybris der totalen Steuerung und Finanzierung der ganzen Gesellschaft durch einen allgewaltigen Staat«.[237] Überraschend ist allein der Zeitpunkt dieser Brandrede. Denn in derselben Bundestagssitzung hatte die AfD den Entwurf eines eigenen »Gesetzes zur Sicherstellung konsistenter Maßnahmen zum Schutz der Bevölkerung« eingebracht, das der Regierung eine »Blanko-Ermächtigung« ausgestellt und zur »Selbstentmachtung des Parlaments« geführt hätte.

Ende März 2020 war der starke Staat also kein Schreckbild, sondern durchaus gefragt – mit Ausnahme der AfD sogar auf den Oppositionsbänken. Einerseits verblassten Sorgen vor der Exekutive angesichts des verbreiteten Krisenempfindens, andererseits aber wohl auch, weil Merkel und Scholz in vorangegangenen Erklärungen jeglichen Allmachtsphantasien klare Absagen erteilt und stattdessen auf Partizipation und Kontrolle gesetzt hatten. Und nicht zuletzt war der weitgehende Konsens im Bundestag einer Vorgabe des Infektionsschutzgesetzes geschuldet, nach der das Parlament – nicht die Regierung – »eine epidemische Lage von nationaler Tragweite« (IfSG, § 5, 1) feststellen und auch wieder aufheben könne. Das war im Vorfeld der Verhandlungen eine Forderung der Grünen gewesen und im europäischen Maßstab keineswegs üblich. Obwohl die Bundesregierung Ende März 2020 also zusätzliche Kompetenzen im Kampf gegen die Pandemie zugesprochen bekam, greift die Diagnose einer »Stunde der Exekutive« nicht nur angesichts des Parlamentsvorbehalts zu kurz.[238] Darüber hinaus stellte sich die Bundesregierung selbst auf den Prüfstand und setzte auf Partizipation. Entsprechend konstruktiv arbeitete ein Großteil der Opposition in den ersten Monaten mit der Bundesregierung zusammen.[239] Foucault'sche Träume von einem

»Durchregieren« in der Seuche waren also nicht die Sache der Großen Koalition.

Mit dem Abklingen der ersten Welle bekam der Konsens erste Risse. Mitte Mai 2020 stand im Bundestag eine Verlängerung der Maßnahmen zur Debatte. Auf den Oppositionsbänken war man sich von rechts bis links einig: Die niedrigen Erkrankungszahlen rechtfertigten keine Fortdauer der Kompetenzen für die Bundesregierung. Vielmehr brauche es eine stärkere Einbindung des Bundestags. »Die pandemische Krise darf nicht zu einer Demokratiekrise werden«, warnte Kirsten Kappert-Gonther von den Grünen.[240] Auch die FDP hatte angesichts der erfolgreichen Pandemieeindämmung ernste Zweifel, dass die »Blankoermächtigung für das Bundesministerium für Gesundheit noch verhältnismäßig«[241] sei. In der Lagebeurteilung waren sich Opposition und Regierung zwar einig. Schließlich verwiesen auch Abgeordnete von Union und SPD auf die günstige Gesundheitssituation und den Erfolg der Eindämmungsmaßnahmen. Jens Spahn sprach von der Pandemie sogar als Geburtsstunde für »ein ganz neues Wirgefühl [sic]«.[242] Allerdings leitete die Bundesregierung aus diesem Erfolg andere Lehren ab. Gerade der Erfolg der Pandemiebekämpfung sei Verpflichtung, an den Maßnahmen festzuhalten, wie Karin Maag (CDU/CSU) begründete: »Meine Damen und Herren, wir waren in der ersten Stufe der Bewältigung von Corona erfolgreich. Gott sei Dank! Mit diesem Gesetz nehmen wir unsere Verantwortung für die neue Freiheit wahr und setzen hoffentlich diesen erfolgreichen Weg weiter fort.«[243] Die Opposition ließ sich von solchen Behauptungen nicht beeindrucken. AfD, FDP und Linke stimmten nun gegen das Gesetz, nur die Grünen enthielten sich.

Im Herbst 2020 kam Corona mit voller Kraft zurück. Eine zweite Welle schwappte in die Bundesrepublik und spülte Sorgen vor einer starken Exekutive fort. Als die Bundesregierung im November einen »Fortbestand der epidemischen Lage von nationaler Tragweite«[244] erklären und damit ihre zusätzlichen Kompetenzen behalten wollte, war die Zustimmung wieder beinahe so groß wie im März 2020. Immerhin 422 Abgeordnete, vor allem der CDU/CSU, der SPD und der Grünen, stimmten für die Verlängerung. FDP und Linke enthielten sich mehrheitlich, allein die AfD stimmte mit 82 Abgeordneten mit Nein.[245] Sie polemisierte nun lauter denn je gegen ein »Ermächtigungsgesetz«, das im Bundestag verabschiedet worden sei und den Lockdown zum Dauerzustand erhebe. Während der Debatte sorgten AfD-Abgeordnete mit einer Aktion für Aufsehen. Auf Plakaten hielten sie ein Grundgesetz mit Trauerflor in die Höhe. Lautstarke Unterstützung erhielt die AfD von zahlreichen Demonstranten, die vor dem Berliner Reichstag gegen ein »Ermächtigungsgesetz« wetterten.

Das vorerst letzte Kapitel des Infektionsschutzgesetzes wurde im März 2021 aufgeschlagen. Obwohl mittlerweile eine dritte Welle an Fahrt aufnahm und allerorten ein steiler Anstieg der Erkrankungszahlen beklagt wurde, war es mit dem Konsens im Parlament endgültig vorbei. Zwar verlängerte der Bundestag am 4. März 2021 die Corona-Befugnisse der Bundesregierung noch einmal um drei Monate. Die Zustimmung fiel dieses Mal allerdings knapper denn je aus und signalisierte eine geschlossene Ablehnung auf den Oppositionsbänken: 367 Abgeordnete waren für, 293 gegen eine Fortsetzung der Befugnisse. Alle Fraktionen der Opposition – von AfD, FDP, Grünen bis hin zu den Linken – stimmten geschlossen gegen die Fortsetzung.[246] Das Abstimmungsverhalten hatte wahrscheinlich ebenso viel mit der Kritik am schwachen Agieren der Bundesregierung zu tun wie mit dem allmählich beginnenden Bundestagswahlkampf, der Parlament und Bund-Länder-Konferenzen in Bühnen der Selbstdarstellung verwandelte (vgl. Kapitel 4). So ist zumindest nachvollziehbar, warum die FDP im Infektionsschutzgesetz einen willkommenen Anlass sah, um nicht nur der Großen Koalition, sondern ebenso den oppositionellen Grünen eins auszuwischen. Die Liberalen Gerhart Baum und Max Schulze kritisierten in der *Zeit* vom 21. März, dass die Grünen im Bundestag beim Infektionsschutzgesetz ausgesprochen »zurückhaltend«, ja »zahm« agierten. Der anhaltende »Lockdown« sei eine Folge dieser Zurückhaltung und stelle den Grünen ein schlechtes Zeugnis aus: »Freiheit ist für die Grünen keine Leitidee«.[247]

Interessant ist das Abstimmungsverhalten im Bundestag Anfang März 2021 auch deshalb, weil es in deutschen Medien auf ein relativ leises Echo stieß. Obwohl die Bundesregierung mittlerweile für mehr als ein Jahr den Pandemienotstand erklärt hatte, sich anfängliche Sorgen vor einer sehr ausgedehnten Stunde der Exekutive also mittlerweile zu bewahrheiten schienen, hielt sich die Aufregung in Grenzen.[248] War das schon eine verbreitete Corona-Müdigkeit, die nun auch deutsche Redaktionsstuben lähmte? Oder schien der Druck der dritten Welle mittlerweile doch zu groß, um die Regierungskompetenz zu problematisieren?

Eine Erklärung für das leise Echo dürfte die zuletzt schwache Performance der Bundesregierung sein, die Ängste vor einem starken Staat im Frühjahr 2021 *ad absurdum* führte. Als »Agonie im Amt« beschrieb etwa die Wochenzeitung *Der Freitag* eine Unfähigkeit der Bundesregierung, schärfere Maßnahmen durchzusetzen.[249] Davon abgesehen hatte Bundeskanzlerin Merkel Grundrechtseinschränkungen von Anfang an – so bereits in ihrer Regierungserklärung Ende März 2020 – als »demokratische Zumutung« gesehen, die umso mehr eine transparente Begründung, eine parlamentarische Legitimation sowie zeitlich enge Begrenzung erfordere.[250] Noch Ende August, als sich schon allmählich die zweite Welle ankündigte, wiederholte die Bundeskanzlerin ihr Credo, dass Lockdown und Grundrechtseinschränkungen eine »demokratische Zumutung« seien.[251] Von einem »starken Staat« oder »einem Mehrbedarf an Sanktionen« war laut Lemke »keine Spur«[252] zu finden. Befürchtungen kreisten im Winter 2020 nicht um einen starken Staat, sondern um eine ideen- und kraftlose Bundesregierung, die konsequente Konzepte vermissen ließe. Eine vernichtende Bilanz zog beispielsweise Thomas Brussig in der *Süddeutschen Zeitung*. Unter der Überschrift »Mehr Diktatur wagen« beklagte Brussig auch, dass der »Ausnahmezustand« ausgeblieben sei: Er bemängelte »Ohnmachtserfahrungen« und fehlende Tatkraft.[253] Dass zeitgleich auf Twitter der Hashtag »#merkeldiktatur« Furore machte, passt ins Bild. Denn unter diesem Hashtag sammelten sich mehrheitlich ironische Beiträge, die sich eine »Merkel«- oder »Coronadiktatur« geradezu herbeisehnten, damit »Impfchaos« und unausgereifte Konzepte endlich ein Ende hätten.

Für das geringe Echo auf die Bundestagsdebatte im März 2021 findet sich noch eine ganz andere Erklärung. Zwar war der Bundestag im Laufe der Coronapandemie keineswegs entmachtet worden. Seit Sommer 2020 war ihm allerdings eine mächtige Gegenspielerin erwachsen, die den Infektionsschutz maßgeblich voranbrachte, die Bund-Länder-Konferenz (BLK) zwischen Merkel und den Ministerpräsident:innen und Regierenden Bürgermeister:innen der Bundesländer und Stadtstaaten. Insofern beklagten die Grünen im März 2021 nach der Abstimmung des Bundestags über das Infektionsschutzgesetz eine schleichende Marginalisierung des Parlaments. Das Infektionsschutzgesetz reduziere den Bundestag »auf die Rolle einer nachträglichen Beratungsinstanz der Bund-Länder-Runden«.[254] Vor dem Hintergrund solcher Vorwürfe lohnt daher noch einmal ein Rückblick auf einzelne Bund-Länder-Konferenzen, die ebenfalls im Laufe des Jahres 2020 für Aushandlungen zwischen Exekutive und Legislative sowie zwischen Bund und Ländern sorgten.

Am 12. März 2020 fand die erste Bund-Länder-Runde mit reinem Corona-Schwerpunkt statt. Ein Ergebnis dieser Konferenz war das Verbot von Veranstaltungen mit über 1.000 Teilnehmern sowie die Verabredung, einheitliche Hygieneregeln zu konzipieren und Krankenhauskapazitäten zu sichern.[255] Vier Tage später beschloss die BLK Schließungen außerschulischer Bildungs- und Kultureinrichtungen sowie ein Ende aller Versammlungen in Vereinen, Kirchen und Moscheen. Nur eine Woche später, am 22. März, warnten Bund und Länder vor einer »rasanten Verbreitung des Coronavirus«[256] und beschlossen die schon erwähnten bundesweiten Kontaktbeschränkungen. Seit diesem Tag mauserte sich die BLK in der Wahrnehmung der Deutschen zu einer Einrichtung, die maßgeblich über ihren Alltag entschied. Dass Tages- und Wochenzeitungen in den kommenden Monaten eigene Newsletter, Blogs und Podcasts exklusiv für die BLK-Beschlüsse etablierten, spricht für deren hohe Alltagsrelevanz. Vor der Planung einer Arbeitswoche, der Kinderbetreuung oder von Wochenenden und Urlauben stand seither ein banger Blick auf die aktuellen Beschlüsse der BLK.

Im Gesamtüberblick schlägt sich in den Bund-Länder-Konferenzen eine ähnliche Entwicklung nieder wie im Bundestag. Unter dem Eindruck exponentiell steigender Erkrankungszahlen überwog zunächst Einigkeit. Selbst der allmähliche Rückgang der Erkrankungszahlen ab der zweiten Aprilhälfte 2020 änderte daran wenig. In der öffentlichen Wahrnehmung hatten die gemeinsamen Beschlüsse ja die Pandemie erfolgreich eingedämmt und somit Grundlagen geschaffen für eine allmähliche Rückkehr zur alten Normalität. Nach weiteren Lockerungen einigten sich Bund und Länder am 6. Mai auf einen bundesweiten Notfallmechanismus. Ab einer Inzidenz von 50 sollten Kreise den Lockdown »im Kleinen« durchsetzen. Mit diesem Konzept einer »Hotspotstrategie« verband sich fortan die Hoffnung, Maßnahmen in den Folgemonaten zielgerichteter ansetzen, den Infektionsschutz gewissermaßen regionalisieren und damit besser dosieren zu können.

Solche Erfolge gegen die Pandemie übersetzten sich unmittelbar ins Programm der BLK. Mitte Juni 2020 fand sich Corona auf der Tagesordnung der Konferenz nur noch als Tagesordnungspunkt 3. Hatte die Pandemie zuvor ganze Konferenzen dominiert, musste sie sich nun die Aufmerksamkeit mit anderen Themen wie dem Erneuerbare-Energien-Gesetz oder den Mobilfunknetzen teilen – auch das ein Signal für eine Rückkehr in die alte politische Normalität. An diesem 17. Juni zogen

Bundeskanzlerin und Länder eine beruhigende Zwischenbilanz, mit der weitere Lockerungen begründet wurden: »Deutschland ist bisher im internationalen Vergleich erfolgreich durch die Coronavirus-Pandemie gekommen. [...] Die zielgerichteten Maßnahmen, die umsichtig und schnell umgesetzt wurden, haben in den vergangenen Wochen die Ausbreitung des Corona-Virus wirkungsvoll eingedämmt und erheblich verlangsamt.«[257] Tatsächlich wurde das deutsche Krisenmanagement bis zu diesem Zeitpunkt meist als Erfolgsgeschichte erzählt. Die gemeinsame Reaktion von Bundesregierung, Bundestag und Bundesländern, die enge Abstimmung zwischen unterschiedlichen Ebenen und Parteien hatten sich ausgezahlt. Auch die Akzeptanz des Lockdowns und die übergroße Einhaltung der Kontakt- und Ausgangsbeschränkungen wurden von der BLK in diese Erfolgsgeschichte integriert. Sie galten als angemessener Preis, den man für die kollektive Sicherheit gezahlt habe. Deutschland träumte also wieder von der alten Normalität, die die »neue Normalität« mit Kontakt- und Ausgangsbeschränkungen ablösen sollte. Die Sommerferien verstärkten diesen Eindruck noch. Bis September 2020 waren die Medien voll des Selbstlobes: »Warum Deutschland die Krise besser bewältigt«,[258] so die Meldung der »Tagesschau« im Juli 2020, waren beliebte Schlagzeilen, die in vielen Variationen das Sommerloch überbrückten.

Vor diesem strahlenden Sommer wirkt der anschließende Herbst umso düsterer. Im September 2020 stiegen die Erkrankungszahlen wieder an, Anfang Oktober war bereits der bisherige Höchststand vom Frühjahr 2020 erreicht. Erneut kreisten die Bund-Länder-Konferenzen nur noch um Corona, jetzt aber war es mit der Einigkeit vorbei. Schon im Vorfeld der BLK am 14. Oktober berichtete die *Zeit*, dass die »Positionen der Bundesländer [...] weit auseinander« lagen. Zugleich sprach Kanzleramtschef Helge Braun (CDU) angesichts der dramatischen Lage von einer Debatte mit »historischer Dimension«.[259] Gegensätze zwischen den Ländern schlugen sich beispielsweise in der Debatte um ein Beherbergungsverbot nieder, das innerdeutsche Reisen einschränken sollte. Mehrere Länder lehnten das Verbot ab. Thüringens Gesundheitsministerin Heike Werner (Linke) sprach gar von einer »Stigmatisierung [...] für Menschen, die aus einer bestimmten Region kommen«,[260] und setzte auf kommunale Regelungen. Wegen solcher Gegensätze blieb es bei einem unverbindlichen Appell an Einwohner:innen in Risikogebieten, auf innerdeutsche Reisen zu verzichten.[261] Letztlich wirkte in dieser Debatte die Regionalisierung der Corona-Maßnahmen vom Mai 2020 nach, die den

Inzidenzwert der Kreise zum Ausgangspunkt für Maßnahmen erhoben hatte. Denn mit dem kleinräumigen Kampf gegen die Pandemie verband sich schließlich die Hoffnung, mit dem Florett anstatt mit dem Säbel zur Seuchenbekämpfung antreten zu können.

Mit solchen Hoffnungen war es Ende Oktober vollends vorbei. Am 28. Oktober 2020 beschloss die BLK einen flächendeckenden »Lockdown light« mit Kontaktbeschränkungen, so dass sich in der Öffentlichkeit nur noch maximal zwei Haushalte mit insgesamt höchstens zehn Personen treffen durften. Übernachtungen in Hotels waren nur noch aus dienstlichen Gründen möglich. Obgleich diese Regelungen gar nicht so weit gingen wie im ersten Lockdown, schien der Legitimationsdruck gegenüber den Deutschen nun höher. Der Beschluss fasste die Notwendigkeit der Maßnahmen mit Bezug auf eine staatliche Schutzpflicht und das Grundrecht auf körperliche Unversehrtheit zusammen, so dass eine Einschränkung anderer Grundrechte erforderlich sei: »Bund und Länder sind sich darüber im Klaren, dass es sich um sehr einschneidende Maßnahmen handelt. Aber sie sind notwendig und sie sind mit Blick auf das zu schützende Rechtsgut der Gesundheit der Bevölkerung und zur Abwendung noch umfangreicherer wirtschaftlicher Schäden im Falle einer unkontrollierten pandemischen Entwicklung verhältnismäßig.«[262]

Mitte Dezember verwandelte sich der »Lockdown light« in einen »harten Lockdown«. Die BLK verschärfte die Kontaktbeschränkungen noch einmal auf Zusammenkünfte von maximal fünf Personen aus höchstens zwei Haushalten. Für Weihnachten galten zwar Ausnahmen, allerdings auch die Bitte, vor den Familientreffen eine »Schutzwoche« einzulegen, um die Ansteckungsgefahr zu senken. Bundeskanzlerin und Länder erklärten das Motto »Wir bleiben zuhause« zum bundesweiten Leitmotiv, setzten die Präsenzpflicht an Schulen aus und baten Unternehmen, bis in den Januar 2021 hinein »großzügige Home-Office-Lösungen« zuzulassen. Hinzu kam ein Alkoholverbot in der Öffentlichkeit, das wenigstens ein ebenfalls beschlossenes Versammlungsverbot über Silvester umso verschmerzbarer machte.[263] Die Begründung der Beschlüsse klang mittlerweile nach einer Durchhalteparole. Bund und Länder dankten der Bevölkerung für das »rücksichtsvolle Verhalten«, das Ansporn für die kommenden Woche geben sollte: »Dieser Gemeinsinn ist das höchste Gut und zugleich der wichtigste Erfolgsfaktor in der Pandemie.«[264]

Der harte Lockdown rief den Bundestag auf den Plan. Seit April 2020 waren die Bund-Länder-Konferenzen zwar immer wieder Thema im

Parlament gewesen, insbesondere, wenn es um die Frage nach der Verhältnismäßigkeit des Infektionsschutzgesetzes und um die Mitsprache des Parlaments ging. Im Dezember 2020 erreichte diese Debatte indes einen Höhepunkt. Das gilt nicht nur für die AfD, die über die BLK schon lange als »Merkels Stammtisch« gelästert hatte. So beklagte Ulrike Schielke-Ziesing (AfD) im Bundestag das Leid vieler Menschen, »da es in erster Linie die fragwürdigen Lockdown-Maßnahmen einer nicht demokratisch legitimierten Kungelrunde der Kanzlerin mit den Ministerpräsidenten waren und sind«.[265] Noch weiter ging ihr Parteifreund Steffen Kotré. Er zeichnete ein düsteres Bild von der Bund-Länder-Konferenz als sinistre Schaltstelle einer »Coronadiktatur«,[266] die als heimliche Hinterzimmerpolitik fortwährend das Grundgesetz breche.

Solche Vorwürfe von rechts waren der Bundesregierung womöglich ganz willkommen. Schließlich bot das überzogene Schreckbild der »Corona-Diktatur« eine umso dankbarere Vorlage zur Ehrenrettung der Zusammenarbeit zwischen Bund und Ländern, wie sie Johannes Fechner (SPD) mit Verweis auf die bedrohliche Seuchenlage vorbrachte: »Die Coronamaßnahmen […], die die Ministerpräsidenten auf der Ministerpräsidentenkonferenz abgesprochen haben, sind unbestritten notwendig.«[267] Sachsens Ministerpräsident Michal Kretschmer (CDU) stieß einen Tag nach dem BLK-Beschluss des harten Lockdowns mit seiner Ansprache im Bundestag in dasselbe Horn. Er parierte die AfD-Kritik und stilisierte die Bund-Länder-Konferenz gar zum Musterbeispiel parteiübergreifenden Krisenmanagements. Sie seien »kein Klüngelkreis, sondern […] Ausdruck der Verantwortung, die Menschen über Parteigrenzen hinweg in diesem Land für ihr Land, für die Menschen haben«.[268]

Vorwürfe gegen eine Hinterzimmerpolitik waren nicht nur von der AfD zu hören. Auch andere Oppositionsparteien übten am 16. Dezember massive Kritik an der Bund-Länder-Konferenz. Stephan Thomae von den Liberalen machte die BLK sogar verantwortlich für eine wachsende Unsicherheit in der Bevölkerung und für die Ausbreitung von Gerüchten: »Sie entstehen, weil Aushandlungsprozesse für die Menschen undurchsichtig und intransparent sind. Wenn Menschen auch nur das Gefühl haben, etwas wird in Hinterzimmern entschieden, in Selbstgesprächen der Regierung oder in einer Art Nebenregierung namens Ministerpräsidentenkonferenz«.[269] Von den Grünen bemängelte Annalena Baerbock an der BLK vor allem das Fehlen einer Langzeitstrategie. Während Bund und Länder allenfalls von Konferenz zu Konferenz planten, könne der

Bundestag eine langfristigere Pandemiebekämpfung sicherstellen, die Bedürfnissen der Bevölkerung nachkomme: »Wir können nicht weiter mit einem Zweiwochenrhythmus-Bekämpfungssystem durch diese Pandemie kommen. [...] Es braucht jetzt einen klaren Stufenplan: ›Wann kommt was?‹, klare gesellschaftliche Prioritäten.«[270]

Wie schlecht es mittlerweile um die Bund-Länder-Konferenz bestellt war, zeigt wohl am eindrücklichsten der Redebeitrag von Alois Karl (CDU/CSU) im Bundestag. Er sprach schließlich für die Union, die immerhin die Bundeskanzlerin stellte. Seine Bilanz nach einem Dreivierteljahr Coronamaßnahmen war gleichwohl unmissverständlich: »16 Ministerpräsidenten sind jeweils bei der Bundeskanzlerin zusammengesessen und haben die Diversität des Föderalismus durchaus ausgeprägt zum Ausdruck gebracht. [...] Und auch wenn die Ministerpräsidenten manchmal sehr uneinig erschienen, in einem haben sie sich doch sehr einig gezeigt, nämlich wenn es darum ging, wer die Beschlüsse zu bezahlen hat. Wie aus einem Mund sind die 16 Finger und Fingerinnen hochgegangen, wenn es darum ging, die Bundeskasse, sozusagen den Bundestag, mit der Bezahlung zu beauftragen. Meine Damen und Herren, es ist dieser Tage schon gesagt worden: Es kann nicht so weitergehen, dass ohne Einschaltung des Deutschen Bundestages [...] über Milliarden- und Abermilliardenbeträge Beschlüsse gefasst werden, die wir dann abzusegnen und abzunicken hätten.«[271]

Obwohl die Abgeordneten die BLK also ganz unterschiedlich bewerteten, schlägt sich in all ihren Redebeiträgen des Dezembers 2020 eine Gemeinsamkeit nieder. Bei der Debatte um den Lockdown ging es nie nur um den Infektionsschutz, sondern ebenso um Grundsätzliches: um Chancen und Grenzen der parlamentarischen Demokratie bei der Bekämpfung einer Pandemie, um Machtverhältnisse sowohl zwischen Exekutive und Legislative als auch zwischen Bund und Ländern, aber auch um die Einbindung von Parteien und Bevölkerung in Entscheidungen. Der Lockdown warf die Grundsatzfrage nach dem Verhältnis von Pandemien und Parlamenten auf, weil eine globale Bedrohung alle politischen Ebenen und Institutionen betraf und schlimmer noch – weil sie neue Institutionen und Strukturen notwendig zu machen schien.

Ihren Höhepunkt erreichte die Lockdown-Debatte ab Ostern. Anfang März 2021 hatte die BLK trotz hoher Infektionszahlen vorsichtige Lockerungen beschlossen. Kurze Zeit später griffen Bund und Länder bereits nach der »Notbremse«. Um die dritte Welle zu stoppen, nahmen sie die Osterruhe ganz wörtlich und entschieden sich am 22. März für einen Oster-Lockdown »mit weitgehenden Kontaktbeschränkungen«.[272] Gründonnerstag und Samstag wurden zu Ruhetagen erklärt, wobei die Umsetzung dieser Maßnahme offen blieb. Die unklare Kommunikation dieser Maßnahmen hatte einen gegenteiligen Effekt. Von Ruhe konnte nicht die Rede sein, viele Tageszeitungen titelten vielmehr mit schweren »Osterunruhen«, die der Beschluss ausgelöst habe. Der *Spiegel* bezeichnete die Verhandlungsrunde der BLK umgehend als »Chaos Corona Club«.[273] Zwei Tage später geschah Erstaunliches. Nicht nur wurden die Beschlüsse für eine Osterruhe zurückgenommen. Darüber hinaus sprach die Bundeskanzlerin öffentlich von einem »Fehler« bei der Konzeption der Beschlüsse und entschuldigte sich per Videobotschaft für die »zusätzliche Verunsicherung«.[274] Ihre Entschuldigung wiederholte Merkel am selben Tag im Bundestag, wo Lockdown und Bund-Länder-Konferenz daraufhin für zwei Tage ganz im Fokus aller Abgeordneten standen. Die gescheiterte Osterruhe geriet nun zum Dreh- und Angelpunkt einer Debatte, in der einmal mehr über die Grundsätze politischer Pandemiebekämpfung gestritten wurde.

Den Auftakt machte Marco Buschmann (FDP) mit einer grundsätzlichen Frage: »Wann hören Sie endlich auf, [...] hinter verschlossenen Türen im ganz kleinen Kreise mitten in der Nacht übernächtigt, ohne Rücksprache mit Praktikern oder mit Menschen mit Sachverstand, mit den Ministerien über das Leben von Millionen von Menschen zu entscheiden? Wann legen Sie die Entscheidung zurück in die Hände der Parlamente?«[275] Die Grünen konnten sich dieser Fundamentalkritik nur anschließen. Katrin Göring-Eckardts Frage war ein eindeutiges Plädoyer für eine Pandemiebekämpfung durch das Parlament: »Sind Sie nicht der Auffassung, dass sich dieses Format als das Entscheidungsformat überlebt hat, dass wir hier im Deutschen Bundestag mit Rede und Gegenrede, mit Transparenz, mit Argumenten deutlich machen müssen: ›Womit können wir diese Welle tatsächlich brechen?‹«[276] Angela Merkel beantwortete die Fundamentalkritik ausweichend. Sie verwies zunächst auf die föderale Struktur der Bundesrepublik, die eine Abstimmung zwischen Bundes- und Länderinteressen notwendig mache. Da die Länder in der Seuchenbekämpfung für die Umsetzung von Beschlüssen verantwortlich seien, waren ihrer Meinung nach sowohl der Sachverstand der Länder und Bundesregierung als auch der des Bundestages gefragt. Dass man gleichwohl über eine »Verbesserung der Arbeitsweise« der BLK noch einmal reden könne, gestand Merkel den kritischen Gegenstimmen gleichwohl zu.

Unterm Strich fallen an diesen Bundestagsdebatten am 24. und 25. März 2021 drei Punkte ins Auge, an denen sich die Aushandlungsprozesse eines ganzen Jahres zusammenfassen lassen. Erstens suchten Abgeordnete der Opposition und der Bundesregierung immer wieder nach der Rolle des Bundestags in der Pandemie. Dabei sprachen Abgeordnete der Oppositionsparteien dem »vom Volk gewählten« Parlament eine zentrale Rolle in der Pandemiebekämpfung zu, weil der Bundestag das »Vertrauen« der Bevölkerung genieße.[277] Die Opposition stilisierte den Bundestag so zum Garanten einer bürgernahen Coronapolitik, die eine größere Akzeptanz der Eindämmungsmaßnahmen mit sich bringe.

Zweitens spielte der wichtigste gesundheitspolitische Akteur erstaunlicherweise kaum noch eine Rolle: Jens Spahn. Während der turbulenten Bundestagsdebatten am 24. und 25. März kam der Bundesgesundheitsminister zu den Lockdown-Beschlüssen und ihrem Scheitern nicht einmal zu Wort. Ebenso erstaunlich ist eine zweite Beobachtung: Niemand wunderte sich über diese Zurückhaltung. In den langen Debatten des 24. und 25. März 2021 war keine Nachfrage beispielsweise zur Einschätzung durch das Gesundheitsministerium zu hören. Nun ließe sich einwenden, dass Spahn für die Ergebnisse der Bund-Länder-Konferenz kaum Verantwortung übernehmen konnte. Auch das ist allerdings eine bemerkenswerte Feststellung. Offenbar hielten die Bund-Länder-Konferenzen nicht nur den Bundestag aus dem Entscheidungsprozess heraus, sondern zunehmend auch das Bundesgesundheitsministerium. Seit dem zweiten Halbjahr 2020 rollte die Coronapandemie das gesundheitspolitische Handlungsfeld also neu auf. Innerhalb weniger Monate wurde die Pandemie zur Chefinnensache – eine auch in historischer Perspektive einmalige Entwicklung. Nie zuvor hatte im Seuchenfall ein deutsches Regierungsoberhaupt einen solchen Führungsanspruch angemeldet und behauptet.

Außerdem wurde an der Debatte der »Osterunruhen« 2021 ein drittes Thema sichtbar, das seit Winter vermehrt zur Sprache kam: die Vor- und Nachteile des Föderalismus in Zeiten der Globalisierung. Aus der Unionsfraktion brachte Marian Wendt dieses Thema im Bundestag auf die Tagesordnung. Wendt wollte die Osterkrise offenbar konstruktiv umdeuten und beschwor einen »neuen Geist der Zusammenarbeit zwischen Bund und Ländern«, der aus der Coronapandemie entstehen könne: »Man kann ja die Ministerpräsidentenkonferenzen kritisieren; aber man kann vielleicht auch feststellen, dass es eine Plattform ist, wo Bund und Länder sich wirklich auf das Ziel einigen, gemeinsam einheitliche Regeln zu schaffen. Das ist ja ein guter Ansatz, und es ist besser, als 16 verschiedene Regeln in diesem Land zu haben.«[278]

Merkel konnte dieser Deutung einiges abgewinnen. Zunächst einmal lenkte sie von der gescheiterten Bund-Länder-Konferenz ab. Darüber hinaus stand in Deutschland ja tatsächlich seit gut einem Jahr die grundsätzliche Frage im Raum, welche Potenziale oder Probleme der Föderalismus für die Bewältigung einer globalen Bedrohung mit sich bringe. Die Bundeskanzlerin griff diese Überlegungen auf, um ihre Hoffnung auf eine baldige Zukunft zu formulieren: »Diese Hoffnung ist, dass neben dem Stolz der Länder auf ihre Eigenständigkeit [...] auch die Tatsache Berücksichtigung findet, dass wir heute in einer globalen Situation leben, in der mehr Krisen auftreten, als es vielleicht früher der Fall war, und dass fast keine dieser Krisen auf ein Bundesland oder eine Kommune lokalisiert werden kann, sondern sie meist sogar das Bundesgebiet übersteigen. Das merken wir ja auch an der Notwendigkeit, europäisch einheitlich zu handeln. Das muss mehr in den Blick genommen werden.«[279]

Letztlich warf Corona also die Systemfrage auf. Wie lassen sich globale Phänomene politisch gestalten? Welche Staatsform ist besonders geeignet, weltweite Krisen mit lokalen Auswirkungen zu bewältigen? Wer also sollte beim Infektionsschutz die Hauptrolle spielen – die EU, die Bundesregierung, der Bundestag, die Länder oder gar die Kommunen? Die Systemfrage macht im Übrigen eine weitere, zunächst erstaunlich klingende Beobachtung nachvollziehbar, dass nämlich im Laufe des Jahres 2020 Grundrechtseinschränkungen im Bundestag an Brisanz verloren. Das lässt sich zunächst mit einem gewissen Abstumpfungsprozess erklären. Zwar wetterten AfD und FDP weiterhin gegen die wirtschaftlichen Folgen des Lockdowns. Und selbstverständlich nutzten auch Linke und Grüne Kritik an Kontakt- und Ausgangsbeschränkungen zur Schärfung ihres sozialen und bürgerrechtlichen Profils. Am höchsten aber flammten seit Herbst 2020 die Gefühle, wenn es um die Systemfrage und damit um das Verhältnis zwischen Bund und Ländern ging, das durch Corona immer stärker zum Thema wurde. Vor dieser Debatte standen im Laufe der Zeit sogar Fragen über Grundrechtseinschränkungen zunehmend zurück.

Am Ende gab es auf die Systemfrage doch noch eine Antwort. Am 21. April 2021 beschloss der Bundestag nach erbitterter Debatte eine vorerst letzte Ergänzung des Infektionsschutzgesetzes, die als »Bundesnotbremse« in die Schlagzeilen wanderte. Fortan durfte die Bundesregierung Maßnahmen für das gesamte Bundesgebiet beschließen, die je nach Inzidenz der Kreise einheitlich umgesetzt werden mussten. Auch wenn die Länder nach wie vor für die Umsetzung des Infektionsschutzes verantwortlich waren und mitunter schärfere Maßnahmen als Ergänzung zur Bundesnotbremse verabschiedeten, markierte der Beschluss des Bundestags eine Machtverschiebung zum Bund. Die Länder reagierten mit scharfer Kritik. Als »verfassungsrechtlich problematisch« brandmarkte beispielsweise der hessische Ministerpräsident Volker Bouffier (CDU) die zusätzlichen Kompetenzen der Bundesregierung. Reiner Haseloff (CDU), Ministerpräsident Sachsen-Anhalts, setzte sogar noch einen drauf: Er bezeichnete den Beschluss als »Tiefpunkt in der föderalen Kultur der Bundesrepublik Deutschland«.[280] Gleichwohl ließ auch der Bundesrat unter seinem Präsidenten Haseloff das erweiterte Infektionsschutzgesetz ohne Einspruch passieren. Für diesen erstaunlichen Pragmatismus dürften die nach wie vor steigenden Erkrankungszahlen ein Grund gewesen sein. Einige Ministerpräsident:innen hatten vielleicht noch das Debakel um den Schweinegrippen-Impfstoff im Kopf, nach dem die Länder mehr Kompetenzen des Bundes in der Pandemiebekämpfung selbst gefordert hatten (vgl. Kapitel 1). Die wichtigste Erklärung für die Machtverschiebung dürften aber die »Osterunruhen« gewesen sein. Als Menetekel bundespolitischer Pandemiebekämpfung standen sie allen Beteiligten während der Debatte um die »Bundesnotbremse« allzu deutlich vor Augen. Angela Merkels öffentliche Entschuldigung hatte wahrscheinlich ganz bewusst ein Ausrufezeichen hinter das BLK-Debakel gesetzt und so der Bundesregierung die Initiative zurückgegeben. Dass mit der Änderung des Infektionsschutzgesetzes fortan die Bund-Länder-Konferenzen zu den Coronamaßnahmen endeten, regte daher weder im Bund noch in den Ländern irgendjemanden auf.

Ganz andere Machtfragen warf das Verhältnis zwischen Politik und Wissenschaft auf. Im Frühjahr 2020 wurden Virolog:innen wie Marylyn Addo, Melanie Brinkmann, Alena Buyx, Christian Drosten, Alexander Kekulé, Hendrik Streeck oder Lothar Wieler zu wahren Popstars der Pandemie. Millionen lauschten dem Podcast »Coronavirus-Update« des NDR, mit dem Christian Drosten den Deutschen die Pandemie erklärte. Auf große Resonanz stieß auch »Kekulés Corona-Kompass«, ein Podcast des gleichnamigen Virologen im MDR. Das *Handelsblatt* adelte Drosten wegen seiner Öffentlichkeitsarbeit gar zum »Aufklärer der Nation«.[281] Noch weiter ging der Medienpsychologe Frank Schwab. Drosten sei nichts weniger als ein »Fels in der Brandung« und »Seelsorger«, der es mit Filmhelden wie dem Zauberer Gandalf aus »Herr der Ringe« oder mit dem Jedi Obi-Wan Kenobi aus »Star Wars« aufnehmen könne: »Sie kämpfen nicht immer selbst, bringen aber ihre Weisheit und Erfahrung ein und stehen dem Helden zur Seite«.[282] Dieser euphorischen Einschätzung entsprach auch das »Voting« der »Bild«-Zeitung, die ihre Leser Anfang April 2020 nach »unseren wichtigsten Kämpfern gegen Corona« befragte. Christian Drosten belegte mit 37 Prozent von 60.000 abgegebenen Stimmen souverän den ersten Platz.[283] Man muss in der deutschen Geschichte schon sehr weit zurückblicken, um eine annähernde Heroisierung von Mediziner:innen zu finden. Allenfalls Robert Kochs Triumphzüge im 19. Jahrhundert erregten ähnlich großes Interesse bei einem Millionenpublikum.[284]

In der Medizin war Politikberatung bereits lange vor der Coronapandemie üblich. Das seit März stetig wachsende Interesse schien indes die Gewichte zwischen Politik und Wissenschaft gewaltig zu verschieben. Virologen wie RKI-Chef Lothar Wieler und Christian Drosten gaben während der ersten Bundespressekonferenzen zur Pandemie den Ton an. Ihre Ratschläge galten auf Bundes- und Landesebene als gesundheitspolitische Richtschnur. Sogar SPD-Gesundheitsexperte Karl Lauterbach, als Mediziner selbst vom Fach, staunte angesichts des gewaltigen politischen Einflusses der Wissenschaft. Noch nie hatte er »eine so direkte Lenkungswirkung von wissenschaftlicher Expertise auf politische Entscheidungen« erlebt.[285] Dass Angela Merkel in ihrer Fernsehansprache am 18. März 2020 mehrfach auf den »Rat der Virologen« verwies, um die Eindämmungsstrategie der Bundesregierung zu legitimieren, passt ebenfalls in dieses Bild.

Nach Ausrufung des ersten Lockdowns Ende März stellte die »Bild«-Zeitung angesichts des gewaltigen Popularitätsschubs für die Wissenschaft sogar wortwörtlich die Machtfrage: »Werden wir jetzt von RKI-Virologen regiert?«[286] Drei Wochen später legte das Boulevardblatt Ergebnisse einer Umfrage unter seinen Leser:innen offen, die diesen Eindruck verstärkten: »Haben die Virologen zu viel Einfluss auf die Regierung?«[287] Auch die *Zeit* beobachtete, dass die Virologie »jetzt der Politik die Richtung« vorgäbe. Sie brachte die politische Rolle von Wieler und Co. auf eine sehr große Frage: »Ist das unser neuer Kanzler?«[288] Eine Leserin der Wochenzeitung konnte dieser Ironie wenig abgewinnen und rief in einem Leserbrief besorgt um »Hilfe, das RKI hat die Macht in Deutschland übernommen«.[289] Selbstverständlich waren solche Machtphantasien nicht mehr als genau das: Phantasien, von denen weder Wissenschaftler:innen, geschweige denn Politiker:innen träumten. Doch welche Rolle spielten Wissenschaft und Politik bei der Bewältigung der Coronapandemie? Wie veränderte sich das Verhältnis zwischen beiden Akteuren? Und was sagt das aus über Aushandlungsprozesse von Solidarität, Sicherheit und Freiheit?

Je länger die Pandemie andauerte, desto offensichtlicher wurden die Grenzen virologischer Expertise. Von einem Rollentausch zwischen Virologie und Politik konnte selbst im Angesicht einer weltumspannenden Pandemie nicht die Rede sein. Zum einen wurde an den Auseinandersetzungen um die Verhältnismäßigkeit von Eindämmungsmaßnahmen schnell deutlich, dass medizinisches Wissen im Kampf gegen eine Pandemie nicht ausreichte. Neben der Virologie spielte zunehmend die Expertise der Politik-, Sozial-, Rechts- und Medienwissenschaft, der Volkswirtschaft und Psychologie und mitunter sogar der Geisteswissenschaften in öffentlichen Debatten eine Rolle. Die disziplinäre Diversität fußte wohl auch auf der Erkenntnis, dass eine Gesellschaft im Pandemiefall tiefe Einblicke in die Gesellschaft benötigt. Weil Seuchen sich durch Ansteckung verbreiten, hängen Gesundheitsverhältnisse maßgeblich vom Gesundheitsverhalten der oder des Einzelnen ab. Nicht das Virus, sondern der Mensch überträgt die Krankheit, sein Verhalten entscheidet somit über die Effektivität von Eindämmungsmaßnahmen. Für das Durchbrechen von Infektionsketten, die Einführung von Hygieneregeln oder die Vermittlung von Kontaktbeschränkungen reicht virologische Expertise daher selten aus. Auch die Umsetzung medizinischer Maßnahmen in Ländern und Kommunen setzte eine intensive Vermittlungs- und

Überzeugungsarbeit voraus. Dass im Laufe des Frühjahrs 2020 zahlreiche Disziplinen zum Lockdown zu Wort kamen, deutet auf einen Erkenntnisgewinn der ersten Monate hin: Wenn Seuchen die sozialsten aller Krankheiten sind, müssen wir alles Wissen aufbieten, das wir kriegen können.

Zum anderen war die Virologie ein vielfältigeres Arbeitsfeld, als die frühe Medienberichterstattung glauben machte. Während Mitte April 2020 in einem Beitrag der »Bild«-Zeitung »die Virologen« noch als einträchtiges Gruppenbild mit wenigen Damen inszeniert wurden – zu sehen waren in dem Artikel u.a. Drosten, Streeck und Kekulé –, setzte sich im Laufe der Zeit die Erkenntnis durch, dass unter »den Virologen« mitunter unterschiedliche Auffassungen kursierten. Auch sie diskutierten das Für und Wider von Eindämmungsmaßnahmen durchaus kontrovers, so dass bald ein neues, nicht minder holzschnittartiges Bild die öffentliche Wahrnehmung dominierte: Wissenschaft galt nun als Wettbewerb, ja als Duell. Nun fanden sich Christian Drosten, meist in der Rolle als früher Warner und Verteidiger weitreichender Schutzmaßnahmen, sowie Hendrik Streeck, meist in der Rolle als Gegenspieler und Verfechter der Freiheit, in grellen Schlagzeilen wieder. In solchen Beiträgen gab das Spannungsverhältnis zwischen Sicherheit und Freiheit nur noch eine platte Projektionsfläche ab für eine publikumswirksame Inszenierung eines »Showdowns der Virologen«,[290] den beispielsweise eine Sendung der Fernseh-Talkshow »Maybrit Illner« inszenierte.

Mit den Duellen bekamen die Stars erste Dellen. Zwar hatten sie von Anfang an darauf hingewiesen, dass wissenschaftliche Forschung immer nur vorläufige Befunde erbringe, die Ausgangspunkt für Erweiterungen und Revisionen und damit für neue Forschungen seien. Am konsequentesten machte Drosten in seinem Podcast das Prinzip der Vorläufigkeit zum Thema. Er sprach Grenzen seines Wissens an und revidierte eigene Thesen oder kurz: Er machte Forschung als Prozess nachvollziehbar. Für Teile der Öffentlichkeit führte dieser reflexive Ansatz indes zu Enttäuschung. »Kann man sich auf die Wissenschaft überhaupt verlassen?«, griff die *Zeit* die Frustration einiger ihrer Leser:innen auf, um die Komplexität von Wissenschaft unter extremem Zeitdruck darzustellen.[291]

Das war eine Kehrseite der frühen Heroisierung. Denn die Sehnsucht nach Gandalf und Obi-Wan Kenobi speiste sich vor allem aus dem verbreiteten Bedürfnis nach schnellen Lösungen und langfristigen Handlungsanweisungen, das die Wissenschaft nur bedingt befriedigen konnte. »Warum ändern Virologen ständig ihre Meinung?«, fragte beispielsweise das ZDF Ende April 2020 seine Zuschauer. Ausgangspunkt dieser Frage waren eigene Beobachtungen eines wissenschaftlichen Schlingerkurses in den ersten Monaten der Pandemie: »Immer wieder kommt es bei den Virologen zu Kursänderungen: Der eine Experte hält das Coronavirus Ende Januar für weniger gefährlich als die Grippe, was später anders klingen wird. Auch die Maskenfrage scheint die Virologen zu spalten. Woran liegt das?«[292] Letztlich stießen solche Fragen in der Öffentlichkeit jedoch einen wichtigen Lernprozess an. Im Laufe des Frühjahrs und Sommers 2020 lernten viele Deutsche Wissenschaft als Wissensmodus der Vorläufigkeit kennen – und häufig sogar schätzen. Tageszeitungen, Radio- und Fernsehsender diskutierten auf einmal die Potenziale von Preprints für Fachzeitschriften oder die Probleme wissenschaftlicher Erkenntnisbildung.[293] Corona war sicherlich nicht die Geburtsstunde der »Wissensgesellschaft«, aber doch ein gewaltiger Reifungsprozess. Die Wissensgesellschaft schien allmählich erwachsen zu werden.

Auch Virolog:innen lernten – und zwar erstaunlich schnell. Bereits im Herbst 2020 herrschte bei vielen Grundsatzfragen weitgehender Konsens. Im Winter 2020/21 und noch einmal im Frühjahr 2021 klang die Forderung vieler Virolog:innen nach härteren Lockdowns daher weitgehend einstimmig. Allerdings bereitete der wissenschaftliche Erkenntnisfortschritt nun der Politik neue Probleme. Je eindeutiger die Empfehlungen der Wissenschaft klangen, desto schwieriger war eine Vermittlung zwischen unterschiedlichen politischen Positionen. Zwei Ereignisse des Frühjahrs 2021 machen dieses Problem als Spannungsverhältnis zwischen Wissenschaft und Politik greifbar: der Impfstopp für AstraZeneca und die Zurückhaltung bei der Einführung eines härteren Lockdowns im März und April 2021.

Beim Impfstopp waren die Empfehlungen eindeutig. Angesichts mehrerer Fälle von Nebenwirkungen mit tödlichem Ausgang empfahl das Paul-Ehrlich-Institut (PEI) am 16. März 2021 eine vorübergehende Aussetzung der Impfung. Als Bundesgesundheitsminister Jens Spahn daraufhin den Impfstopp verkündete, war die Aufregung groß: »Tausende Impflinge haben das Gefühl, Spahn nehme ihnen die Impfung weg.«[294] Spahn hatte kaum eine Wahl. Das PEI ist als zentrales Bundesinstitut die maßgebliche Stimme bei der Prüfung von Impfstoffen. Jede andere Entscheidung des Bundesgesundheitsministers wäre für Impfgegner eine willkommene Bestätigung ihrer Ansicht gewesen, dass die Bundesregierung im Seuchenkampf im Zweifelsfall über Leichen gehe. Aber auch in der weiteren Bevölkerung hätte eine Fortsetzung der Impfungen die Akzeptanz des nationalen Impfprogramms mit Sicherheit nicht erhöht. Spahns Entscheidung war also nicht nur medizinisch, sondern ebenso politisch gut begründet. Kritik erntete gleichwohl weniger das Pharmaunternehmen oder die Prüfanstalt, sondern »die« Politik, die den Deutschen ihren Impfschutz streitig mache.

Auch bei den Planungen von Lockdowns im Frühjahr 2021 war das Votum aus der Virologie eindeutig. Zum Brechen der dritten Welle empfahlen sie weitgehende Maßnahmen, am besten eine »No-Covid-Strategie«, mit der sich die Inzidenz in den einstelligen Bereich senken lasse. Im Fachmagazin *The Lancet* sprachen sich über 300 Wissenschaftler:innen aus ganz Europa bereits im Dezember 2020 für eine radikale Senkung der Inzidenz in ganz Europa aus, unter ihnen wichtige Stimmen der virologischen und wirtschaftswissenschaftlichen Politikberatung wie Melanie Brinkmann, Christan Drosten, Clemens Fuest und RKI-Chef Lothar Wieler.[295] Die Strategie war ebenso überzeugend wie verlockend, versprach sie doch einen Ausweg aus der Pandemie, ein Ende mit Schrecken, aber eben doch endlich ein Ende. Dass dennoch weder die Bundesregierung noch die Mehrheit der Landesregierungen dem Weg in den harten Lockdown folgen mochten, sorgte zwar für entsetzte Schlagzeilen. Die politische Zurückhaltung war gleichwohl keine Willkür oder einfach nur Unfähigkeit, wie mitunter geschimpft wurde, sondern Ergebnis einer politischen Abwägung, worauf etwa die *Zeit* hinwies. »No Covid« hätte konsequente Kontakt- und Ausgangssperren, ja das Aufteilen Deutschlands in »rote und grüne Zonen« bedeutet, »die voneinander getrennt, faktisch also abgesperrt und mit strikten Zugangskontrollen versehen werden müssten«.[296] In medizinischer Perspektive war das eine sehr sinnvolle Maßnahme. Politiker:innen mussten indes weitere Faktoren und die ohnehin angeschlagene Akzeptanz der Bundes- und Landesregierungen im Blick behalten. Mochte in den Monaten März und April im Durchschnitt auch ein Drittel der Befragten härtere Maßnahmen fordern, gab es da eben noch zwei weitere Drittel, die mit den bisherigen Maßnahmen einverstanden waren oder diese gar als zu weitgehend empfanden.

Ein Tweet der Virologin Sandra Ciesek brachte diesen Gegensatz zwischen Wissenschaft und Politik Anfang April 2021 mit zwei Sätzen auf den Punkt: »Wenn wir als Ärzte klar gegen Evidenz handeln, hat das massive

Folgen. Wenn dies Politiker tun, ist das egal?«[297] Noch weiter ging Melanie Brinkmann, als sie die Coronapolitik der Bundesregierung und Landesregierungen »eine intellektuelle Beleidigung« nannte.[298] Aus der Perspektive der beiden Virologinnen waren solche Vorwürfe schon angesichts des mittlerweile sehr guten Forschungsstandes durchaus berechtigt. Und doch zielte die Kritik ein Stück weit an der Sache vorbei, weil sie unterschiedliche Handlungslogiken von Wissenschaft und Politik außer Acht ließ. »Evidenz« als empirischer Nachweis der Wirksamkeit einer Maßnahme ist eine zentrale Kategorie der Wissenschaft, um Kausalitäten abzuleiten – in diesem Fall also über den Nutzen eines konsequenten Lockdowns. Evidenz war mittlerweile ein umso überzeugenderes Kriterium, weil viele Expert:innen sowohl die zweite als auch die dritte Welle mitunter Monate im Voraus mit erschreckender Präzision vorausgesagt hatten.

In der Politik hingegen sind Entscheidungen nicht allein mit Evidenz zu begründen. Vielmehr spielen weitere Kategorien wie Verhältnismäßigkeit, Vermittelbarkeit und Umsetzbarkeit von Maßnahmen eine große Rolle. Dass mit Anbruch des Superwahljahres 2021 außerdem parteipolitische Erwägungen Entscheidungen begünstigten, erhöhte in der öffentlichen Wahrnehmung noch den Frust über eine »tödliche Mischung« aus »Wissenschaftsleugnung«, Attentismus und Agonie, die der *Spiegel* kritisierte.[299] Tatsächlich wirkte mancher Wandlungsprozess unter den Ministerpräsident:innen wie Wahltaktik, vor allem dann, wenn zeitgleich sinkende Zustimmungswerte zum Thema wurden. Und doch ist Wissenschaftsfeindlichkeit ein großes Wort, das weder der Komplexität politischer Entscheidungsprozesse noch dem Parteienspektrum in Bund und Ländern gerecht wurde. Gegen einen harten Lockdown argumentierte 2021 ja nicht nur die AfD, sondern ebenso FDP sowie Teile von CDU und SPD, von den Grünen und der Linken. Gerade dieses breite politische Spektrum machte die Durchsetzung konsequenter Schutzmaßnahmen zum Verzweifeln schwierig. Aber es entsprach eben auch der Meinungsvielfalt der bundesdeutschen Demokratie.

6. Abstiege: Soziale Ungleichheit

Seuchen gelten als große Gleichmacherinnen. Demnach unterscheiden Viren nicht zwischen Schicht und Geschlecht, zwischen Beruf, Bildung oder Herkunft. Diese Gleichmacherei ist ein typisches Krisenphänomen. Im Falle von Naturkatastrophen, Kriegen und eben Pandemien scheinen wir plötzlich alle im selben Boot zu sitzen. Regierungen beschwören dieses Bild besonders gern, weil es zumindest kurzfristig soziale Spannungen überdeckt und zur Mobilisierung gegen die Krise dient. Zur Ikone geriet das Bild bereits im Mittelalter in zahlreichen »Totentanz«-Darstellungen, in denen die Pest als Bedrohung aller Stände gezeichnet wurde. Vor dem Seuchentod waren demnach alle gleich – vom König bis zum Bettler.[300]

Gegenwart und Gefahren des Totentanzes

Falls diese Vorstellung jemals gestimmt hat, wurde sie spätestens im Laufe des 19. Jahrhunderts obsolet. Nun spürten Vertreter der Sozialmedizin wie Max von Pettenkofer, Salomon Neumann oder Rudolf Virchow dem Zusammenhang zwischen Gesundheit und sozialer Lage nach. Damit erweiterte sich unter Experten das Bewusstsein für den Zusammenhang von Seuchen und sozialer Ungleichheit. Ärmere Menschen trafen bzw. treffen Tuberkulose, Pocken, Cholera und Masern aufgrund prekärer Arbeits- und Lebensbedingungen sehr viel schneller und sehr viel schwerer als wohlhabende.[301]

Einer der bekanntesten deutschen Fälle für den Zusammenhang von Seuchen und sozialer Ungleichheit ist das Wüten der Cholera in Hamburg am Ende des 19. Jahrhunderts. Hier fuhr der Seuchentod 1892 besonders reiche Ernte ein. Um die 17.000 Menschen infizierten sich innerhalb weniger Wochen, beinahe 9.000 Menschenleben raffte die Seuche am Ende dahin. In seiner Pionierstudie hat der Historiker Richard Evans die sozialen Voraussetzungen und Folgen der Cholera ausgeleuchtet. Ungefiltertes Trinkwasser, Gemeinschaftstoiletten für mehr als 50 Personen, hoffnungslos überfüllte Wohnungen sowie die mangelhafte medizinische Versorgung in den Elendsvierteln forderten ihren Tribut. Unter den Armen starben durchschnittlich viermal so viele Menschen wie in den besseren Vierteln. Evans' Befund zum Tod in Hamburg war eindeutig: »Die Cholera enthüllte und spiegelte Muster der Ungleichheit, die sich längerfristig auf Gesundheit und Krankheit sowie auf Leben und Tod auswirkten.«[302]

Die Cholera war ein Weckruf, der im 19. Jahrhundert wichtige soziale Reformen anstieß. Allerdings blieb der Reformbedarf lange Zeit groß. Noch in den 1920er Jahren war die häufigste Todesursache bei Kindern und Jugendlichen im Alter von neun bis 15 Jahren die Knochen- und Gelenktuberkulose. Auffallend häufig grassierte die Krankheit in den Elendsquartieren deutscher Städte. Ebenfalls noch in den 1920er Jahren starben in Deutschland jedes Jahr um die 45.000 Kinder an Masern. Auch bei dieser Infektionskrankheit war soziale Ungleichheit tödlich. In den ärmeren Stadtvierteln starben bis zu zwanzig Mal so viele Kinder an Masern wie in wohlhabenden Gegenden.[303] Solche bedrückenden Erfahrungen brachte der Sozialdemokrat Albert Südekum als Zusammenspiel von Seuche und sozialer Ungleichheit im Jahr 1908 auf einen einprägsamen Satz: »Man kann einen Menschen mit einer Wohnung gerade so gut töten, wie mit einer Axt.«[304]

Soziale Ungleichheit war aber nicht nur eine Voraussetzung für die Transmission von Seuchen. Darüber hinaus verschärften Seuchen bestehende soziale Ungleichheiten. Fehlende finanzielle Rücklagen, krankheitsbedingte Entlassungen aus Arbeitsverhältnissen sowie schnellere Ansteckungen im Familien- und Freundeskreis hinterließen in weniger wohlhabenden Kreisen existenzielle Probleme. Die Pflege von Angehörigen mit Nacherkrankungen und Behinderungen, etwa nach Pocken- und Tuberkuloseerkrankungen, schränkten Verdienstmöglichkeiten dauerhaft ein, von der massiven Einschränkung an Lebensqualität ganz zu schweigen. Die soziale Hypothek von Seuchen war also gewaltig und daher Ausgangspunkt für sozialpolitische Appelle. Nicht Seuchen machen soziale Ungleichheit, sondern umgekehrt: Sozial ungleiche Verhältnisse eröffnen der Seuche ungleiche Ansteckungswege und Ausbreitungsmöglichkeiten.

Angesichts dieses Lernprozesses ist die Beobachtung umso erschreckender, dass Totentänze noch im Jahr 2020 aufgeführt wurden. Wer beispielsweise die Fernsehansprache an die Nation der Bundeskanzlerin am 18. März 2020 verfolgte, konnte sich ins Mittelalter zurückversetzt fühlen. Denn auch Angela Merkel reaktivierte die populäre Vorstellung von der Seuche als große Gleichmacherin. Ihrer Einschätzung nach war Corona eine so große Bedrohung, weil »unterschiedslos jeder von uns von dem Virus betroffen sein kann«. Diese Deutung war im Übrigen selbst von einigen Expert:innen zu hören. Anfang März hatte Lothar Wieler in einer Kabinettssitzung der Bundesregierung davon gesprochen, dass das Virus »demokratisch« sei.[305] Sehr wahrscheinlich ging es Merkel und Wieler mit diesen Warnungen nicht um das Verschweigen sozialer Ungleichheit, sondern darum, möglichst viele Bürger:innen auf Einschränkungen ihres Alltags einzuschwören. Die Verpflichtung einer ganzen Gesellschaft auf das Allgemeinwohl klang ja sehr viel überzeugender, wenn alle Deutschen im selben Boot zu sitzen schienen.

Gleichwohl gab die Warnung »es kann jeden treffen« im Frühjahr 2020 letztlich den Auftakt zu einer modernen Variation des Totentanzes. Die scheinbare Gleichheit vor der Pandemie war das wichtigste gesundheitspolitische Argument, um möglichst alle vom Nutzen der Eindämmungsmaßnahmen zu überzeugen. Der Bedarf an Gleichheitsappellen ist als Überzeugungsstrategie deshalb nachvollziehbar. Er markiert indes eine doppelte Ungerechtigkeit in Coronazeiten. Zum einen war kaum noch von der sozialen Ungleichheit als Voraussetzung unterschiedlicher Infektionsrisiken die Rede. Zum anderen verschärften die Einschränkungen die Folgen sozialer Ungleichheit noch. Auch in den Jahren 2020/21 war soziale Ungleichheit sowohl eine Voraussetzung als auch eine Folge der Pandemie, wie es der Wirtschaftswissenschaftler Fred Luks 2020 auf den Punkt brachte: »[D]ie sozialen Nöte von Alleinerziehenden und Arbeitslosen, die Gender-Dimension der Krise und der ökonomische Absturz von Millionen von Menschen wurden von der Politik offenbar durchaus gering geschätzt.«[306]

Die Aktualität des Totentanzes legt daher strukturelle Voraussetzungen für Ungleichheiten vor Krankheit und Tod offen, mit denen die Deutschen nicht erst seit Frühjahr 2020 zu tun bekamen. Vielmehr stand das gesundheitspolitische Desinteresse an sozialer Ungleichheit am Ende eines langfristen Wandlungsprozesses. Seit den 1970er Jahren wurden strukturelle Ungleichheiten gern als individuelle Risiken gedeutet und so in den Bereich der »Eigenverantwortung« abgeschoben.[307] Der Totentanz als Motiv für eine kollektive Responsibilisierung war also vor allem eines: ungerecht. Wie unter einem Brennglas machte Corona soziale Faktoren für die individuelle Infizierbarkeit sichtbar. Vor allem Geschlecht, Einkommen, Arbeits- und Wohnsituation waren auch im 21. Jahrhundert Risiko- bzw. Schutzfaktoren, die im Folgenden im Mittelpunkt stehen.

Prekariat und Privilegien

Vor dem Tod sind eben nicht alle gleich, erst recht nicht vor dem Seuchentod. Schon eine der ersten Studien zu Beginn der Coronapandemie eröffnete dazu erschreckende Erkenntnisse. Die AOK und das Düsseldorfer Universitätsklinikum stellten nach einer Untersuchung der Daten von 1,3 Millionen Versicherten fest, dass Bezieher:innen von Arbeitslosengeld II – dem Äquivalent für die vormalige Sozialhilfe – ein 84 Prozent höheres Risiko für einen coronabedingten Krankenhausaufenthalt hatten. Bei ALG-I-Empfangenden lag das Risiko immerhin noch um 17,5 Prozent höher. Günter Wältermann von der AOK brachte die Ergebnisse der Studie entsprechend auf den Punkt: »Soziale Ungleichheit beeinflusst die Gesundheitschancen beträchtlich.«[308]

Erschreckend war der Befund im Übrigen auch, weil er keineswegs neu war. Seit Gründung der Bundesrepublik war soziale Ungleichheit vor Krankheit und Tod ein Thema, an dem die Defizite des wachsenden Wohlfahrtsstaates debattiert wurden. Schon Mitte der 1950er Jahre hielt der Film »Weil Du arm bist, mußt Du früher sterben« – mit Bernhard Wicki in der Hauptrolle – den Deutschen die gesundheitliche Schieflage in der jungen Demokratie vor Augen.[309] Selbst das »Wirtschaftswunder« und die anschließende Expansion des Sozialstaats besserten die Lage kaum. Seit den 1990er Jahren verschärfte sich die Ungleichheit vor Krankheit und Tod sogar noch. Arbeitssuchende hatten nun eine um 20 bis 90 Prozent erhöhte Sterblichkeit im Vergleich zu Beschäftigten, das Risiko von Erkrankungen lag um 30 bis 80 Prozent höher, bei psychischen Erkrankungen gar um 100 Prozent.[310] Noch heute haben solche Befunde nicht an Aktualität verloren. Nach wie vor sterben arbeitssuchende und ärmere Menschen in Deutschland erheblich früher.[311] Vor diesem Hintergrund war die Deutung der Düsseldorfer Studie also sehr plausibel. Die

Bearbeiter:innen interpretierten die häufigeren Krankenhausaufenthalte als Folge von Vorerkrankungen, die bei Arbeitssuchenden verbreiteter waren als in der Durchschnittsbevölkerung.

Die Pandemie machte auf weitere Faktoren sozialer Ungleichheit aufmerksam. Denn neben den Vorerkrankungen beeinflussten Arbeitsbedingungen das Infektionsrisiko. Insbesondere Forschungsprojekte wie die Mannheimer Corona-Studie (MCS) wiesen auf diesen Umstand hin. Viele niedrig bezahlte Berufe brachten in der Pandemie ein erhöhtes Expositionsrisiko mit sich. Im Paketdienst, als Busfahrer:in oder an der Supermarktkasse hat man eben häufig mit vielen Menschen zu tun und zudem keine Chance auf Rückzugsräume, geschweige denn auf eine Arbeit im Homeoffice. Während der ersten Phase der Coronakrise (Ende März bis Juli 2020) konnten laut MCS in der unteren Einkommensgruppe gerade mal 13 Prozent, in der mittleren Einkommensgruppe 18 Prozent zu Hause arbeiten. Menschen der höheren Einkommensgruppe blieben demgegenüber zu mehr als 40 Prozent im Homeoffice. Lehrkräfte profitierten beispielsweise schon im März von bundesweiten Schulschließungen, die ihnen während der ersten Phase der Coronakrise ein zwar ungemein herausforderndes, allerdings zumindest sehr kontaktarmes Arbeiten erlaubte. Exakt dasselbe Muster findet sich im Vergleich der Arbeitsbedingungen von Menschen mit niedrigen Bildungsabschlüssen (13 Prozent arbeiteten im Homeoffice) gegenüber denen mit höheren Bildungsabschlüssen (41 Prozent im Homeoffice), so dass die MCS zu einem eindeutigen Ergebnis kam: »Arbeit von zu Hause stellt sich dabei als Privileg der oberen Bildungsgruppe dar.«[312]

Das Privileg des Homeoffice wiegt noch schwerer, wenn man sich gegenwärtige Arbeitsbedingungen vor Augen hält. Viele Menschen nutzen für den Arbeitsweg den öffentlichen Nahverkehr. Das Homeoffice schützt daher nicht nur vor Infektionen während der Arbeit, sondern ebenso auf dem Weg dorthin. Da Menschen mit niedrigem Einkommen seltener einen privaten Pkw zur Verfügung haben als jene höherer Einkommensgruppen und daher nicht vom öffentlichen Nahverkehr auf private Beförderungsmöglichkeiten ausweichen können, ist das Infektionsrisiko für Beschäftigte der niedrigen Einkommensgruppen noch einmal höher. Vor diesem Hintergrund hat die Sozioökonomin Katharina Manderscheid soziale Ungleichheit als Faktor für ein erhöhtes Infektionsrisiko interpretiert: »Die gesellschaftliche Arbeitsteilung, die für die einen Erwerbstätigkeiten im Betrieb, für die anderen die Möglichkeit, zu

Hause zu arbeiten, bedeutet, führt [...] zu ungleich verteilten Risiken der Infektion.«[313] Man könnte sogar noch einen Schritt weiter gehen und das Homeoffice der einen als ein erhöhtes Infektionsrisiko der anderen sehen. Denn das Arbeiten von zu Hause aus setzt ja eine entsprechende Logistik – vom Brief- und Paketbot:innen bis zum Lieferservice – voraus, die wiederum vor allem Menschen in niedrigbezahlten Dienstleistungsberufen zu mehr Kontakten zwingt.

Wohnen blieb wie schon im 19. Jahrhundert auch in Coronazeiten ein Faktor für unterschiedliche Infektionsrisiken. 2020 und 2021 wurde zwar nicht mehr die Axt geschwungen, vor der Albert Südekum 1908 gewarnt hatte. Gleichwohl waren die Wohnbedingungen aufgrund unterschiedlicher Einkommensverhältnisse von großer Ungleichheit und damit durchaus lebensgefährlich. Menschen mit niedrigem Einkommen wohnen kleiner. Im Jahr 2019 lebten in Deutschland immerhin 6,4 Millionen Menschen, also 7,8 Prozent der Gesamtbevölkerung, in überbelegten Wohnungen. Besonders betroffen waren »Armutsgefährdete, Alleinlebende und Alleinerziehende«.[314] Einkommensschwachen Gruppen stehen aber nicht nur deutlich weniger Quadratmeter pro Person zur Verfügung als höheren Einkommensschichten. Darüber hinaus haben sie seltener einen Balkon, von einem Garten ganz zu schweigen.[315] Diese Unterschiede sind nicht trivial. Denn in Zeiten des Lockdowns waren Garten, Balkon und Rückzugsräume innerhalb der Wohnung ein begehrtes Gut, das die Lebenszufriedenheit ebenso erhöhte wie die Sicherheit vor Ansteckungen. Schon die Selbstisolation infizierter Personen – seit Frühjahr 2020 eine der wichtigsten Maßnahmen für den Infektionsschutz – war und ist in kleinen Wohnungen mit einem Bad schwer möglich, von der Situation in überbelegten Wohnungen ganz zu schweigen.

Wenn man noch weiter und damit nach ganz unten blickt, liegt Südekums Axt plötzlich wieder zum Greifen nah. Insbesondere Obdachlose dürfte die im März verkündete Devise der Bundesregierung »Wir bleiben zu Hause« sprachlos gemacht haben. Sie hatten keine Rückzugsmöglichkeiten ins Private, und mehr noch: Selbst rudimentäre Alltagsstrukturen, die zuvor Sammelunterkünfte, Bahnhöfe oder Behörden geboten hatten, ließen sich seit Mitte März 2020 wegen des hohen Infektionsrisikos nur noch eingeschränkt nutzen. Appelle an Hygieneregeln mussten in den Ohren von Obdachlosen ohnehin wie Hohn klingen. Ihr Infektionsrisiko war während der Pandemie besonders hoch. Dass aufgrund der Notlage Ende März 2020 in einigen Städten wie Berlin Hotels und Jugendherbergen ihre Türen als Notunterkünfte öffneten, war insofern eine gewisse Erleichterung.[316] Auch die Gabenzäune oder Gabenbäume, die in vielen Städten der Republik seit Ende März 2020 wie Pilze aus dem Boden schossen, waren ein Signal, dass die Ärmsten in Coronazeiten nicht ganz vergessen wurden. Sogar Bundespräsident Frank-Walter Steinmeier adelte die anonymen Spenden für Obdachlose an Zäunen oder Bäumen als Ausdruck von Solidarität und die Spendenden zu »Heldinnen und Helden in der Corona-Krise«.[317] Bei aller berechtigten Begeisterung über die guten Gesten kann man die »Almosen auf Abstand« indes auch als eine Praxis der Distanzierung und räumlichen Konzentration betrachten, die soziale Ungleichheit noch tiefer in den öffentlichen Raum einschrieb.[318]

Letztlich lassen sich diese Befunde auf eine knappe Formel bringen: Soziale Ungleichheiten verstärken Seuchen, und Seuchen verstärken soziale Ungleichheiten. Denn neben den sozialen Voraussetzungen waren die Folgen der Coronapandemie je nach Einkommen ganz unterschiedlich. Das Schließen von Hotels, Gastronomie und Geschäften, das Ende vieler Dienstleistungen oder die Absage öffentlicher Veranstaltungen betrafen Menschen mit niedrigen Einkommen besonders stark. Allein in der ersten Phase von März bis Juli 2020 rutschten laut MCS drei Prozent der Personen mit niedrigen Einkommen in die Arbeitslosigkeit. Hinzu kamen Kurzarbeit und unbezahlte Freistellungen von Minijobbern, die häufig im Gaststätten- und Reinigungsgewerbe beschäftigt sind. Bei oberen Einkommensgruppen spielten in diesem Zeitraum »Übergänge in die Arbeitslosigkeit praktisch keine Rolle«, ebenso wenig wie Kurzarbeit oder gar unbezahlte Freistellungen.[319]

Der soziale Impact der Seuche war also gewaltig, er variierte jedoch mit Einkommen und Bildungsstand. Corona war eine Art Transformationsriemen, der soziale Ungleichheit in ungleiche Infektionsrisiken übersetzte und soziale Ungleichheit so noch verstärkte. Die Pandemie war nicht eine große Ungleichmacherin, weil sie Armut witterte, sondern weil soziale Strukturen Ansteckung begünstigten und das Einhalten von Hygieneregeln, Abstand und Kontaktbeschränkungen erschwerten. Die milliardenschweren Unterstützungen der Bundesregierung für Unternehmen (siehe Kapitel 5) waren da keine Hilfe. Und selbst die Corona-Hilfen für Kleinunternehmen und Soloselbstständige oder die Ausweitung des Kurzarbeitergeldes griffen bei vielen Menschen mit niedrigem Einkommen nicht, so dass der Armutsforscher Christoph Butterwegge mehrfach vor einer »verteilungspolitischen Schieflage«[320] in der Pandemie warnte. Auch der von der Bundesregierung beschlossene verstärkte Kündigungsschutz für Mietwohnungen während der Krise war wohl nur ein schwacher Trost, wenn man seine Miete aufgrund von Verdienstausfällen nicht zahlen konnte.

Systemrelevante Verliererinnen

Schon frühere Wirtschaftskrisen interessierten sich nicht für Geschlechtergerechtigkeit. Sie trafen zunächst Männer stärker als Frauen. Männer arbeiteten häufig »in konjunkturabhängigen Sektoren wie Baugewerbe und Industrie«,[321] in denen der allgemeine Abschwung und der individuelle Arbeitsplatzverlust unmittelbar zu spüren waren. Daher galten und gelten die Wirtschaftskrisen der 1920er oder 1970er Jahre gemeinhin als Krisen männlicher Maloche. In Zeiten »nach dem Boom« erschienen Frauen wegen der Aufwertung des Dienstleistungssektors zeitweilig sogar als Gewinner der Wirtschaftskrise.[322] Mittel- und langfristig gesehen beschnitten Wirtschaftskrisen allerdings sehr viel stärker die Berufstätigkeit von Frauen. »Herd«- und »Heimprämien«, Steuermodelle wie das Ehegattensplitting oder ungleiche Ausbildungs- und Weiterbildungsbedingungen sorgten dafür, dass Frauen gerade im Krisenfall zugunsten männlicher Erwerbsmöglichkeiten in die zweite Reihe traten.

In dieser Hinsicht war die Coronapandemie ungleich konsequenter als frühere Wirtschaftskrisen. Sie betraf von Anfang an besonders stark die Dienstleistungsberufe und damit Frauen – in Friseursalons und in der Gastronomie, im Veranstaltungsbereich oder im Tourismus –, während Industrieproduktion und der Bausektor im Großen und Ganzen weiterliefen wie bisher. Verschärft wurde die Ungleichheit zwischen Frauen und Männern zudem von Einschränkungen in Pflegediensten sowie von den Kita- und Schulschließungen. Frauen übernahmen nun deutlich mehr Aufgaben im Care-Bereich als Männer, so dass die Soziologin Jutta Allmendinger im Juni 2020 gar vor einer »entsetzlichen Retraditionalisierung« der Geschlechterverhältnisse warnte. Corona habe eine Rollenverteilung zwischen Müttern und Vätern befördert, »die der unserer Eltern und Großeltern entspricht und die wir nicht mehr für möglich gehalten hatten«.[323] Schon Ende April 2020 rief die *Zeit* angesichts solcher Entwicklungen eine »Krise der Frauen« aus – und zwar mit guten Gründen. Corona legte nicht nur eine strukturelle Benachteiligung von Frauen wegen ihres verhältnismäßig hohen Anteils an unbezahlter Care-Arbeit offen, sondern ebenso das verbreitete Desinteresse für dieses Problem. Während nach Ankündigung einer Spielpause der Fußball-Bundesliga für wenige Wochen ein »Aufschrei [...] durchs Land ging«, sei zur Benachteiligung von Frauen relativ wenig zu hören gewesen.[324]

Maßnahmen wie Kontaktbeschränkungen, Kindergarten- und Schulschließungen oder die Einschränkung von Dienstleistungsberufen waren gesundheitspolitisch gut begründet. Gleichstellungspolitisch waren sie ein Armutszeugnis, weil strukturelle Benachteiligungen weiblicher Erwerbsarbeit und traditionelle Mehrbelastungen in Haus und Familie unberücksichtigt blieben. Obgleich zahlreiche Akteure wie die OECD alle Jahre wieder und somit auch 2020 und 2021 auf entsprechende Ungleichheiten zwischen Männern und Frauen hinwiesen,[325] spielten sie für die Konzeption von Eindämmungsmaßnahmen keine Rolle.

Man könnte die gesundheitspolitische Blindheit gegenüber dem Geschlecht als eine Art Anfängerfehler entschuldigen. Die außergewöhnliche Notsituation zu Beginn der Pandemie und der dringende Handlungsbedarf erklären einen gewissen Pragmatismus, der zunächst über soziale Schieflagen hinweggehen musste. Die Pandemiebekämpfung der Folgemonate setzte hinter solche Erklärungen indes ein Fragezeichen. Denn noch im Frühjahr 2021 war bei der Konzeption von Eindämmungsmaßnahmen nach wie vor wenig Gespür für Gleichstellungsfragen zu bemerken. Für eine höhere Beteiligung von Männern an der Care-Arbeit hätten tiefsitzende Klischees über »weibliche« Bedürfnisse und Kompetenzen, aber auch ungleiche Ausbildungsmöglichkeiten und Erwerbsverläufe, vor allem aber die damit einhergehende ungleiche Bezahlung zwischen den Geschlechtern angegangen werden müssen. Derart weitgehende Maßnahmen stieß selbst eine globale Bedrohung wie die Coronapandemie nicht an.

Das Desinteresse an einer Verschärfung der Ungleichheit zwischen den Geschlechtern ist umso erstaunlicher, weil Corona eigentlich jeder und jedem die Systemrelevanz weiblicher Berufe vor Augen hielt und sogar zu Beifallsstürmen verleitete. Weibliche Care-Arbeit sorgte ja nicht nur dafür, dass der Wirtschaftsmotor am Laufen blieb. Darüber hinaus wurden Supermarktkassiererinnen und weibliche Pflegekräfte gerade in den ersten Monaten als Heldinnen der Pandemie gefeiert. Selbst Bundesgesundheitsminister Jens Spahn warb im März 2020 für eine öffentliche Anerkennung dieser wichtigen Tätigkeiten: »Schenken Sie der Verkäuferin im Supermarkt ein Lächeln.«[326] Dem Deutschen Frauenrat reichten solche Freundlichkeiten nicht, mit guten Gründen. Obwohl in systemrelevanten Berufen rund 75 Prozent Frauen arbeiteten, spielten faire Löhne und Aufstiegschancen oder Konzepte gegen Frauenarmut selbst im Pandemiefall nach seiner Wahrnehmung keine Rolle.[327]

Wenn man Geschlecht und Herkunft als Faktoren für soziale Ungleichheit gegenüberstellt, wird gleichwohl eine gewisse Aufmerksamkeitshierarchie sichtbar. Die Heldinnen an Supermarktkassen und Krankenbetten erhielten zumindest Beifall. Dieser Applaus war wenig mehr als ein Feigenblatt, hinter dem sich der dringende Reformbedarf kaschieren ließ. Der wachsende Frust vieler Heldinnen im Laufe des Jahres 2020 war also mehr als nachvollziehbar, zumal dem Beifall keine substanziellen Verbesserungen folgten. Allerdings ernteten viele benachteiligte Berufstätige nicht einmal Beifall, sondern allenfalls böse Blicke. Als beispielsweise Ende Juni 2020 innerhalb weniger Tage mehr als tausend neue Infektionen in einem fleischverarbeitenden Betrieb des Unternehmens Tönnies in der Nähe von Gütersloh bekannt wurden, war die Angst groß. »Ausländische« Arbeitskräfte galten nun als Infektionstreiber und Seuchenherde – und das noch nicht einmal zu Unrecht. Denn die kostengünstige, enge und unhygienische Unterbringung vieler Arbeitskräfte und entsprechende Arbeitsbedingungen sorgten für eine schnelle Ausbreitung des Virus. Doch obwohl die Lebensmittelproduktion an Systemrelevanz eigentlich schwer zu überbieten ist, blieben Beifall oder Anteilnahme in diesem Fall weitgehend aus. In den Fabriken waren offenbar keine »Heldinnen«, sondern vielmehr »Schurkinnen« zu finden.[328] Auch in dieser Hinsicht hatte die Pandemiebekämpfung »ein vielschichtiges Gerechtigkeitsproblem«.[329] Systemrelevanz geriet im Frühjahr 2020 zum Gradmesser für die Zuteilung von Anerkennung und Gratifikationen. Öffentliche Anerkennung folgte verbreiteten Vorstellungen von Nützlichkeit. Der Supermarkt und das Krankenhaus standen in der Wertehierarchie deshalb höher als fleischverarbeitende Betriebe, obgleich die Arbeitsbedingungen bei Tönnies und Co. wahrscheinlich mindestens ebenso riskant und relevant waren.

Dass letztlich aber selbst die systemrelevanten Heldinnen zwar mit viel Beifall, allerdings umso geringeren Einmalzahlungen abgefunden wurden, macht die Tragweite des Gerechtigkeitsproblems noch deutlicher. Systemrelevanz war eine Kategorie, die öffentliche Anerkennung relativ ungleich verteilte und darüber hinaus keine lange Haltbarkeit bewies.

Schon im Oktober 2020 konstatierte die Politikwissenschaftlerin Britta Rehder zu den berechtigten Forderungen nach einer Verbesserung der Arbeitsbedingungen von Gesundheits- und Pflegearbeitenden: »Das Gelegenheitsfenster zur Durchsetzung der eigenen Interessen hat sich schon wieder geschlossen.«[330] Es brauchte erst einen Bundestagswahlkampf, um zumindest die Heldinnen der Alten- und Krankenpflege wieder auf die öffentliche Agenda zu setzen. Nach zunächst gescheiterten Verhandlungen um einen bundesweiten Tarifvertrag kündigte Arbeitsminister Hubertus Heil (SPD) im Mai 2021 – und damit weit über ein Jahr nach den ersten Lockdowns – strukturelle Verbesserungen von Arbeitsbedingungen zumindest im Pflegebereich an.[331] In Zukunft solle die Arbeit nach Tarifvertrag bezahlt werden. Dass diese scheinbar selbstverständliche Forderung schon einen Fortschritt darstellte, erzählt freilich viel über die schwierigen Arbeitsbedingungen während der Coronapandemie.

Unsolidarische Solidaritätsappelle

Wie getrübt der Kampf gegen Corona auf dem sozialen Auge blieb, zeigt sich wie unter einem Brennglas an zwei Maßnahmen: am Homeschooling und an der Maskenpflicht. Seit Angela Merkels Fernsehansprache vom 18. März 2020 avancierte Abstand zum neuen Grundgesetz. Das Einhalten der Kontaktbeschränkungen und Hygienemaßnahmen stand für eine neue Solidarität im Angesicht der Pandemie sowie als Ausdruck von Eigenverantwortlichkeit. Das Motto der Bundesregierung »Wirbleibenzuhause« brachte die Devise auf den Punkt. Solche Solidaritätsappelle waren zunächst einmal ein Fortschritt gegenüber früheren Seuchenzeiten, weil sie auf Partizipation und Eigenverantwortlichkeit setzten, nicht auf Pflicht oder Zwang. Außerdem standen sie für eine neue Achtsamkeit und für eine Solidarität gegenüber denen, die in früheren Pandemien meist als Kollateralschäden gegolten hatten: die Alten und Vorerkrankten (vgl. Kapitel 3).

Allerdings blieb die neue Achtsamkeit ausgesprochen selektiv. Die Solidaritätsappelle waren in doppelter Hinsicht unsolidarisch, weil sie unterschiedliche soziale Voraussetzungen für solidarisches Verhalten übergingen und dennoch unterschiedslos von jedem Menschen dasselbe Maß an Solidarität einforderten. Noch schärfer formulierte das im Sommer 2020 der Soziologie Stephan Lessenich. Er kritisierte die Forderungen nach einer »Corona-Solidarität« sogar als »asozialen« Neoliberalismus, der jedem Menschen – ohne Rücksicht auf dessen Handlungsmöglichkeiten – dieselbe Solidarität auferlegt habe, um fehlende öffentliche Leistungen zu kompensieren: »›Solidarität‹ wird vielmehr zum Ausfallbürgen einer öffentlichen Verantwortung für die Reproduktion des Sozialen und zum mikropolitischen Schmiermittel eines gesellschaftlichen Gestaltungsregimes, das sich gerade durch seine institutionalisierte Asozialität charakterisiert.«[332]

Insbesondere das Konzept des Homeschoolings ging über gewaltige Unterschiede in deutschen Familien viele Monate achtlos hinweg. Das begann schon bei den Grundlagen wie der technischen Ausstattung mit PC, Laptop, Tablet oder Drucker, die plötzlich in deutschen Kinderzimmern bereitstehen mussten. Deutsche Grundschulkinder erhielten ihre Arbeitsblätter bereits während des ersten Lockdowns zu 69 Prozent per Mail, an Gymnasien sogar zu 81 Prozent.[333] Menschen in niedrigen Einkommensgruppen standen daher besonders unter Druck. Für sie war eine solche Ausstattung mitunter schwer erschwinglich, insbesondere wenn gleich mehrere Schulkinder zu versorgen waren. Zumindest für das technische Problem waren die umfangreichen Beschaffungen von Tablets und Laptops an deutschen Schulen im Laufe des Sommers 2020 eine Lösung. Im Frühjahr 2021, ein gutes Jahr nach Ausbruch des Coronavirus, legte Arbeitsminister Heil sogar noch einmal nach und sprach allen Hartz-IV-Beziehenden eine einmalige Pauschale sowie Eltern zusätzlich eine Kinderpauschale zu.

Was blieb, waren die unterschiedlichen Bildungsvoraussetzungen in den Familien. Eltern mutierten in der Pandemie auf einmal zu Ersatzlehrer:innen, zumal gut die Hälfte aller Lehrkräfte bis Sommer 2020 keine einzige Stunde digitale Präsenzzeit anbot.[334] Die Lernchancen von Kindern hingen daher umso stärker mit den Möglichkeiten der Eltern zum Homeoffice zusammen. Zwar war die Verbindung aus Homeoffice und Homeschooling im Vergleich zur normalen Arbeits- und Schulsituation sicherlich alles andere als effektiv und zudem eine gewaltige Herausforderung für Eltern. Vielen Menschen in niedrigen Einkommensgruppen, für die das Homeoffice keine Option darstellte, blieb allerdings nur eine Notbetreuung an den Schulen, allerdings meist außerhalb des gewohnten Klassenverbandes mit noch geringeren Lernchancen. Nun war das deutsche Bildungssystem bereits vor 2020 nicht gerade berühmt für große Chancengerechtigkeit. Die Coronamaßnahmen verschärften indes bestehende Bildungsunterschiede. Dass eine Binnendifferenzierung in einer Videokonferenz mit mehr als 20 Schüler:innen von Lehrkräften nicht zu leisten war, liegt auf der Hand. Doch auch zusätzliche Lernangebote oder Unterstützungen von Eltern zur Förderung benachteiligter Kinder, wie sie etwa die Leopoldina, die Nationale Akademie der Wissenschaften in Halle (Saale), im August 2020 zur Verminderung von »Bildungsungleichheiten« forderte, blieben eine seltene Ausnahme.[335] Angesichts fehlender Konzepte gegen die Verschärfung von Bildungsungleichheiten war es wenigstens konsequent, dass die meisten Schulen beim zweiten Lockdown Ende 2020 als letztes ihre Türen schlossen. Angesichts unterschiedlicher sozialer Voraussetzungen und fehlender Bildungsstrukturen wurde der Präsenzunterricht schließlich mit guten Gründen als wirksamstes Gegenmittel gegen eine zunehmende Ungleichheit in Schulklassen verstanden.

Dass damit wiederum das Infektionsrisiko für Kinder, Jugendliche und Lehrkräfte in die Höhe schnellte, macht einmal mehr das Dilemma deutlich, in dem die Kultusministerkonferenz seit Beginn der Pandemie steckte. Es verweist zudem auf einen weiteren Faktor für soziale Ungleichheit, der alle Erwachsenen in zwei Gruppen – die Eltern und die Nichteltern – teilte. Die großen Verlierer der Coronapandemie, darüber bestand bereits im Laufe des Sommers 2020 Einigkeit, waren Familien und Kinder. Kinder und Jugendliche gerieten während der Coronapandemie zu einem doppelten Belastungsfaktor, sowohl als massive Einschränkung der Berufstätigkeit, insbesondere für Alleinerziehende, als auch als Gesundheitsrisiko für Erwachsene. Kinder mutierten in der Debatte um Schul- und Kitaschließungen schnell zu »Virenschleudern«, »Pandemietreibern« oder »Infektionsherden«.[336] Dass Kinder wegen fehlender Strukturen für den Unterricht zu Hause selbst erhöhten Gesundheitsgefahren ausgesetzt waren, fiel in Debatten um Schul- und Kindergartenschließungen dagegen oft unter den Tisch.

Die FFP2-Maskenpflicht ist ein zweites Beispiel, in welchem Ausmaß der Infektionsschutz über soziale Ungleichheiten hinwegging. Je mehr die Deutschen ihre Berührungsängste zur Maske verloren und OP- oder FFP2-Masken zum neuen Sicherheitsstandard avancierten (vgl. Kapitel 5), desto wichtiger wurde Geld als Faktor für Sicherheit und solidarisches Verhalten. Dass FFP2-Masken regelmäßig ausgetauscht werden sollten, war seit Herbst 2020 ein ebenso berechtigter wie notwendiger Hinweis aus Expertenkreisen und Gesundheitspolitik, um den Nutzen der Maske und damit die Sicherheit für alle zu erhöhen. Bei einem Stückpreis von mehreren Euro je FFP2-Maske konnten diesem Appell jedoch nicht alle gleichermaßen nachkommen. Insofern forderte der *Spiegel* Mitte Januar 2021 angesichts von Überlegungen zur Einführung einer FFP2-Maskenpflicht, die Bundesregierung müsse die Masken »kostenlos ausgeben: zumindest an einkommensschwache Bürger.«[337] Das Sozialgericht Karlsruhe sah das ähnlich und beschloss Mitte Februar eine Erhöhung der Unterstützungsleistungen für Hartz-IV-Beziehende, um »durchschnittlich mehrmals wöchentlich die eigene Wohnung zur Inanspruchnahme grundrechtlich geschützter Freiheiten zu verlassen«. Das Gericht betrachtete Unterstützungsleistungen somit als notwendige Voraussetzung, um einen »längeren und intensiveren privaten Kontakt unter Verwendung einer FFP2-Maske zu pflegen und am Gemeinschaftsleben in einer dem sozialen Existenzminimum derart entsprechenden Art und Weise teilzuhaben«.[338] Weil die Maske während einer Pandemie auch aus Verantwortungsgefühl anderen gegenüber getragen werde und damit Grundlage gesellschaftlicher Teilhabe sei, schien eine Kostenübernahme für Masken geboten. Dass es für diese Feststellung erst den Gang nach Karlsruhe zum Sozialgericht brauchte, spricht allerdings einmal mehr für den langen Weg zur Erkenntnis, dass solidarisches Verhalten in Seuchenzeiten von der jeweiligen sozialen Lage bestimmt wird. Solidarität und Eigenverantwortung muss man sich erst einmal leisten können.

Abgesänge auf den Totentanz

In den ersten Monaten machten vorwiegend Sozialverbände, Teile der SPD und Die Linke auf den Zusammenhang zwischen Seuche und sozialer Ungleichheit aufmerksam.[339] Ende Juni 2020 stellte sogar Bundespräsident Frank-Walter Steinmeier in einer Videobotschaft die populäre Deutung von Corona als große Gleichmacherin geradezu auf den Kopf: »Das Virus kann jeden treffen, aber deshalb sind noch lange nicht alle in gleicher Weise betroffen! Nicht zum ersten Mal machen wir die Erfahrung: Die Krise ist nicht der große Gleichmacher. Auch diese Krise hat Ungleichheiten noch schärfer hervortreten lassen.«[340]

Solche Beobachtungen stießen in der gesundheitspolitischen Praxis jedoch lange auf wenig Resonanz. Wohl auch angesichts der für viele Menschen tiefen Einschnitte in ihren Alltag blieb der Totentanz lange Zeit das plausible Leitmotiv der Krise. Als die *Süddeutsche Zeitung* im März 2021 den Soziologen Oliver Nachtwey fragte, wie sich das erstaunliche Desinteresse an sozialer Ungleichheit erklären lasse, witterte dieser sogar eine moderne Form des lange totgeglaubten Klassenkampfes: »[A]uf staatlicher Seite weiß und kommuniziert man viel zu wenig über die Sozialstruktur der Infektionen. Schließlich müsste man dann ja zugeben, dass Deutschland eine Klassengesellschaft ist und Menschen aus der Unterklasse ein höheres Infektionsrisiko haben. [...] Täglich hören wir das Mantra ›Corona trifft uns alle gleich‹. Nein, wir sitzen nicht im selben Boot.«[341]

Für die Beharrungskraft des Totentanzes spricht auch eine aufgeladene Debatte Anfang März 2021, die die »Bild«-Zeitung mit feinem Gespür für verbreitete Vorurteile anstieß. Ausgangspunkt war ein Artikel mit der an sich sehr plausiblen Beobachtung, dass Menschen mit schlechten oder fehlenden Deutschkenntnissen zu wenig von der Bundesregierung über Strategien und Maßnahmen gegen Corona informiert würden. Die grelle Schlagzeile zielte jedoch auf Stereotype gegenüber Muslim:innen, die in der anschließenden Debatte dann auch kräftig befeuert wurden: »RKI-Chef über den hohen Anteil von Intensivpatienten mit Migrationshintergrund. ›Es ist ein Tabu‹.« RKI-Präsident Lothar Wieler wurde in dem Artikel von der »Bild«-Zeitung – stark aus dem Zusammenhang gerissen – zum »Integrationsproblem« von »Parallelgesellschaften« befragt und mit einem besorgniserregenden Befund zitiert: »beinharte Sozialarbeit in Moscheen« sei notwendig.[342] Für die Beharrungskraft des Totentanzes ist es bezeichnend, dass die anschließende Kritik am Boulevardblatt zunächst ganz auf fremdenfeindliche Botschaften des Artikels abhob. Denn eigentlich war Wielers Vorwurf eines »Tabus« ja keineswegs fremdenfeindlich, wenn man einen hohen Anteil an Menschen mit Migrationshintergrund auf den Intensivstationen als Beleg für die Verschärfung sozialer Ungleichheiten in der Pandemie las. Auf diesen Aspekt wiesen einzelne Beiträge allerdings erst im weiteren Laufe der Debatte hin.[343]

Letztlich markiert die Debatte aber einen allmählichen Abschied vom Totentanz seit dem Frühjahr 2021. Mitte März, zur Vorstellung des »Datenreports 2021«, der eine Verschärfung sozialer Ungleichheit während der Pandemie dokumentierte, gab Thomas Krüger, Präsident der Bundeszentrale für politische Bildung (BPB), ein klares Statement ab: »Die Pandemie wirkt also nicht als großer ›Gleichmacher‹, wie anfangs angenommen wurde, sondern vielmehr als starkes Vergrößerungsglas.«[344] Die Popularität des Totentanzes kritisierte kurze Zeit später auch Alex Rühle in der *Süddeutschen Zeitung* mit einer beklemmenden Bilanz: »Die Corona-Lage zeigt sehr deutlich, warum Armut in Deutschland tödlich sein kann.«[345] Thomas Krüger und Alex Rühle sprachen mit solchen Befunden mittlerweile einer Mehrheit der Deutschen aus dem Herzen, wie Krüger in seinem Statement selbst hervorhob. Er verwies auf neuere Studien, nach denen »soziale Ungleichheit in weiten Teilen der Bevölkerung als ungerecht empfunden wird«, und auf ein »zunehmendes Interesse an einem starken Sozialstaat [...], der die Schwächeren eben nicht zurücklässt«.[346]

Dass Bundes- und Landesregierungen solche Signale aufmerksam registrierten, zeigen neue Programme, die seit Frühjahr 2021 ins Leben gerufen wurden. Zu diesem Zeitpunkt warf bereits der Bundestagswahlkampf seine Schatten voraus, so dass insbesondere die SPD nicht mehr nur die wirtschaftlichen, sondern vermehrt auch die sozialen und mentalen Folgen der Krise auf die Agenda setzte. So verkündete Bundesfamilienministerin Franziska Giffey (SPD) ein zwei Milliarden schweres »Aufholprogramm« für Kinder und Jugendliche, das »entstandene Bildungslücken, Lernrückstände, ausgefallene Sprachschulungen oder psychologische Probleme«[347] kompensieren solle. Auch Hubertus Heils (SPD) bereits beschriebenes Minister-Wettrennen mit Jens Spahn (CDU) um eine bessere Bezahlung von Pflegekräften stand schon ganz unter den Vorzeichen der Bundestagswahl.

Für das wachsende Interesse an sozialer Ungleichheit spricht zudem ein Aufruf von António Guterres, Ursula von der Leyen, Emmanuel Macron, Angela Merkel und weiteren Regierungsoberhäuptern, der Anfang Februar 2021 in zahlreichen europäischen Tageszeitungen veröffentlicht wurde. Mit ihrer Erklärung forderten die Politiker:innen nicht nur engere multilaterale Kooperationen zur Überwindung der Coronakrise. Ganz besonderes Augenmerk richteten sie auf die Verschärfung sozialer Ungleichheit sowohl zwischen den Geschlechtern als auch zwischen Arm und Reich, die letztlich sogar die Demokratie gefährde: »Die aktuelle Krise droht sogar den Fortschritt, den wir in zwei Jahrzehnten bei der Bekämpfung der Armut und der Ungleichbehandlung der Geschlechter gemacht haben, zunichtezumachen. Ungleichheiten sind eine Bedrohung für die Demokratie, weil sie den sozialen Zusammenhalt untergraben.«[348] Solche Aussagen blieben nicht unwidersprochen. Der Zeithistoriker Andreas Rödder sprach von dem Aufruf gegen soziale Ungleichheit gar als »Angriff auf die liberale Gesellschaft«.[349] Noch erschreckender empfand Rödder jedoch den Umstand, dass gegen derart weitreichende sozialpolitische

Forderungen in Deutschland keinerlei Widerspruch laut geworden sei. Man kann diese Beobachtung natürlich auch ins Positive wenden: Mehr als ein Jahr nach Ausbruch der Coronapandemie verloren Totentänze endlich an Überzeugungskraft.

7. Ablehnung: »Querdenken« und Protestieren

Die Parolen auf der Demonstration waren eindeutig: Impfungen seien unnötig, ja eine Vergiftung des Körpers. Sie verhinderten eine natürliche Selbstheilung des Körpers und damit den »wahren gesundheitlichen Fortschritt«. Statt Impfstoffe forderten die Protestierenden eine »natürliche« Immunisierung durch Bewegung, Abhärtung und gesunde Lebensführung, die ungleich effektiver gegen das Virus schütze. Mit diesen Parolen zog die Demonstration an einem Septembermorgen 1911 durch die Frankfurter Altstadt. Ihr Ziel war der »Fünfte deutsche Impfgegner-Kongress«, der die Mainmetropole für zwei Tage in die deutsche Hauptstadt der Impfkritik verwandelte.[350] Die Forderungen der Demonstrierenden waren keineswegs randständig. Um die 300.000 organisierte Mitglieder zählten deutsche Impfgegnervereine im Jahr 1914. Hinzu kamen weitere zehntausende Deutsche, die zwar nicht als Mitglied an impfgegnerischen Vereinen mitwirkten, jedoch mit ihrer Unterschrift unter eine der unzähligen Petitionen an den Reichstag ihren persönlichen Beitrag gegen das Impfen und die Impfpflicht leisten wollten.[351]

Gesundheit als Weltanschauung

Impfkritik war also eine Massenbewegung, früher noch sehr viel mehr als heute. Obgleich der Protest von Impfkritikern und »Coronaleugnern« 2020/21 in vielen deutschen Städten kaum zu übersehen war, reichte ihr Organisationsgrad vermutlich nicht an die Mitgliedszahlen früherer Impfgegnervereine heran. Gleichwohl fallen Parallelelen zwischen früheren und heutigen Bewegungen ins Auge, mit denen sich Proteste gegen die Coronamaßnahmen einordnen lassen. Viele der heutigen Positionen und

Protestformen lassen sich letztlich bis in die Hochzeit der »Impfgegner-Vereine« im 19. und frühen 20. Jahrhundert zurückverfolgen.

Frappierende Ähnlichkeiten treten beispielsweise bei den Verschwörungstheorien hervor. Von einer systematischen Vergiftung des »Volkskörpers« durch eine verschworene Elite oder eine »jüdische Weltverschwörung« konnte man damals bereits ebenso lesen wie von Menschenversuchen mit Impfstoffen. Auch die Medien des Protests glichen sich in vielerlei Hinsicht. Zeitschriften wie *Der Impfgegner* machten mit grellen Schlagzeilen auf, um die Deutschen vor dem massenhaften »Impftod« zu bewahren. Umfangreiche Tabellen und Listen über Impfschäden sowie beklemmende Bilder der »Impftoten« sollten die Deutschen wachrütteln. Flugblätter, Briefe und Broschüren trugen Fotos von Kinderleichen oder schweren Behinderungen als Folge von Impfungen zusammen, um vor drohenden »Impfgefahren« zu warnen.[352] Verbreitet waren aber auch Konvolute wie der »Impf-Friedhof«, der ab 1912 in mehreren Ausgaben erschien und sogar im Berliner Reichstag diskutiert wurde. Im ersten Band beschrieb und bebilderte der Impfgegner Hugo Wegener auf hunderten Seiten Tausende von Impfschäden als flammende Anklage gegen »eine an Machtdünkel leidende Regierung« und viele »Volksvertreter«, die »die Willkür zum Leitstern ihrer Handlungen« machten.[353] Der Gleichklang zwischen damaligem »Machtdünkel« und heutiger »Merkel-Diktatur« liegt auf der Hand.

Selbst die Echokammern des Internets haben im 19. Jahrhundert ihre Vorläufer: in den Verbänden, Vereinen und Medien von Impfgegnern, die sich mit ihren Veröffentlichungen und Vorträgen aufeinander bezogen und so vermeintlich Evidenz erzeugten, um geschlossene Weltbilder unters Volk zu bringen. Sicherlich haben digitale Medien heute eine höhere Verbreitungsgeschwindigkeit. In analogen Welten waren die Medien der Impfkritik jedoch konkurrenzlos und daher von gewaltiger Suggestionskraft. Selbst die Internationalität heutiger Proteste ist nichts Neues. Bereits im 19. Jahrhundert organisierten Impfgegner in Verbänden wie der *Anti-Vaccination-League* oder im Internationalen Impfgegner-Bund einen regen internationalen Austausch. Auch die Botschaften dieser Verbände klingen heute vertraut. Die Klage gegen eine Regierung, die für den Impfschutz über Leichen gehe, Ängste vor einer Impfpflicht und Forderungen nach alternativen Gesundheitsmaßnahmen sind also Argumente mit tiefen Wurzeln, die bis ins 19. Jahrhundert reichen.

Nicht alle dieser Argumente waren Hirngespinste. Gerade Impfschäden stellten nicht nur Impfgegner vor ein gravierendes Problem. Seit Einführung der Pockenimpfung stritten ebenso Ärzte und Gesundheitspolitiker um die Frage, ob der Impfschutz für alle den Tod Einzelner als Folge der Impfung rechtfertige. Diese Frage blieb bis ins 20. Jahrhundert hinein von großer Bedeutung, weil Nebenwirkungen relativ häufig auftraten. Die Pockenimpfung, bis in die 1930er Jahre die wichtigste Massenimpfung in Deutschland, kostete jedes Jahr bis zu 100 Kindern das Leben. Noch in den 1960er Jahren gingen Schätzungen des Bundesgesundheitsamts von mindestens einem schweren Impfschaden auf ca. 20.000 Pockenimpfungen aus. Ein »Impfschaden« – das bedeutete in den 1960er Jahren nach wie vor den Tod oder die lebenslange Behinderung eines Kindes.[354]

Schon diese kurze Geschichte der Impfkritik macht das Phänomen der Corona-Proteste greifbar. Erstens fällt ins Auge, dass Impfungen auch für die Protestbewegung 2020/21 ein Schlüsselthema bildeten. Eine anonyme Onlinebefragung von Baseler Soziologen unter deutschen und schweizerischen »Querdenkern« beförderte im November 2020 entsprechende Zahlen zu Tage. Der Aussage »unsere natürlichen Selbstheilungskräfte sind stark genug, um das Virus zu bekämpfen« stimmten 34,7 Prozent der Befragten voll und ganz zu, weitere 29,2 Prozent stimmten zu, noch einmal 28 Prozent stimmten mit »teils teils« zu. Ganz ähnliche Ergebnisse erbrachte im Übrigen die Abstimmung über die Aussage »Alternativmedizin sollte mit Schulmedizin gleichgestellt werden«. Das mit Abstand klarste Stimmungsbild der »Querdenker« zeichnen freilich die Ergebnisse zur Aussage »Beim Impfen muss man das Für und Wider sorgfältig abwägen«: 68,7 Prozent der Befragten stimmten voll und ganz, weitere 19,2 Prozent stimmten zu.[355] Mochte sich die Protestbewegung auch aus ganz unterschiedlichen Quellen speisen – beim Impfen waren sich alle Protestierenden einig und die Aufmerksamkeit groß. Kritik an Impfungen und Impfpflicht avancierten für »Querdenker« von Anfang an zu einem Argument, mit dem sich die furchterregende Fratze der »Corona«- bzw. »Merkel-Diktatur« demaskieren ließ. Selbst die nicht minder verhasste Maskenpflicht rückte auf den Demonstrationen gegenüber dem Impf-Thema allmählich in den Hintergrund.

Auf den ersten Blick ist die Popularität des Impfens als Fixpunkt des Protests erklärungsbedürftig. Schließlich lagen Impfprogramme gegen Corona im Frühjahr 2020 noch in weiter Ferne. Die Impfstoffentwicklung steckte noch ganz in den Kinderschuhen, so dass selbst die auf jeden

Hoffnungsschimmer setzende Bundesregierung keine konkrete Prognose wagte. Darüber hinaus wies Bundesgesundheitsminister Jens Spahn seit Anbeginn der Pandemie geradezu gebetsmühlenartig darauf hin, dass selbst bei ausreichender Verfügbarkeit von Impfstoffen eine Impfpflicht gegen Corona nicht geplant sei. Die Popularität des Impfens für Corona-Proteste hatte also offenbar andere Gründe, die sich ebenfalls historisch weit zurückverfolgen lassen. Denn beim Impfen geht es nie nur um den »Pieks« für den Einzelnen, sondern immer auch um einen solidarischen Akt und damit ums große Ganze – die Grundsätze der Gesellschaft: Was soll der Einzelne für die Herdenimmunität und damit für den Schutz der Allgemeinheit leisten? Wie weit reichte die körperliche Selbstbestimmung? Wem also gehört der Körper der Kinder, dem Staat oder den Eltern?

Wegen solcher Fragen avancierte die Chimäre vom »Impfzwang« für »Querdenker« zum willkommenen Argument. Er bot die perfekte Projektionsfläche für Ängste vor einem allmächtigen Präventionsstaat. Diese Projektionsfläche erklärt auch die vielfältigen Bezüge auf das »Dritte Reich« während der Demonstrationen. Plakate des Konzentrationslagers Auschwitz mit SS-Mannschaften – mit Mund-Nase-Schutz und Impfspritzen statt Gewehren – oder das omnipräsente »Impfen macht frei« als Anspielung auf die nationalsozialistischen Konzentrationslager und deren Eingangstore stehen für solche Bezüge. Willkommen war das Impfen aber auch als Projektionsfläche für Kapitalismuskritik, die sich auf den Demonstrationen besonders lautstark am US-amerikanischen Unternehmer Bill Gates entlud. Dass Gates mit Hilfe von Impfungen den Deutschen Mikrochips einspritzen und diese so kontrollieren wolle, war vor dieser Projektionsfläche also nur ein folgerichtiges Argument.

Warum aber stellten Impfschäden für Corona-Proteste seit Frühjahr 2020 einen Fixpunkt dar? Schließlich war der Anteil an Impfschäden seit den 1970er Jahren dank verbesserter Impfstoffe und schärferer staatlicher Prüfungen ganz erheblich zurückgegangen. Warum waren Nebenwirkungen des Impfens für Demonstranten dennoch ein so großes Thema, wenn diese faktisch doch immer seltener wurden? Zur Beantwortung dieser Frage lohnt noch einmal ein Rückblick ins Zeitalter der Immunität. Nicht nur Impfschäden, auch Infektionskrankheiten gingen in der zweiten Hälfte des 20. Jahrhunderts erheblich zurück. Vor diesem Hintergrund bekamen Impfschäden für den Einzelnen allerdings ein größeres Gewicht. Schließlich ließ das sinkende Infektionsrisiko das Risiko von Impfschäden nun umso größer erscheinen. Die individuelle Risikoabwägung – was ist wahrscheinlicher: eine schwere Erkrankung oder Nebenwirkungen der Impfung? – fiel demnach häufiger zuungunsten der Impfung aus. Sorgen vor Impfschäden waren insofern keineswegs abwegig und schon daher kein Spezifikum von Corona-Protesten.

Auch die Vielseitigkeit des Protests hat historische Wurzeln. Bereits auf den impfkritischen Demonstrationszügen des 19. Jahrhunderts waren Parolen aus unterschiedlichen politischen Strömungen zu vernehmen. Schon damals gab es die Aluhüte und rechte Positionen, die mit antisemitischen Stereotypen und Verschwörungstheorien das Impfen als »jüdische Unterjochung« geißelten. Sehr viel häufiger kamen unter den Kritikern allerdings Liberale zu Wort, die nicht das Impfen an sich, sondern staatliche Pflichtmaßnahmen als Eingriff in das Selbstbestimmungsrecht ablehnten. Auch Sozialdemokraten hatten Vorbehalte. Zwar brachte die Impfung dem Einzelnen zweifellos Vorteile. Aus sozialdemokratischer Perspektive dienten Impfprogramme den Regierungen jedoch als eine Art Feigenblatt, um sich vor echten sozialen Verbesserungen zu drücken. Die ergiebigste Quelle für Impfkritik waren indes Eltern mit Sorgen vor Nebenwirkungen und damit persönliche Ängste, die immer wieder zur Auseinandersetzung mit der Gesundheitspolitik herausforderten. Kurz gesagt ist die Geschichte der Impfkritik also ein Plädoyer für einen zweiten Blick auf die Corona-Proteste, um den unterschiedlichen Motiven der Demonstrationen und ihrem Wandel im Laufe der Jahre 2020/21 nachzuspüren.

Andere Wurzeln der Corona-Proteste lassen sich bis in die Frühgeschichte der Bundesrepublik zurückverfolgen. Seit den 1950er und 1960er Jahren mauserte sich »Gesundheit« zu einem schlagkräftigen Argument der Gesellschaftskritik im alternativen und linksliberalen Milieu. Ob in der »Krüppelbewegung«, der »Anstalts«- oder »Psychiatriekritik« – Gesundheitspolitik eröffnete Aktivistinnen und Aktivisten eine Arena, in der um Freiheitsrechte des Individuums ebenso gerungen wurde wie um die Grenzen staatlicher Handlungsmacht. Dass Bezüge auf das »Dritte Reich« in solchen Debatten beliebt waren, verwundert nicht. Zum einen stellten die vielen braunen Kontinuitäten im Gesundheitswesen der deutschen Vergangenheitspolitik tatsächlich ein Armutszeugnis aus. Zum anderen war das »Dritte Reich« ein Argument, mit dem sich Aufmerksamkeit erzeugen und Thesen unterfüttern ließen. Populäre Analogien, etwa zwischen Ausgrenzungen in der »Volksgemeinschaft« und fehlenden Inklusionsangeboten für Behinderte in der Bundesrepublik, aber auch »Rassenhygiene«- und »Euthanasie«-Vorwürfe, z.B. in Debatten um die Präimplantationsdiagnostik, sind dafür nur zwei von unzähligen Beispielen.[356]

Gesundheit und Geschichtspolitik standen in der Bundesrepublik also schon immer in einer engen Beziehung, lange bevor Coronaprotestierende vor einem »Impfholocaust« warnten oder sich selbst als Reinkarnation Sophie Scholls stilisierten. Geschichtspolitische Aufladungen von Gesundheitsthemen waren auch kein Privileg rechter Zirkel, im Gegenteil: Seit den 1960er Jahren nutzten eher linke Bewegungen Bezüge auf das »Dritte Reich« zur Mobilisierung gegen staatliche Maßnahmen und soziale Missstände. Ebenfalls seit den 1960er Jahren standen zudem Pharmaunternehmen vermehrt im Fadenkreuz der Gesellschaftskritik. Sie boten eine besonders beliebte Projektionsfläche für Kapitalismuskritik. Die Vermarktung und Ökonomisierung von Gesundheit unterstrichen in dieser Lesart einmal mehr den unmenschlichen Charakter eines Systems, das Gesundheit zur Ware degradiere. Sorgen vor dem Einfluss einer Pharmalobby auf die Bundesregierung, die 2020 und 2021 die Proteste befeuerten, standen also ebenfalls in einer langen Tradition. Bereits diese vielen Wurzeln heutiger Proteste fordern uns also dazu auf, die »Querdenker« noch einmal genauer unter die Lupe zu nehmen.

Bunt bis braun: Quellen der »Querdenker«

Zu Beginn waren Corona-Proteste vielseitig. Zwar drängten sich Rechte und Reichsbürger:innen seit dem Sommer 2020 auf Demonstrationen immer häufiger in die erste Reihe. Sie nutzten den Protest als Plattform zur Artikulation und Verbreitung wirrer Weltanschauungen und Verschwörungstheorien und standen für eine zunehmende Radikalisierung.[357] Der »Sturm auf den Reichstag« einiger »Querdenker« am 29. August 2020 gab für die Radikalisierung des Protests ein besonders deutliches Signal. Da half es auch wenig, dass die Veranstaltenden die Demonstration als »Fest für Freiheit und Frieden« ausgerufen hatten.[358] In den Folgemonaten rundeten zunehmende Angriffe gegen Gesundheitseinrichtungen, Medien und Polizei das beängstigende Bild einer immer radikaleren Protestbewegung ab.

Während der ersten Monate der Pandemie waren Corona-Proteste jedoch sehr viel bunter. Der Blick auf Fotos von Demonstrationen oder in die Flugblätter, Plakate und Zeitungen offenbart ein relativ breites politisches Spektrum an Aktivistinnen und Aktivisten. Von esoterischen und Verschwörungstheorien, von »Reichsbürger«-Ideen und AfD-Positionen über Kritik an Grundrechtseinschränkungen oder deren gesundheitliche Folgen von Ärztinnen und Ärzten bis zu hin zu Positionen aus der Ökoszene war bei den Demonstrationen alles vertreten. Mit Erstaunen brachte beispielsweise der Protestforscher Peter Ullrich das breite politische Spektrum der »Querdenker« auf den Punkt. Er »sehe von Hippies bis Neonazis alles auf den Corona-Demonstrationen«.[359] Regenbogenfahnen mit »Pace«-Motiv oder »Friede, Freiheit, Liebe«-Aufdruck gehörten ebenso zum Repertoire von Demonstrierenden wie »Judensterne« und T-Shirts mit der berüchtigten »ungeimpft«-Prägung.[360]

Selbst die vielen geschichtspolitischen Entgleisungen taugen nur bedingt als Beleg für eine sofortige rechtsextreme Vereinnahmung des Protests. Die inflationären Bezüge auf die Judenverfolgung waren zweifellos geschmacklos und eine Beleidigung der NS-Opfer. Sie waren gleichwohl nicht dasselbe wie jene bewussten Verharmlosungen, mit denen etwa die AfD schon seit längerem den Nationalsozialismus zum »Vogelschiss« degradierte.[361] Jana aus Kassel gibt dafür ein gutes Beispiel. Die junge Frau brachte es auf einer Demonstration der »Querdenker« in Hannover im November 2020 zu kurzzeitiger Berühmtheit. Auf einer Rednerbühne zog Jana vor einigen Demonstrierenden einen gewagten Vergleich: »Und ich fühle mich wie Sophie Scholl, da ich seit Monaten hier aktiv im Widerstand bin, Reden halte, auf Demos gehe, Flyer verteile und auch seit gestern Versammlungen anmelde. Ich bin 22 Jahre alt, genau wie Sophie Scholl, bevor sie den Nationalsozialisten zum Opfer fiel. Ich kann und werde niemals aufgeben, mich für Freiheit, Frieden, Liebe und Gerechtigkeit einzusetzen.«[362] Die Kritik folgte auf dem Fuß. Bereits nach diesen wenigen Sätzen unterbrach ein Ordner die junge Frau und warf ihr »Verharmlosung des Holocaust« vor. Jana stutzte irritiert – »Äh, ich hab doch gar nichts gesagt« – und verließ weinend die Bühne.

Als öffentliches Statement auf einer Demonstration konnte das Selbstbild einer Widerstandskämpferin als Relativierung des NS-Terrors oder einfach nur absurd erscheinen.[363] Die Tränen der jungen Frau sprechen gleichwohl dafür, dass sie an die Identifikation mit Sophie Scholl womöglich selbst glaubte. Zu dieser Beobachtung passt auch der zeitgleich in Mode kommende Anne-Frank-Vergleich. So wusste die *Süddeutsche Zeitung* von einer Elfjährigen aus Karlsruhe zu berichten, die sich bei ihrer Geburtstagsfeier wegen der Coronamaßnahmen »wie bei Anne Frank im Hinterhaus« gefühlt habe.[364] Auch in diesem Fall war das Entsetzen groß, so dass sogar Außenminister Heiko Maas (SPD) per Twitter Stellung nahm. »Wer sich heute mit Sophie Scholl o[der] Anne Frank vergleicht, verhöhnt den Mut, den es brauchte, Haltung gegen Nazis zu zeigen. Das verharmlost den Holocaust und zeigt eine unerträgliche Geschichtsvergessenheit.«[365] Während man dem ersten Satz nur zustimmen kann, scheint mir der Vorwurf einer bewussten Verharmlosung fraglich zu sein. Dass sich eine Elfjährige mit Anne Frank identifiziert, ließe sich ja auch als Ausdruck eines großen Geschichtsinteresses oder eben als Folge einer naiven Opferidentifikation verstehen, die in der Forschung schon seit langem kritisch diskutiert wird.[366] Vielleicht hatten die elfjährige Karlsruherin und Jana aus Kassel es sich in einer jener erinnerungskulturellen »Wohlfühloasen« gemütlich gemacht, vor denen der Leiter der Gedenkstätte Buchenwald, Jens-Christian Wagner, seit einigen Jahren mit guten Gründen warnt.[367]

Untermauert wird dieser Befund durch Zahlen einer Studie, die von einem Forscherteam um Oliver Nachtwey erarbeitet wurde. Seine Befragung von »Querdenkern« im November 2020 brachte Erstaunliches zu Tage. Der Aussage »Die Verbrechen des Nationalsozialismus sind in der Geschichtsschreibung weit übertrieben worden« stimmten 56 Prozent »überhaupt nicht«, weitere 20,1 Prozent »nicht zu«. Und noch einmal 6,9 Prozent antworteten mit »teilweise, sowohl als auch«. Selbst wenn man bei dieser Frage die starke soziale Erwünschtheit berücksichtigt und bedenkt, dass 13,5 Prozent der Befragten keine Angabe machen wollten, war das Ergebnis bemerkenswert, wie Nachtwey festhielt. Im Vergleich mit anderen Befragungen wurde der Nationalsozialismus unter den Befragten nämlich »seltener verharmlost als in der Gesamtbevölkerung«.[368]

Kurz gesagt scheinen mir die biografischen Hintergründe für die Coronaproteste komplexer zu sein, als es die aufgeheizten Debatten nahelegen. Nicht jeder Bezug auf den Nationalsozialismus trägt als Beleg für eine rechtsextreme Auslegung der Proteste. Obgleich uns viele historische Bezüge grotesk übertrieben oder arg verharmlosend vorkommen, hatten manche der Protestierenden mit diesem Geschichtsbild wahrscheinlich ein recht gutes und keineswegs rechtes Gewissen. Selbstverständlich gab und gibt es viele Beispiele einer ganz bewussten Instrumentalisierung von Opfernarrativen und einer Relativierung der NS-Zeit in neurechten Medien, die auch auf Coronademos kursierten. Zumindest in den ersten Monaten der Proteste speisten sich die NS-Bezüge allerdings nicht nur aus rechten Kreisen. Ähnliche Befunde hat Christine Hentschel aus ihren Befragungen während der ersten Monate der Proteste zu Tage gebracht. Hentschel berichtet beispielsweise von der Demonstrantin Kati aus Hamburg, die sich von einem »jüdischen Aktivisten« und Nachfahren eines »Holocaust«-Überlebenden zum Coronaprotest gegen »Ermächtigung« und »neuen Faschismus« aufgerufen gefühlt habe.[369] Nun können wir Kati aus Hamburg, Jana aus Kassel oder dem elfjährigen Mädchen aus Karlsruhe glücklicherweise nicht in den Kopf gucken, um ihre politische Einstellung zu ›prüfen‹. Ihre Referenzen auf das »Dritte Reich« sprechen allerdings mehr für eine allzu ausgeprägte Opferidentifikation als für bewusste rechtsextreme Relativierungen der NS-Zeit.

Die Proteste standen von Anfang an unter Beobachtung. Nach den Bildern aus Bergamo und dem Vorrücken des Virus in Heinsberg war die Atmosphäre in Deutschland ohnehin schon sehr aufgeladen. Verbreitete Ängste vor ansteigenden Infektionszahlen ließen Proteste gegen Pandemieauflagen deshalb umso mehr als Bedrohung für Gesundheit und Leben erscheinen. In den Leserbriefspalten und sozialen Netzwerken kamen zunehmend entsetzte Menschen zu Wort, die den Protest nicht nur als Missachtung von Schutzmaßnahmen, sondern mehr noch als bewusste Gefährdung ihrer Gesundheit verstanden. Besonders im Falle vieler Ärzt:innen und Pflegekräfte aus Krankenhäusern war dieser Vorwurf mehr als nachvollziehbar. Befeuert wurden solche Bedrohungsgefühle von den Praktiken des Protests. Viele Veranstaltungen inszenierten sich gezielt als Event, um die Kritik an Versammlungs- und Kontakteinschränkungen zu untermauern. Demonstrationen waren also auch eine »affektive Raumnahme«,[370] also eine Performance und ein Gegenmodell zu den Kontaktbeschränkungen, die den Freiheitsverlust im öffentlichen Raum markierten. Protestveranstaltungen waren somit eine Demonstration im doppelten Wortsinn: Sie kamen einerseits als politischer Protest, andererseits als eine demonstrative Raumeroberung daher. Auftritte von Bands und DJs verliehen vielen Veranstaltungen einen Festivalcharakter, inklusive Trommelkreisen und Tanzgelegenheiten. Angesichts steigender Infektionszahlen erschien diese Performance vielen Deutschen als Provokation, die eine differenzierte Wahrnehmung des Protests kaum beförderte.

Vor diesem Hintergrund stand schnell der Vorwurf mangelnder Ambiguitätstoleranz im Raum. Die Protestierenden seien unfähig, mit Ambivalenzen und Widersprüchen einer Pandemie umzugehen. Ihr dichotomisches Weltbild unterscheide nur noch zwischen schwarz oder weiß, zwischen Freund oder Feind, »zwischen innen und außen«.[371] An diesen Vorwürfen war einiges dran. Zunächst einmal ordneten viele »Querdenker« die Welt in ein klares Zwei-Ebenen-Modell. Auf der oberen Ebene standen die »medialen, wissenschaftlichen und politischen Eliten«.[372] Unten standen hingegen die »98 %«, wie sich mehrere Demonstranten auf Plakaten und Flyern selbst gern bezeichneten. In dieser dichotomischen Wahrnehmung verschwammen daher jegliche parteipolitischen Konturen. Mit Ausnahme der AfD galten CDU, CSU, SPD und Grüne, mitunter auch die FDP und Linke, als Handlanger einer »Corona-Diktatur«. Auch die Printmedien gingen für viele Protestierende im Sammelbegriff der »Systempresse« auf. Aus ihrer Sicht konnte die eigentlich eher grün-linke *tageszeitung* dann nur noch »als neofaschistisch bezeichnet werden«,[373] während sich die eher konservative *Welt* als »verlogene, schmierige, geschmierte, linksgrün zugedröhnte WELT-Schwob-Schmierfink-Lumpenpresse«[374] herausstellte.

Obwohl das dichotomische Weltbild vieler Demonstrierender an all diesen Beispielen also mit Händen greifbar ist, wäre es zu einfach, alle Protestierenden über einen Kamm zu scheren. Denn neben den Aluhüten und Rechten demonstrierten auch Menschen mit einer liberalen und kritischen Sicht auf die Gesellschaft. Für das Einstehen für Grundrechte gab es ja durchaus gute Argumente und Gründe, die im Übrigen auch im Bundestag monatelang intensiv debattiert wurden (vgl. Kapitel 5). In einigen Städten grenzten sich Protestierende zumindest während der ersten Monate gezielt von rechten Teilnehmenden ab, wie die Kriminologin Christine Hentschel auf einer Corona-Demonstration Ende Mai 2020 in Hamburg beobachtete: »Die Polizei überwacht den Zugang, es herrscht Maskenpflicht, Protestierende stehen auf einem markierten Punkt und lauschen bewegungslos den Reden. Die Organisatorin hat eine wichtige Durchsage an die Reichsbürger, die sich hier unter den Protestierenden aufhielten: ›Wer nicht auf dem Boden des Grundgesetzes mit uns kämpft, hat hier nichts verloren. Geht nach Hause‹. Ein kurzes ›haut ab‹ in Antifa-Manier ertönt, bevor Tracy Chapmans ›Talkin’ ’bout a revolution‹ abgespielt wird.«[375]

Der Vorwurf fehlender Ambiguitätstoleranz ist also ein zweischneidiges Schwert. Sicherlich hingen viele Teilnehmende der Corona-Proteste einem einfachen Weltbild an, das Ambivalenzen, Widersprüche und Kontingenz verdecken sollte. Letztlich charakterisiert eine fehlende Ambiguitätstoleranz aber auch die zeitgenössische Wahrnehmung früher Proteste. Mit dem Schlagwort der »Coronaleugner« brachten einige Medienbeiträge den Protest auf eine allzu einfache Formel, die unterschiedliche Wurzeln und Quellen des Protests aus dem Blick verlor. Zumindest bis in den Sommer 2020 hinein war die Protestbewegung in ihren Positionen diverser, als viele Schlagzeilen glauben machten.

Bunt zu braun: Radikalisierung

Spätestens ein halbes Jahr nach den ersten Demonstrationen stand es allerdings schlecht um die Diversität. Der »Sturm auf den Reichstag« Ende August 2020 lenkte den Fokus der Berichterstattung einmal mehr auf rechte Strömungen des Protests. Gestürmt hatte zwar nur ein Bruchteil der Demonstranten. Die Bilder aber waren fatal. Schwarz-weißrote Flaggen vor dem Reichstag standen für eine noch nie dagewesene Demütigung der zweiten deutschen Demokratie. Die allenfalls zurückhaltende Distanzierung der Veranstalter von dieser Machtdemonstration unterstrich daher den Eindruck, dass »Reichsbürger« und Rechtsextreme zunehmend den Ton angaben. Der Radikalisierungsprozess lässt sich an den zwei wichtigsten Akteuren der Proteste nachzeichnen.

Als Anstoß und Namensgeber der Protestbewegung fungierte die Stuttgarter Initiative »Querdenken 711«, die schon nach wenigen Wochen mit zahlreichen Ablegern in der gesamten Bundesrepublik aufwarten konnte. Seit Frühjahr 2020 rief »Querdenken« regelmäßig zu Veranstaltungen auf und stellte auf ihrer Internetseite Broschüren, Zeitungen und Pressemeldungen bereit. Ebenfalls von Anfang an dabei war der »Verein demokratischer Widerstand«, der seit März 2020 in der Bundeshauptstadt zu »Hygiene-Demos« aufrief. Die kapitalismuskritische Initiative aus der Berliner Kulturszene erhielt relativ schnell Zulauf von prominenten Verschwörungstheoretikern wie Ken Jebsen und Attila Hildmann. Jebsens »KenFM«-Kanal auf YouTube diente und dient der gesamten Querdenker-Szene als Leitmedium. Auch die Stuttgarter

Webseite »Querdenken« band seit Herbst 2020 bevorzugt KenFM-Videos in die Berichterstattung ein. Mit der Erweiterung des Vereins durch neue Mitglieder erweiterten sich auch die Parolen. Ein entsprechender Wandel lässt sich an der Wochenzeitung des Vereins »Demokratischer Widerstand« nachzeichnen, die laut Selbstauskunft bundesweit in einer Auflage von mehr als 100.000 Exemplaren erscheint. Auf vielen Fotos ist die Zeitung neben dem Grundgesetz das gängigste Accessoire der Protestierenden, so dass man den *Demokratischen Widerstand* zum Leitmedium der Corona-Proteste erklären kann.

Die Erstausgabe vom 17. April 2020 bot zunächst einen Überblick über Ziele und Schwerpunkte der Vereinsarbeit. Dass zur Erstausgabe niemand Geringeres als der renommierte Philosoph Giorgio Agamben einen Artikel zur »Erfindung einer Epidemie« beisteuerte und seither als Mitherausgeber der Zeitung fungierte, unterstreicht vielleicht noch einmal die anfängliche Bandbreite der Bewegung. Im Editorial bezeichneten sich die Verfasser:innen als »parteiunabhängige und mutige Liberale«, die sich gegen den Bruch der Verfassung und eine Machtübernahme finsterer Mächte wehrten: »Ein dystopisches Digital- und Pharmakonzern-Kartell drängt zur Macht.«[376] Gab das verschwörungstheoretische Raunen also bereits in der Erstausgabe den Takt vor, verschwand innerhalb weniger Monate auch das zunächst »liberale« Selbstverständnis. Während der Sommermonate wichen »liberale« Selbstzuschreibungen dem Konzept einer parteiübergreifenden Allianz, die ausdrücklich rechte Strömungen einschloss. In einer November-Ausgabe der Zeitung beteiligten sich beispielsweise Ellen Kositza – Redakteurin der *Sezession*, des Leitorgans der Neuen Rechten – mit einem Statement »Ich bin rechts« sowie Anselm Lenz mit einem Statement »Ich bin links« an einem Beitrag über »Querfront oder Burgfrieden«, der zum Kampf gegen das »faschistische Merkel-Regime [...] ein Bündnis aller Demokraten von links bis konservativ und patriotisch« forderte.[377] In dieser selbsternannten »Querfront« brach sich ein Selbstverständnis Bahn, das Christine Hentschel seit Sommer 2020 auch auf Demonstrationen beobachten konnte: »Man konstituiert sich als Bewegung, die sich ›nicht spalten‹ lassen will.«[378]

Hentschel machte zudem einen Wandel des Selbstverständnisses an neuen Bezügen auf das Grundgesetz fest. Demnach verschob sich der Bezug »innerhalb weniger Monate [...]: von ›Wir müssen die Grundrechte verteidigen‹ hin zur Erkenntnis, dass ›das Grundgesetz gar keine legitime Verfassung‹ und geradezu ›Symbol unserer mangelnden Souveränität‹

sei.«[379] Lange Zeit stellte das Grundgesetz sowohl für »Querdenken« als auch für den »Demokratischen Widerstand« eine Ikone dar. Auf Demonstrationen gehörte es zur Grundausstattung, ob in Buchform, auf T-Shirts oder als Plakat. Ein gutes Jahr lang zierte das Titelbild des Grundgesetzes die Startseite der »Querdenken«-Webseite. Insbesondere die Grundrechte der Artikel 1 bis 13 galten als »Manifest« der »Querdenker«, das auf der Internetseite und in Broschüren unters Volk gebracht wurde. Seit Herbst 2020 veränderte sich allerdings der Bezug auf das Grundgesetz. Auf der Titelseite des Grundgesetzes montierte »Querdenken« nun ein großes Coronavirus über dem Bundesadler als Sinnbild für den Missbrauch oder die Mutation der Verfassung.

Noch eindeutiger agitierte das Leitmedium *Demokratischer Widerstand*. Seit ihrem Erscheinen hatte die Wochenzeitung in jeder Ausgabe einen vollständigen Abdruck der Artikel 1 bis 20 des Grundgesetzes auf der letzten Seite der Zeitung geboten. Seit der Ausgabe vom 17. Oktober 2020 fand sich auf diesen Seiten eine kleine, allerdings bemerkenswerte Ergänzung, nämlich die Einfügung von Artikel 146: »Dieses Grundgesetz, das nach Vollendung der Einheit und Freiheit Deutschlands für das gesamte deutsche Volk gilt, verliert seine Gültigkeit an dem Tage, an dem eine Verfassung in Kraft tritt, die von dem deutschen Volke in freier Entscheidung beschlossen worden ist.«[380] In der »Reichsbürger«-Szene dient Artikel 146 des Grundgesetzes schon lange als Beleg, dass die Bundesrepublik nur eine vorläufige Verfassung habe und das Grundgesetz daher von einer neuen Verfassung ersetzt werden müsse. In Verbindung mit Art. 20 (Widerstandsrecht) verwandelte »Querdenken« das Grundgesetz also letztlich in einen Hebel zur Neuordnung der Republik, wie Hentschel resümiert: »Diese Verschiebung des Stellenwerts des Grundgesetzes lässt sich als Verlust der Deutungshoheit der Demokratinnen gegenüber den Reichsbürgerinnen lesen.«[381]

Die Hintergründe für diesen Radikalisierungsprozess dürften ebenso vielfältig sein wie die Anfänge der Bewegung selbst. Nach dem großen Zulauf im März und April 2020 erlebten »Querdenken« und »Demokratischer Widerstand« in den Folgemonaten einen zeitweiligen Rückgang der Teilnehmendenzahlen, den ein Teil der Demonstranten wiederum mit einem umso aggressiveren Auftreten kompensierte. Das Ergebnis ließ sich auf der Großdemonstration »Berlin invites Europe« Ende August 2020 in Berlin beobachten. »Querdenken« mobilisierte nun noch einmal mehr als zehntausend Teilnehmende und damit eine ungewöhnlich hohe

Zahl an Menschen. Gleichzeitig machte an diesem Tag der radikale Teil der Bewegung vor dem Reichstag mit einem symbolischen Sturm auf die demokratische Herzkammer der Republik auf sich aufmerksam. Spätestens von nun an erforderte jede Beteiligung an Demonstrationen von Teilnehmenden eine politische Positionierung im Freundes- und Bekanntenkreis. Während ein Teil der Protestierenden der Bewegung daraufhin den Rücken kehrten, scheint sich ein anderer Teil aus früheren politischen Bezügen gelöst zu haben. Für diesen Trend sprechen auch die Ergebnisse der bereits genannten Befragung der Forschergruppe um Oliver Nachtwey Ende November 2020. Unter den Befragten gab der größte Teil an, bei der letzten Wahl die Grünen gewählt zu haben (23 Prozent), an zweiter Stelle kamen die Linke mit 18 Prozent und erst an dritter Stelle die AfD mit 15 Prozent. Die Antworten auf die Frage »Welche Partei würden Sie heute wählen?« markieren hingegen einen gravierenden Einstellungswandel im Winter 2020: Während der weitaus größte Teil der Befragten (27 Prozent) nun die AfD wählen würde, entfielen auf die Linke gerade mal 5 Prozent und auf die Grünen sogar nur noch ein Prozent.[382]

Auch die zweite Welle der Pandemie dürfte dem Radikalisierungsprozess einen Schub gegeben haben. Schon im Mai 2020 gewannen viele Deutsche zunächst den Eindruck, dass die Pandemie im Grunde bereits besiegt worden sei. Allen Warnungen vor einer zweiten Welle zum Trotz wurde dieser Sieg einer vorausschauenden Haltung der Bundesregierung zugeschrieben, während »Querdenken« den Rückgang der Infektionszahlen umso mehr als Beleg für Hysterie und unverhältnismäßige Grundrechtseinschränkungen interpretierte. Der erneute Anstieg der Infektionszahlen im Herbst 2020 lehrte die Deutschen eines Besseren. Im Rückblick wirkte die erste Welle auf einmal wie eine sanfte Woge. Mit den steil ansteigenden Erkrankungs- und Todeszahlen stieg auch die Akzeptanz für Eindämmungsmaßnahmen wieder an (vgl. Kapitel 5). Angesichts zunehmender Versammlungsverbote und rückläufiger Teilnehmendenzahlen an Demonstrationen rief im Winter 2020 sogar »Querdenken«-Gründer Michael Ballweg eine »Demo-Pause« aus. Dass diese Pause am 27. Januar 2021 und damit ausgerechnet am »Holocaust-Gedenktag« mit einem Autokorso in Stuttgart beendet wurde, unterstreicht noch einmal den Radikalisierungsprozess.[383] Schon lange richtete sich der Gegenprotest nicht mehr nur gegen Corona-Maßnahmen, sondern ebenso gegen das Grundverständnis der Republik bzw. den »Mainstream«, wie »Querdenker« sagen würden. Autos gegen Auschwitz konnte man getrost als ganz bewussten Geschichtsrevisionismus von rechts bezeichnen. Sie standen damit auch für ein Weltbild, das jegliche Debatte im Keim ersticken sollte.

8. Alltag: In der neuen Normalität

Die neue Normalität wurde ziemlich schnell ziemlich alt. Im Laufe des Jahres 2020 gewöhnten sich viele an Kontakteinschränkungen, an Abstands- und Hygieneregeln. Und obwohl die Sehnsucht nach Lockerungen im Frühjahr 2021 stärker denn je zu spüren war – gerade die Befürworter:innen härterer Maßnahmen argumentierten ja mit einer anschließend umso schnelleren Rückkehr zur alten Normalität –, hatten sich viele Maßnahmen mittlerweile im Alltag eingeschliffen. Wenngleich um die Verhältnismäßigkeit des Infektionsschutzes in Parlamenten und Presse auch 2021 erbittert gestritten wurde, verlor die neue Normalität innerhalb eines Jahres allmählich an Aufsehen. Der Gewöhnungsprozess hatte auch mit einer neuen Sicht auf die Pandemie zu tun. Angesichts häufiger Mutationen und der Befunde, dass selbst Impfungen immer nur einen relativen Schutz bieten, setzte sich im Laufe des Winters 2020 unter vielen Deutschen die Erkenntnis durch, dass Corona lange Zeit, vielleicht sogar nie mehr ganz weggehen würde.

Sammlungen von Alltagserfahrungen wie das »Coronarchiv« sind für diesen Gewöhnungsprozess eine großartige Quelle. Denn an den Einsendungen privater Zeugnisse schlägt sich eine Veränderung alltäglicher Aufmerksamkeiten nieder. Während zu Beginn der Pandemie beispielsweise Fotos von Masken und Menschenschlangen im Eineinhalb-Meter-Abstand vor Geschäften der Renner waren oder Berichte über leere Züge, Busse und Innenstädte sowie abgesagte Veranstaltungen dominierten, hatten derartige Schilderungen bald keinen Neuigkeitswert mehr.

Der Corona-Alltag eröffnet ganz wichtige Einsichten. Zunächst einmal macht er sichtbar, wie sich eine Pandemie in eine Gesellschaft einschreibt. Dieser Prozess beginnt ja nicht erst mit dem persönlichen Kontakt zu Infizierten, Erkrankungen oder Sterbenden. Bereits lange vorher verankern die Eindämmungsmaßnahmen die Seuche im Alltag. Obwohl ein Großteil der Menschen in Deutschland bis zum Abflauen der Pandemie wahrscheinlich keine eigenen Erfahrungen mit einer Infektion, mit Krankheit und Tod machen wird, haben sie dennoch – und zwar mit guten Gründen – das Gefühl, in und mit einer Pandemie zu leben. Auch dieses Pandemiegefühl steht im Folgenden im Fokus. Denn an den alltäglichen Praktiken, Wahrnehmungen und an ihrem Wandel lassen sich Aneignungen der Pandemie ebenso gut nachzuvollziehen wie an Debatten im Bundestag oder an gesundheitspolitischen Konzepten.

Dass wir überhaupt solche Einblicke in den Alltag einer Pandemie gewinnen können, macht im Übrigen bereits deutlich, inwiefern Corona eine seuchengeschichtliche Zäsur darstellt. Keine Pandemie zuvor ist jemals auch nur in Ansätzen so gut dokumentiert worden wie die von 2020/21. Selbstzeugnisse der Seuche wie Tagebucheinträge, Briefe oder Berichte sind selbst für globale Großereignisse wie die »Spanische Grippe« nur spärlich überliefert. In den 1980er Jahren löste Aids zum ersten Mal eine erste größere Welle an Selbstzeugnissen aus. Vor allem Betroffene brachten ihre Erfahrungen mit der Infektionskrankheit in Berichten zu Papier oder bannten ihre Ängste und Hoffnungen auf Bilder.[384] Zu einem Massenphänomen wurden diese Einblicke in alltägliche Aneignungen der Seuche allerdings nicht. Etwas Neues ist auch die einzigartige visuelle Überlieferung des Corona-Alltags. Noch während der Aids-Pandemie waren Kameras im Alltag eine absolute Ausnahme. Schnappschüsse der 1980er Jahre sind daher ungleich seltener als im heutigen digitalen Zeitalter, das eben auch eine Epoche der digitalen Reproduzierbarkeit von Alltagseindrücken ist.

Es wäre naiv, aus dieser Flut an Alltagszeugnissen eine »echte« oder »wahre« Geschichte der Pandemie ableiten zu wollen. Schon Vertreter:innen der Alltagsgeschichte in den 1980er Jahren haben schnell die Erfahrung machen müssen, dass Selbstzeugnisse wie Briefe und Tagebücher, Zeitzeugenberichte, Privatfotos oder -filme ebenso selektive Eindrücke auf die Gesellschaft vermitteln wie Gesetze, Gutachten oder Zeitungen. Gleichwohl erweitern private Fotos unser Bild von der Pandemie um alltägliche Aneignungen und Auseinandersetzungen, die Corona seit März 2020 mit sich brachte.

Social Distancing als Körperwandler

Kontaktbeschränkungen galten von Anfang an als effektivste Grundlage der Pandemiebekämpfung, aus der sich ganz unterschiedliche Maßnahmen ableiteten. Der Rückzug ins Homeoffice und Homeschooling, das Vermeiden persönlicher und dienstlicher Treffen wie überhaupt eine Einschränkung privater Mobilität waren die Mittel der Wahl. Besonders tief schnitt *Social Distancing* mit der Einführung der Eineinhalb-Meter-Abstandsregel in das Leben der Deutschen ein. Sie veränderte nicht nur unsere Wahrnehmung sozialer Räume, sondern ebenso unsere Körperwahrnehmung.

Dass der Abstand von eineinhalb Metern zur Chiffre für die Pandemie wurde, hängt auch mit seiner Omnipräsenz zusammen. Auf die Abstandsregel wurden die Deutschen 2020/21 überall im öffentlichen Raum hingewiesen: mit Warnschildern vor Geschäften, mit Abstandshaltern, Absperrbändern oder Plexiglasscheiben; mit Farbmarkierungen und Klebestreifen auf Fußböden oder Wänden; mit Plakaten und Leuchtsignalen oder durch Lautsprecheransagen in Bahnhöfen oder Einkaufszentren. Die Omnipräsenz des Abstandsgebots verwandelte öffentliche Räume in ein Medium, mit dem das Virus für jeden Menschen sichtbar und das Ansteckungsrisiko berechenbar schien. Abstand war demnach ebenso ein Sicherheitsversprechen wie eine ständige Warnung. Einerseits mussten andere Körper als potenzieller Infektionsherd aus dem eigenen Nahbereich gehalten werden. Andererseits musste der eigene Körper für andere als potenzielle Bedrohung gelten. Eineinhalb Meter waren also fortan der Maßstab, an dem sich soziale Grenzüberschreitungen, ja überhaupt: soziales Verhalten vermessen ließen.

Die Soziologen Thomas Alkemeyer und Bernd Bröskamp haben dieses Phänomen als eine Choreographie der Pandemie beschrieben, die die Deutschen seit Frühjahr 2020 in Geschäften, auf Straßen und öffentlichen Plätzen aufführten. Alkemeyer und Bröskamp beobachteten die alltäglichen Manöver des Ausweichens und Abstandhaltens, oft in Kombination mit einem rücksichtsvollen Abwarten oder Durchlassen von Passanten auf Gehwegen oder vor Ausgängen. Kurz gesagt entwickelten sich neue »Alltagschoreographien körperdistanzierter und körperdistanzierender Interaktion«.[385] Abstandsregeln schienen das Virus im Raum zu repräsentieren, gleichsam sichtbar zu machen. Stark frequentierte Straßen und Gehwege mutierten zu Infektionsketten, Supermärkte und Bahnhöfe zu

Seuchenherden. Mittels räumlicher Repräsentation veränderte Corona Formen alltäglichen Umgangs. Dass sich Menschen beim Übertreten der gebotenen Distanz entschuldigten bzw. missbilligend guckten; dass man seit der Pandemie in Filmen aus der Prä-Corona-Zeit beim Anblick dicht gedrängter Menschenmassen unwillkürlich zusammenzuckte; dass man selbst enge Freunde nicht mehr grüßte wie bisher – alle diese Praktiken stehen für eine Selbstverständlichkeit, mit der Distanz als Lebensform während der Pandemie verinnerlicht wurde.

In historischer Perspektive ist die räumliche Repräsentation der Pandemie aus zwei Gründen interessant: Zum einen ist sie in dieser Form etwas Neues. Während Mund-Nase-Bedeckungen bereits vor hundert Jahren zur »Spanischen Grippe« u.a. in Großbritannien und in den USA verbreitet waren, spielte Abstandhalten in früheren Zeiten kaum eine Rolle für die Pandemieprävention. Selbst auf den verbreiteten Tuberkulose-Merkblättern der 1920er Jahre riet man allenfalls zum »Abwenden beim Husten«.[386] Noch in den 1950er und 1960er Jahren wurde der Abstand relativ pragmatisch gehandhabt. Ein Plakat zur Grippeprävention der DDR erinnerte die Ostdeutschen 1952 letztlich nur an eine Selbstverständlichkeit: »Huste oder niese nicht Deinem Nachbarn ins Gesicht«.[387]

Zum anderen steht die Etablierung der Abstandsregel in historischer Perspektive für eine Nivellierung bisheriger Stadt-Land-Gegensätze. Seuchenbekämpfung war bis ins 20. Jahrhundert meist eine Herausforderung für urbane Räume.[388] In den Städten und Großstädten pulsierten die Lebensadern der Moderne, sie galten im Pandemiefall folglich als Bedrohung. Die hohe Mobilität des öffentlichen Nah- und Individualverkehrs, die engen Straßen und Stadtviertel sowie überhaupt die starke Verdichtung von Arbeit und Freizeit standen für Risikofaktoren. Ländliche Gebiete flogen demgegenüber lange Zeit gewissermaßen unterhalb des Seuchenradars. Als aufgelockerter, weitläufiger Lebensraum stand »das Land« lange Zeit als gesundes Gegenbild zu den verdichteten und vernetzten Städten. Während der Coronapandemie änderte sich diese Wahrnehmung fundamental.[389] Zum einen waren ländliche Gebiete im 21. Jahrhundert enger denn je mit Städten verflochten. Suburbanisierung und zunehmende Pendlermobilität machten Verflechtungen zwischen Stadt und Umland zu einem wachsenden Gesundheitsproblem. Zum anderen sorgen weitläufige und aufgelockerte Räume oder das ausgeprägtere Vereinsleben wiederum für eine Verdichtung menschlicher Kontakte auf wenige Knotenpunkte.[390] Auch die schwächere Infrastruktur ländlicher

Gebiete befördert eine hohe Menschenkonzentration beim Einkaufen, Arbeiten oder Arztbesuch. Darüber hinaus machte sich die schwächere Infrastruktur mit der schlechteren Erreichbarkeit von Gesundheitseinrichtungen bemerkbar. Studien des RKI und des Bundesinstituts für Bau-, Stadt- und Raumforschung (BBSR) räumten bereits 2020 mit dem Klischee der Großstädte als Infektionsherde auf. »Ein systematischer Unterschied zwischen den einwohnerbezogenen COVID-19-Fallzahlen in Stadt und Land«, so stellte das BBSR in einer Erhebung im August 2020 fest, könne »nicht festgestellt werden«.[391] Abstandsregeln schrieben sich im Alltag in der Stadt daher ebenso ein wie in ländlichen Gebieten. Auch in dieser Hinsicht ist Corona etwas Neues: Räumliche Repräsentationen der Pandemie waren 2020/21 in deutschen Großstädten ebenso verbreitet wie in der tiefsten Provinz.

Raum- und Körperwahrnehmungen hingen während der Coronapandemie also untrennbar zusammen, wie die Soziologinnen Gabriele Klein und Katharina Liebsch beobachtet haben. Als erstes zerstörten Abstandsregeln den »Massenkörper«[392], der zuvor auf Konzerten, Festen oder bei Fußballspielen sichtbar geworden war. Selbst die »alltäglichen kleinen Öffentlichkeiten der flüchtigen Begegnung im Zeitungsladen, im Café, an der Uni, am Spielplatz sind im Raumregime des Virus zunächst ausgedorrt«.[393] Letztlich veränderten eineinhalb Meter aber auch den individuellen Körper, sowohl in seiner Wahrnehmung als Infektionsrisiko als auch in Form einer neuen Rationalisierung. Die Abstandsregeln und Ausgangsbeschränkungen engten die Auswahl an öffentlichen Aktivitäten zunehmend ein. Spazierengehen zu zweit, Joggen und Radfahren war erlaubt, ja sogar eine erwünschte Stärkung von Abwehrkräften. Klein und Liebsch beschreiben das als eine Neuausrichtung des individuellen »Körpers auf zweckrationales Verhalten«.[394]

Die Omnipräsenz räumlicher Distanz war in dieser Form nicht nur neu, sondern wahrscheinlich auch besonders nachhaltig. Dass sich die neue Normalität mit den Praktiken räumlicher Distanzierung in das Alltagsverhalten vieler Menschen einschrieb, macht ja nicht nur das Ausmaß der Seuche greifbar. Letztlich beförderten die Abstandsregeln weitere Praktiken, die den Alltag zusätzlich veränderten. So war das »Hamstern« von Klopapier, Nudeln und Desinfektionsmitteln im Frühjahr 2020 eine logische Konsequenz der Abstandsregeln, garantierten Reserven doch eine räumliche Distanzierung auf Dauer. Auch die Digitalisierung sozialer Beziehungen – die Verbreitung von Chats, Videokonferenzen und Audioaufnahmen als Ersatz für Gespräche und Treffen – ist Ausdruck einer Allgegenwart dieser Praxis. Insofern avancierte »Auf Abstand« innerhalb weniger Wochen zu einer Praxis, die unsere Vorstellungen von Körpern, öffentlichen Räumen und sozialen Beziehungen grundlegend veränderte.

Sozialkompetenz als Infektionsrisiko

Der alltägliche Impact des *Social Distancing* soll nicht darüber hinwegtäuschen, dass Abstandsregeln im Alltag ständig unterlaufen oder bewusst gebrochen wurden. So sind die Corona-Demonstrationen im vorangegangenen Kapitel bereits als Gegenmodell zum Infektionsschutz skizziert worden, das im Laufe der Monate sogar noch an Strahlkraft gewann. Denn je mehr sich Abstand zur allgemeinen Verhaltensmaxime mauserte, desto attraktiver waren Demonstrationen als Events, die körperliche Nähe in eine Form des Protests verwandelten. Und selbstverständlich beeinflusste die soziale Lage, also die Lebens- und Arbeitsverhältnisse, nach wie vor die Möglichkeiten und Grenzen sozialer Distanzierung ganz erheblich (vgl. Kapitel 6).

Am Zusammenhang von sozialer Lage und *Social Distancing* spielt aber auch noch einmal das *Othering* eine tragende Rolle für die Akzeptanz oder Ablehnung von Abstandsregeln. Bereits im Juni 2020 förderte eine Studie des Berliner Wissenschaftszentrums für Sozialforschung (WZB) dazu erstaunliche Befunde zu Tage. Aus dem Vergleich der Mobilitätsdaten von Bewohner:innen unterschiedlicher Stadtviertel schlussfolgerten die beteiligten Wissenschaftler, dass hohes Sozialkapital die Akzeptanz von *Social Distancing* minderte. Demnach war die Mobilität in »gut bürgerlichen Vierteln« mit engeren sozialen Netzwerken höher als in »so anonymen wie anomischen Innenstadtvierteln« und Stadtteilen mit hoher Diversität und überproportional vielen Menschen mit Migrationshintergrund. Je besser Menschen mit anderen vernetzt waren, desto eher ignorierten sie also Abstandsregeln und Kontaktbeschränkungen. Die Verfasser der Studie brachten diese Beobachtung auf die Formel, dass hohes soziales Kapital »Handeln im kollektiven Interesse nicht fördert, sondern untergräbt«.[395] Hohes Sozialkapital war also keineswegs ein Garant für eine konsequentere Einhaltung der Abstandsregeln und damit für verantwortlicheres Verhalten, sondern Faktor für ein höheres Infektionsrisiko.

Eine Erklärung für diesen paradoxen Befund boten unterschiedliche Wahrnehmungen des öffentlichen Raums. Bewohner:innen anonymer Großsiedlungen betrachteten ihr soziales Umfeld eher als gesundheitliche Bedrohung als jene bürgerlicher Viertel, in denen tendenziell engere Netzwerke zur Nachbarschaft bestanden.

Die Autoren der Studie bezogen sich für diese Befunde auch auf frühe Erhebungen des Robert Koch-Instituts vom April 2020, die im bundesweiten Maßstab größere Einschränkungen in der Mobilität in Städten gegenüber Menschen in ländlichen Regionen aufgezeigt hatten.[396] Eine weitere Studie des RKI zum Mobilitätsverhalten der Deutschen leitete aus diesem Befund eine Wechselwirkung zwischen Risikowahrnehmung auf der einen Seite und der Einhaltung von Abstandsregeln und Kontaktbeschränkungen auf der anderen ab: »As people worry less about the dangers of Covid-19, mobility increases.«[397] Hier machte sich *Othering* also noch einmal als Problem im Alltag bemerkbar. Populäre Projektionen der Pandemie auf »Fremde« und »Andere« richteten das soziale Koordinatensystem und damit das Alltagsverhalten neu aus. Vorbehalte vor »Fremden«, z.B. als Nachbarschaft verdichteter Wohnsiedlungen, erhöhten Risikowahrnehmungen, während soziale Verbundenheit und gefühlte Nähe diese minderte – und damit die Akzeptanz von Abstandsregeln.

Für den sozialen Nahbereich ist dieser Zusammenhang besonders einleuchtend, weil er mit einer zunächst recht trivial klingenden Erkenntnis zusammenhängt: Wir vertrauen uns bekannten Menschen in aller Regel mehr als uns unbekannten Menschen. Die Cosmo-Studie (»Covid-19 Snapshot Monitoring«) der Universität Erfurt, des RKI und der Bundeszentrale für gesundheitliche Aufklärung brachte diesen Zusammenhang mit einer Erhebung zur Einhaltung der Abstandsregeln im Alltag Ende Oktober 2020 auf den Punkt. Teilnehmende der Studie wurden zunächst nach ihrem Verhalten auf einer Geburtstagsfeier eines Freundes befragt, auf der »nur Unbekannte sind«. Anschließend sollten die Befragten ihr Verhalten auf einer Geburtstagsfeier bewerten, auf der »nur Freunde sind«. Das Ergebnis war ebenso eindeutig wie einleuchtend. Soziale Verbundenheit und gefühlte Nähe führten zu »weniger Maskentragen, weniger Abstand halten, geringerer Risikowahrnehmung[,] sich mit dem Virus zu infizieren, weniger antizipierten Ekel, wenn andere Gäste beispielsweise niesen«.[398] Auf einen zweiten Blick sind die Schlussfolgerungen der WZB-, RKI- und Cosmo-Studien nicht so trivial, wie man meinen könnte. Denn letztlich stellen sie gängige Vorannahmen geradezu auf den Kopf und belegten die Warnung, die Angela Merkel seit ihrer Rede an die Nation Mitte März 2020 formuliert hatte. In Zeiten der Pandemie erhöhen ausgerechnet soziale Nähe, Vertrautheit und Vernetzung das Infektionsrisiko und die Gefahr unsolidarischen Verhaltens. Weil wir uns bekannte Menschen mögen, weniger Vorbehalte gegenüber Freunden und Verwandten pflegen, verlieren Abstandsregeln im Alltag schnell an Bedeutung.

Man könnte sogar noch einen Schritt weiter gehen und das Verletzen der Abstandsregel als alltäglichen Vertrauens- oder Freundschaftsbeweis interpretieren. Abstand und Nähe sind ja nicht nur Maßstäbe für Infektionsgefahr, sondern ebenso für soziale Beziehungen. Der Soziologe Erving Goffman hat bereits in den 1970er Jahren die räumliche Entfernung zwischen zwei Körpern als Ausdruck der gegenseitigen Verbindung interpretiert. Goffman nennt das die »Territorien des Selbst« und weist damit darauf hin, dass wir am räumlichen Abstand zweier Menschen deren Beziehung ablesen können.[399] Von klein auf lernen wir, dass wir bei der Interaktion mit unterschiedlichen Menschen (Fremden, Bekannten, Verwandten, Freunden und Familie) unterschiedliche Abstände einhalten. Die Abstandsregeln warfen diese Lebenserfahrung auf einmal über den Haufen. Sie erhoben vielmehr eineinhalb Meter zur Universalnorm, die unserem Bedürfnis widerspricht, verschiedenen Menschen unterschiedlich nah zu sein. In Coronazeiten verwandelte sich räumliche Nähe daher nicht nur in eine Form des politischen Protests, sondern ebenso in einen Vertrauensbeweis.

Kontaktlose Kommunikation

Neue Rituale boten eine gewisse Kompensation für den Verlust an Nähe. Bereits im Februar sorgte der »Wuhan-Shake« für Aufsehen in den sozialen Netzwerken. Auf YouTube und anderen Netzwerken präsentierten zahlreiche Menschen das neue Begrüßungsritual mit dem Fuß – erst berührt die eigene rechte Fußspitze die linke Fußspitze des Gegenübers, dann umgekehrt. Die Bundeszahnärztekammer konnte dem Wuhan-Shake schon deshalb einiges abgewinnen, weil er den Verlust bekannter Begrüßungen ironisch auflockerte: »Das Ganze dauert ungefähr so lange wie Händeschütteln und entlockt dem Gegenüber mit Sicherheit ein

Lächeln.«[400] Die *Berliner Zeitung* sah noch einen weiteren Vorteil, benötige man doch »nicht einmal ein Desinfektionsmittel«.[401] Weitere Alternativen wie der »Fist-Bump« bzw. die »Ghettofaust« galten hingegen als gewisses Infektionsrisiko. Das schweizerische Bundesamt für Gesundheit sagte daher sogar mit einer eigenen Plakatkampagne der »Ghettofaust den Kampf an«, wie die *Berner Zeitung* zu berichten wusste.[402] Der deutsche Knigge-Rat sah das ähnlich und empfahl Mitte Mai 2020, auf jeglichen Körperkontakt zu verzichten, sich stattdessen aber unbedingt in die Augen zu blicken und freundlich zu lächeln.[403]

Während dem »Wuhan-Shake« und der Ghettofaust zumindest in Deutschland als Begrüßungsritual kein Erfolg beschieden war und auch die Knigge-Empfehlung auf wenig Resonanz stieß, setzte sich im Alltag ein anderes Ritual weitgehend durch: der Ellenbogen-Gruß. Dieses Ritual wurde nicht nur von der WHO empfohlen, sondern fand in Deutschland im Frühjahr 2020 auch seinen einprägsamen Namen als »Heinsberg-Gruß«.[404] Die Universität Trier wies den Erfolg neuer Rituale mit einer Erhebung vom September 2020 sogar mit handfesten Zahlen nach. Im April 2020 behielten demnach nur 0,5 Prozent aller Menschen den Handschlag als Begrüßungsritual bei, 76,7 Prozent verweigerten den Handschlag und weitere 18,3 Prozent begrüßten sich nur in Ausnahmefällen mit der Hand. Noch aufsehenerregender war ein zweiter Befund der Studie: Ein Großteil der Befragten plante, die neuen Rituale auch in der Zeit nach Corona beibehalten zu wollen.[405]

Solche Rituale waren keineswegs Spielereien oder einfach nur ironische Brechungen des Verlustes an Nähe, den Abstandsregeln und Kontakteinschränkungen mit sich brachten. Sie signalisierten eine Störung unseres alltäglichen Kommunikationsverhaltens. Begrüßungs- und Abschiedsregeln sind ein seit Jahrhunderten gelernter Ausdruck für Kooperationsfähigkeit und Sozialität. Die Begrüßung als Gesprächsauftakt signalisiert eine zugewandte Beziehung als Voraussetzung von Interaktion. Wie tief dieses Gefühl in unserem Bewusstsein eingebrannt war, zeigten im Frühjahr 2020 mehrere Szenen mit Prinz Charles, der auf offiziellen Empfängen die Hand zur Begrüßung ausstreckte und sich mehrfach Abfuhren einhandelte, die er mit einem spontanen »Namaste«-Gruß nach indischer Tradition gerade noch überspielte. Alkemeyer und Bröskamp haben dieses – auch im Alltag zunächst verbreitete – Scheitern an der »neuen Normalität« als »muskuläre Erinnerungen«[406] verstanden, die unseren Körpern noch eine ganze Weile eingeschrieben blieben. Das wohl bekannteste Beispiel für die Beharrungskraft der muskulären Erinnerung gab der niederländische Ministerpräsident Mark Rutte. Er rief Anfang März 2020 auf einer Pressekonferenz eindringlich alle Bürger:innen zum Verzicht aufs Händeschütteln auf: »Sie können Füße schütteln, Ellenbogen berühren, was Sie möchten [...]. Nur keinen Handschlag.« Am Ende dieser Pressekonferenz verabschiedete sich Rutte vor laufenden Kameras und unter großem Gelächter aller Anwesenden nach alter Schule – per Handschlag.[407]

Der Heinsberg-Gruß war insofern nichts weniger als eine Reaktion auf eine fundamentale Krise menschlicher Kommunikation, die im Corona-Alltag spürbar wurde. Gespräche sind eingerahmt von Regeln und Ritualen, die in Zeiten des *Social Distancing* plötzlich als Infektionsrisiko galten. Heinsberg-Gruß und neue Rituale für Dankbarkeit waren also Bewältigungsversuche dieser Krise, die sich in unseren Alltag einschrieben.[408] In der Bundesrepublik funktionierten die neuen Begrüßungs- und Abschiedsregeln vielleicht auch deshalb so gut, weil ein Teil der Deutschen im Stillen ganz froh war, dass eine seit den 2000er Jahren zu bemerkende allmähliche Ausweitung von Begrüßungsritualen um Küsschen und Umarmungen dank Corona erst einmal gestoppt war.

Wie groß das Kompensationsbedürfnis für gestörte Kommunikation war, zeigt die Erfolgsgeschichte eines lange Zeit totgesagten Mediums. In der Digitalgeschichte galt die Videotelefonie bis Anfang 2020 geradezu als Paradefall für gescheiterte Innovationen. Alle Versuche, auf dem deutschen Markt seit den 1970er Jahren mit Bildtelefonen bzw. Videokonferenzen Fuß zu fassen, scheiterten krachend. Im Rückblick schien ein solches Medium im Grunde von Anfang an zum Misserfolg verurteilt, zielten digitale Bildgespräche doch an allen Bedürfnissen von Menschen vorbei: Demnach wollten Menschen beim Telefonieren ungern auch noch beobachtet werden oder auf Gestik und Mimik achten. Wegen solcher Vorbehalte und einiger technischer Mankos fristeten Videokonferenzen jahrzehntelang ein »Nischendasein«.[409] In der Pandemie verwandelten sich alte Mankos plötzlich in neue Möglichkeiten. Videokonferenzen lieferten das, was die kontaktlose Kommunikation im Corona-Alltag vermissen ließ: Mimik und Gestik, Gesichter und Körper. Obwohl die meisten Stand- und Mobiltelefone ja durchaus Konferenzschaltungen ermöglicht hätten, waren Videokonferenzen seit März 2020 auf einmal der neue Kommunikationsstandard, mit dem sich die Krise zwischenmenschlicher Interaktion überwinden ließ. Sie erlaubten einen »Face-to-face«-Kontakt ohne Maske sowie mit vielen Ritualen und Regeln, die wir als Rahmung von Kommunikation benötigen. Corona fügte dem digitalen Zeitalter daher neue Verben hinzu: nach »googeln« wanderten nun »zoomen« oder »whatsappen« endgültig in die Alltagssprache ein. Die Soziologen Hubert Knoblauch und Martina Löw brachten diese Entwicklung auf eine knappe Formel: »In der Not-Ordnung wird der digitale Raum zur Kompensation der Präsenzöffentlichkeit.« Dass diese Kompensationsleistung relativ schnell großen Anklang fand, macht Knoblauchs und Löws Beitrag ebenfalls deutlich. Ende März 2020 erzählten sie digitale Kommunikation noch ganz als Verlustgeschichte: »wie schal, holprig und formal fühlen sich selbst die freundschaftlichen Skypesitzungen an, wie wenig erwärmend der letzte Tweet und wie trostlos das Telefongespräch.«[410]

Schon wenige Monate später waren sowohl Skype-Sitzungen als auch pessimistische Deutungen von Digitalität eine seltene Ausnahme. Mit der Dauer der Pandemie gewöhnten sich die Deutschen an digitale Medien als Standard kontaktloser Kommunikation. Dieser Gewöhnungsprozess fußte auch auf einem Wandel von Digitalität. Insbesondere die rasante Verbreitung von Smartphones seit den 2010er Jahren und die Etablierung einfacher Apps senkten frühere Berührungsängste auch unter älteren Menschen. Insofern war schon vor Corona die »Interaktion anwesender Körper zum Sonderfall der Kommunikation geworden«.[411] Im Alltag zeigte sich die Coronapandemie also einmal mehr nicht unbedingt als Ursache, aber als Verstärker gesellschaftlicher Wandlungsprozesse, in diesem Fall also für die digitale Transformation sozialer Kommunikation.

Social Distancing als Raumwandler

Digitale Transformationen wurden während der Coronapandemie in der Kommunikation ebenso sichtbar wie im Konsum und damit auch in deutschen Innenstädten. Von Amazon bis Zalando hatten sich schon lange vor Corona bereits zahlreiche Online-Anbieter etabliert. Seit Frühjahr 2020 stieg der Handel großer Versandunternehmen und des Internet-Einzelhandels allerdings noch einmal in einem beispiellosen Maße an. Während der Umsatz des Onlinehandels Anfang 2020 mit den wärmeren Temperaturen zunächst noch wie üblich leicht zurückging, stieg er mit Ausrufung des Lockdowns kontinuierlich steil an. Im März 2020 erreichte der Onlinehandel bereits das Eineinhalbfache des durchschnittlichen Umsatzes von 2015, im Dezember schon beinahe das Zweieinhalbfache.[412]

Vom neuen Konsumverhalten profitierten in erster Linie Anbieter, die sich seit Jahren als bequeme Alternative zum Einkaufsbummel in Innenstädten oder Shoppingzentren empfohlen hatten. In der Pandemie kamen noch neue Anbieter hinzu, die im Lebensmittel- und Haushaltsmittelversand ein lukratives Geschäft witterten. Versuche des Einzelhandels, mit digitalen Bestellmöglichkeiten ebenfalls vom Onlineboom zu profitieren, scheiterten dagegen weitgehend. Im Gegensatz zum Onlinehandel konnten oder wollten Einzelgeschäfte und selbst größere Ketten weniger gern kostenlose Transporte bis vor die Haustür anbieten. Die seit dem Lockdown übliche Abholung bestellter Waren im Geschäft war schließlich auch der Strategie geschuldet, möglichst viele Kunden vor Ort zu binden. Die Treue vieler Kunden war gleichwohl nicht weniger als ein Tropfen auf den heißen Stein. Insbesondere Gastronomieketten und der Bekleidungshandel kämpften mit Umsatzeinbußen von bis zu 40 Prozent, so dass der deutsche Handelsverband in seiner Bilanz 2020 von einem »Jahr der Extreme«[413] sprach und vor massenhaften Insolvenzen warnte. Noch drastischer drückte das der Münchener *Merkur* Ende April 2021 aus. Er sprach von einer »Corona-Dampfwalze«, die durch deutsche Innenstädte pflüge und zahlreiche Filialen bekannter Mode- und Gastronomieketten platt mache.[414]

Der Bundeswirtschaftsminister stellte sich der Dampfwalze bereits im Oktober 2020 entgegen. Auf einem Treffen zwischen Peter Altmaier (CDU) und Vertreter:innen aus Unternehmen, Kommunen und Verbänden zum Thema »Ladensterben verhindern – Innenstädte beleben« schlug der Wirtschaftsminister drei Arbeitsschwerpunkte zur Innenstadtbelegung für die kommenden Monate vor. Dass in einem dieser Schwerpunkte Konzepte zur »kreativen Neu-Nutzung leerstehender Ladengeschäfte« erarbeitet werden sollten, dürfte kein besonders ermutigendes Signal gewesen sein. Tatsächlich wies Altmaier schon zu Beginn des Treffens darauf hin, dass der Leerstand in Deutschlands Innenstädten keine ganz neue Entwicklung sei. Corona sei nicht die Ursache, wohl aber ein »Brandbeschleuniger«.[415]

Sehr viel konkretere Maßnahmen schlugen Mitte Dezember zwei Vertreter der CDU/CSU-Bundestagsfraktion vor. Ihr »Pakt für lebendige Innenstädte« brachte eine »Paketabgabe für den Online-Handel« ins Spiel. Die Mittel sollten »in vollem Umfang zur Stärkung eines vielfältigen

Einzelhandels« eingesetzt werden. Dieser Pakt machte die tiefen Wurzeln der Pandemie noch einmal besonders deutlich. Innenstädte avancierten in der Coronakrise mehr denn zu einer Chiffre für eine gute alte Zeit, die durch Seuche und Digitalisierung zu verschwinden drohe. Der Einzelhandel sei gemeinhin »ein Familienbetrieb«, in dem »Werte geschaffen« würden, er erlaube »bummeln statt surfen!«, er halte die Innenstädte wortwörtlich am Leben, »ohne ihn bluten sie aus«.[416] Tatsächlich sorgten Lockdown und Kontakteinschränkungen für bedrückende Bilder leerer Innenstädte. Das gilt insbesondere für die zweite Welle in der Weihnachtszeit 2020, als die Schließung von Geschäften und die Absage des bekannten Trubels auf deutschen Weihnachtsmärkten den wohl stärksten Kontrast zu gängigen Konsummustern abgaben. Letztlich waren solche Bilder aber immer auch Konstruktionen von Sehnsuchtsorten, die einen »romantisierenden« Blick auf deutsche Innenstädte offenlegten, wie es der *Tagesspiegel* beobachtete.[417]

Zweifellos verstärkten Kontaktbeschränkungen und Lockdown also einen Wandel im alltäglichen Einkaufsverhalten. Als Brandbeschleuniger wirkte die Pandemie auch deshalb, weil nun zahlreiche Menschen online einkauften, die vor 2020 noch Vorbehalte gegen den Onlinehandel gepflegt hatte. Mit der Dauer der Pandemie änderte sich das alltägliche Einkaufsverhalten zudem nachhaltig, wie eine Studie des Bundesverbands E-Commerce und Versandhandel (BEVH) im Frühjahr 2021 zufrieden feststellte. Knapp 75 Prozent aller online Einkaufenden wollten laut BEVH auch nach der Coronapandemie genauso viel oder sogar mehr im Internet bestellen. Selbst der zuvor gelegentlich verpönte Onlinekauf von Lebensmitteln sei während der Coronapandemie »zur Gewohnheit geworden«.[418] Die andauernden Kontaktbeschränkungen hatten demnach »die Menschen [...] an das Einkaufen im Netz gewöhnt«.[419] Letztlich legte Corona aber strukturelle Faktoren für das alltägliche Konsumverhalten offen, die schon lange vor der Pandemie deutschen Innenstädten massive Probleme bereitet hatten. Dass der Berliner *Tagesspiegel* bei einem Gang durch deutsche Innenstädte im Oktober 2020 leerstehende Kaufhäuser als »Mahnmale« der Pandemie beschrieb, passt in dieses Bild. Denn bei den leerstehenden Geschäften handelte es sich um Filialen der Karstadt- und Galeria-Kaufhof-Kette, die wegen der Onlinekonkurrenz schon seit Jahren zahlreiche Schließungen vorsah.

Letztlich mutierte der Pandemiealltag also zu einer Projektionsfläche, auf der sehr viel tieferliegende Phänomene der digitalen Transformation debattiert wurden. Onlinehandel, Whatsapp-Gruppen oder Zoom-Konferenzen standen in öffentlichen Debatten als Signaturen des Corona-Alltags und Konsequenzen einer neuen Normalität. Die eigentliche Krise war allerdings nicht Corona. Und mehr noch: Eigentlich war die digitale Transformation ja keine Krise, sondern eine Konsequenz unseres Konsumverhaltens. Insofern wirkten Kontakteinschränkungen im Dienste des Infektionsschutzes zweifellos als Verstärker der Krise, unsere Bequemlichkeit allerdings als ihre sehr viel ältere Ursache.

9. Auswege: Impfungen als Heilsversprechen

Impfungen brachten das Ende der Pandemie. Bereits im März 2020 war das vielen Menschen in Deutschland klar. Obwohl zu diesem Zeitpunkt an die Einführung von Impfprogrammen noch nicht einmal zu denken war, setzten sie jetzt schon in Presseberichten und Parlamentsdebatten eine klare Zäsur. Als beispielsweise die AfD im Juli 2020 die Bundesregierung ein weiteres Mal zur Dauer der Infektionsschutzmaßnahmen befragte, gab die Antwort der Großen Koalition eine eindeutige Zeitplanung vor: »Die Corona-Pandemie endet, wenn ein Impfstoff [...] zur Verfügung steht.«[420] Impfungen gerieten so zu politischen Durchhalteparolen, ja zu einem Heilsversprechen. Mit ihnen würde Corona zu Ende gehen, die Normalität zurückkehren und damit auch das alte Leben.

Ungeduldig drängelte die *Zeit* bereits im Sommer 2020 mit der Schlagzeile »Corona-Impfungen. Wann kehrt die Freiheit zurück?«[421] auf ihrer Titelseite. Auch die Bundeskanzlerin brachte diese Vorstellung bereits im März 2020 auf den Punkt. In ihrer Fernsehansprache verkündete sie den Zuschauer:innen eine »Richtschnur all unseres Handelns: die Ausbreitung des Virus zu verlangsamen, sie über die Monate zu strecken und so Zeit zu gewinnen. Zeit, damit die Forschung ein Medikament und einen Impfstoff entwickeln kann.« Abstand halten, zu Hause bleiben, Maske tragen, Händewaschen und Testen – alles das verwandelte sich so in ein gemeinsames Aushalten bis zu jenem Tag, an dem endlich Impfstoffe verfügbar und alle Sorgen verflogen sein würden.

Das Heilsversprechen hat eine lange Tradition. Schon lange standen Impfungen als letzter Traum der Moderne für die Planbarkeit von Gesundheit und einer sicheren Zukunft. Auch in dieser Hinsicht waren die Deutschen Kinder des Zeitalters der Immunität. Sie verstanden Impfungen gemeinhin als absolutes Sicherheitsversprechen: ein kleiner Pieks für den

Menschen – ein großer Schritt für die Menschheit in ein seuchenfreies Leben.

Impfgeschichte als Relativitätstheorie

Europäer:innen träumen diesen Traum seit über 200 Jahren. Schon bei der Einführung der Pockenschutzimpfung Anfang des 19. Jahrhunderts brachen Ärzt:innen und Politiker:innen in wahre Jubelstürme aus. Die Beobachtung, dass ein kleiner Schnitt fortan gegen die furchtbaren Pocken immunisierte, schürte hochfliegende Hoffnungen auf ein Leben ohne »Volksseuchen«. Zur Hundertjahrfeier der ersten Pockenimpfung durch den britischen Arzt Edward Jenner riefen Mediziner:innen daher 1896 im gesamten Deutschen Reich eine neue Ära aus. Die Pockenimpfung sei der Startschuss für eine seuchenfreie Zeit, ja für eine »Befreiung des Menschengeschlechts von allen Infektionskrankheiten«,[422] wie Teilnehmende einer Jenner-Feier in Frankfurt am Main prophezeiten.

Als mehrere Menschen Jahre nach ihrer Impfung an den Pocken erkrankten, machten sich allerdings Ernüchterung sowie die bittere Erkenntnis breit, dass Impfungen keinen ewigen Schutz garantierten. Auffrischungsimpfungen wurden nun das Mittel der Wahl. Ebenso ernüchternd war die Erkenntnis, dass sogar frisch Geimpfte mitunter von den Pocken heimgesucht wurden. Da bei einem Teil der Menschen die Impfung nicht anschlug, bot sie also keinen absoluten, sondern nur einen relativen – wenngleich immerhin einen relativ hohen – Schutz. Nach diesen Erfahrungen gewannen das Konzept der »Herdenimmunität« und damit auch eine Impfpflicht an Attraktivität. Wenn Impfungen schon kein absolutes Sicherheitsversprechen gaben, dann mussten eben möglichst viele Menschen immunisiert werden, um die Seuche dauerhaft in Schach zu halten.[423]

Dass Impfungen nur ein relatives Sicherheitsversprechen geben, war im 19. Jahrhundert noch sehr viel selbstverständlicher als in heutigen Zeiten. Starke Abweichungen bei der Produktionsqualität von Impfstoffen, schwierige Qualitätskontrollen und die gängige Praxis von »Massenimpfungen« brachten immer wieder gravierende Ausfälle mit sich. Solche Probleme waren kein Geheimnis. Dass bei Massenimpfungen von 60, 80, gelegentlich sogar bis zu hundert Kindern pro Stunde viele Ärzt:innen fehlerhafte Impfungen ebenso wenig registrierten wie Vorerkrankungen der Kinder, die gegen eine Impfung gesprochen hätten, lag auf der Hand. Erst im Laufe des 20. Jahrhunderts verbesserten sich Produktion von Impfstoffen und Praxis des Impfens erheblich. Vor allem die Individualisierung der Immunisierung war dafür ein großer Schritt. Mit der Impfung beim Kinderarzt gewannen Eltern und Ärzt:innen mehr Zeit für Gespräche und Gesundheitskontrollen als Voraussetzung für eine sichere und effektive Impfung.

Allen Erfolgen zum Trotz ist die Relativität von Immunität bis heute ein Thema geblieben. Bei der alljährlichen Grippeschutzimpfung liegt das Phänomen auf der Hand, weil das Influenzavirus besonders schnell mutiert. Für die Grippesaison 2019/20 ging das RKI daher von einer durchschnittlichen Wirksamkeit der Impfung zwischen 62 und 73 Prozent aus.[424] Doch selbst die seit Jahrzehnten etablierten Standardimpfungen wie die gegen Diphterie, Masern, Mumps und Röteln garantieren keinen hundertprozentigen Schutz. Eine mehr als 90-prozentige Effektivität der meisten Impfungen belegt zwar eindrucksvoll ihren Nutzen.[425] Sie unterstreicht aber einmal mehr, dass Impfungen nach wie vor nur ein relatives Sicherheitsversprechen geben. Darüber hinaus gilt die Relativität von Immunität noch in ganz anderer Hinsicht. Mehrere Impfungen wie die gegen Diphtherie oder Kinderlähmung schützen den Geimpften zwar effektiv gegen Erkrankungen, allerdings nicht vor einer Infektion. Geimpfte bleiben also mitunter ansteckend und für nichtgeimpfte Personen somit ein Risiko.[426]

In der Bundesrepublik und DDR war die Relativität von Immunität spätestens seit den 1970er Jahren kein großes Thema mehr. Die hohen Impfquoten und häufigen Auffrischungsimpfungen sicherten den Herdenschutz und ließen frühere Volksseuchen bald in Vergessenheit geraten. Dass Impfungen zu Beginn der Coronapandemie als Heilsversprechen und Wendepunkt der Pandemie standen, war auch dieser jahrzehntelangen Erfahrung geschuldet. Das gilt umso mehr, weil Impfprogramme gegen frühere Volksseuchen wie Diphtherie, Kinderlähmung, Masern oder Pocken bereits so lange im Alltag der Deutschen etabliert waren, dass der Impfschutz jedes Jahr nur für einen kleinen Anteil der Bevölkerung – und zwar auch im eigentlichen Wortsinn – erreicht werden musste: »Impflinge« waren in Deutschland seit dem 20. Jahrhundert meistens Kinder.

Impfungen gegen Covid-19 standen dagegen unter ganz anderen Vorzeichen. Das Impfprogramm konnte sich nicht wie sonst üblich auf einzelne Jahrgänge und damit auf einige hunderttausend Menschen konzentrieren. Vielmehr galten zum ersten Mal in der Geschichte der Bundesrepublik nicht Kinder und Jugendliche, sondern Erwachsene als »Impflinge«, deren Immunität den Herdenschutz garantieren sollte. Während beispielsweise in den 1960er und 1970er Jahren im Falle der Kinderlähmung die Impfung von ein bis zwei Millionen Kindern und Jugendlichen innerhalb eines Jahres noch als Sensation und Beleg für deutsches Organisationsgeschick gegolten hatte, mussten nun möglichst viele Deutsche, also bis zu 50, 60 oder gar 70 Millionen gegen Corona geimpft werden. Und während die Relativität von Immunität bei anderen Viren dank der längst verschwundenen Infektionskrankheiten keine großen Sorgen bereitete, stellte sie die Impfplanung gegen Covid-19 vor gewaltige Herausforderungen.

Die Geschichte des Impfens hielt also genug Gründe bereit, um das Heilsversprechen in Frage zu stellen. Der Medizinhistoriker Karl-Heinz Leven wies auf diese Lehren der Geschichte bereits im Sommer 2020 hin: »Der Glaube, dass mit einer Corona-Impfung die wichtigsten Probleme gelöst wären, erscheint dem Medizinhistoriker so real wie der Glaube an die Wirkung des Heiligen Grals.«[427] Solche Einwände stießen zu dieser Zeit noch auf kein großes Echo. Denn zum einen schien einer Mehrheit der Deutschen das Heilsversprechen ja sehr erfahrungsgesättigt zu sein. Zum anderen war das Heilsversprechen ein zarter Silberstreif am Horizont, der dem Ausharren im Lockdown einen Sinn gab. Umso größer war die Enttäuschung, als es mit dem Impfen endlich losging.

Verteilungskämpfe

Schon der Auftakt des Impfens zu Weihnachten 2020 stand unter einem schlechten Stern. Während in Nachbarländern wie Großbritannien das Impfprogramm bereits mit voller Kraft angelaufen waren, tröpfelte der Impfstoff in fast schon homöopathischen Dosen in die Bundesrepublik. Lieferschwierigkeiten von Pharmaunternehmen und Prüfverfahren bremsten den Impfstart aus. Die Kritik ließ nicht lange auf sich warten. »Warum gibt es in Deutschland keine Impfstoff-Notfallzulassung?«, fragte beispielsweise die *Bild der Frau* und kritisierte ein »tödliches Zögern«.[428]

Die Wochenzeitung *Die Zeit* umschrieb den Impfstart auf ihrer Titelseite als das »große Zittern« und warf nicht minder fundamentale Fragen auf: »Warum dauert es so quälend lange? Wer hat denn nun Schuld?«[429] Gründlichkeit schien den meisten Politiker:innen offenbar vor Immunität zu gehen. Insbesondere wegen langwieriger Prüfverfahren der Europäischen Arzneimittel-Agentur (EMA) fiel Deutschland in der öffentlichen Wahrnehmung im Impfvergleich deutlich zurück. Für Kritik sorgte zudem die europäische Einkaufspolitik. Zu geringe Bestellungen der EU des begehrten deutsch-amerikanischen Impfstoffs von Biontech/Pfizer erhöhten deutsche Vorbehalte gegenüber einer EU, die Deutschlands Impfeifer auszubremsen schien. Die im Winter 2020 steil ansteigende zweite Welle erhöhte die ohnehin aufgeladene Stimmung ebenfalls. Angesichts bedrückender Todeszahlen von mehr als 1.000 Toten an einem Tag stand jeder spätere Tag der Impfstoffeinführung als Klage für die zahlreichen sinnlosen Opfer der Pandemie. In der Gesundheitspolitik stand man vor der Wahl zwischen Pest und Cholera. Die lautstark geforderten Verkürzungen der Impfstoffprüfung hätten das Risiko unentdeckter Nebenwirkungen erhöht, auf jeden Fall aber den Eindruck bekräftigt, dass die Bundesregierung für einen schnellen Impfschutz notfalls über Leichen gehe. Schon mit Blick auf die Corona-Proteste und deren Lieblingsthema, das Impfen (vgl. Kapitel 7), wäre dieser Eindruck fatal gewesen. Auch eine Einkaufspolitik auf eigene, also deutsche Faust besaß politische Sprengkraft. Von einem »Impf-Nationalismus« war bereits im Winter 2020 die Rede, der den europäischen Gedanken aufs Spiel gesetzt hätte.

Impfstoff war beim Start des Impfprogramms also ein knappes Gut. Für die ersten Wochen standen in der Bundesrepublik gerade mal um die 400.000 Impfstoffdosen bereit. Umso wichtiger war ein Konzept, das die Zuteilung des begehrten Stoffes regelte. Eineinhalb Monate vor Impfbeginn veröffentlichten Ständige Impf-Kommission (STIKO), Deutscher Ethikrat und Leopoldina ein Positionspapier, das eine Priorisierung von Personengruppen begründete. Ausgangspunkt dieser Begründung waren in erster Linie Einschätzungen zum Sterblichkeitsrisiko von Menschen, aber auch ethische Grundsätze sowohl zur Gerechtigkeit als auch zur Solidarität. Kurz gesagt ging es bei der Zuteilung von Impfstoffen letztlich um das, was die deutsche Gesellschaft zusammenhielt, aber auch spaltete. Wer war besonders bedroht und daher bevorzugt zu immunisieren? Wer musste sich demgegenüber in der Schlange ganz hinten anstellen? Die ersten Begründungen einer Impfstoffzuteilung machen zunächst einmal eines sichtbar: die Stabilität deutscher Risikowahrnehmungen. Die erhöhte Aufmerksamkeit für Ältere und Vorerkrankte, die bereits zu Beginn der Pandemie die gesundheitspolitische Agenda bestimmt hatte (vgl. Kapitel 3), prägte die Planungen der Impfkampagne nachhaltig. Ganz vorn in der Schlange befanden sich die Alten sowie Bewohner:innen von Alters- und Pflegeheimen und deren Pflegekräfte.[430] Trotz überfüllter Intensivstationen und überlasteten Krankenhauspersonals ging der Impfstoff zuallererst also nicht an Ärzt:innen oder Pflegekräfte im Gesundheitswesen, sondern an die über »80-Jährigen und die BewohnerInnen von Altenpflegeheimen«. Diese seien »besonders gefährdet und sollten, trotz schwerer Erreichbarkeit, zu Beginn der Impfaktionen geimpft werden.«[431]

Auch die kontroverse Bundestagsdebatte zur »Nationalen Impfstrategie« vom 16. Dezember 2020 spiegelt die Beständigkeit des Konsens wider, von dem Bundesgesundheitsminister Jens Spahn auch bei dieser Gelegenheit im Bundestag sprach. Er begründete die Entscheidung der Bundesregierung, »die besonders Verwundbaren, die Älteren, die Menschen in den Pflegeheimen, die über 80-Jährigen, diejenigen, die sie pflegen und unterstützen, zuerst zu impfen. Da gibt es in dieser Frage einen großen Konsens in Deutschland, und das ist auch gut.«[432] Obgleich sämtliche Oppositionsparteien an diesem Tag mit Kritik keineswegs sparten, stieß diese Priorisierung der Impfstoffzuteilung nirgends auf Ablehnung. Der AfD erweist diese Feststellung allerdings zu viel der Ehre. Denn ihre Fraktion hielt sich gar nicht erst mit einer Auseinandersetzung um die Priorisierung der Impfstoffzuteilung auf. Paul Viktor Podolay nahm stattdessen »starke Impfreaktionen« zum Anlass, das Impfen grundsätzlich abzulehnen: »Das Vorgehen der Regierung ist so starr, dass sie alles auf die Impfung setzt, ohne zu beachten, dass eine effiziente Therapie und Prophylaxe eine Impfung obsolet machen würden.«[433] Sein Parteifreund Steffen Kotré brachte diese Kritik anschließend auf eine knappe Formel, die auch den seit Herbst 2020 wachsenden Zuspruch zur AfD von »Querdenken« (vgl. Kapitel 7) erklärt: »Wir haben es also eher mit einem Experiment zu tun denn mit einer Impfung.« Obwohl Kotré von den Regierungsbänken daraufhin scharfen Protest erntete sowie selbst eingestehen musste, dass von einer Impfpflicht bislang nicht die Rede gewesen sei, endete sein Beitrag mit einem Appell, der auf Corona-Demos bereits seit Frühjahr 2020 häufig zu hören war: »Wir sagen Nein zum Impfzwang.«[434]

Alle anderen Oppositionsfraktionen gingen ebenfalls hart mit der Bundesregierung zu Gericht. Sie nutzten die Impfdebatte einmal mehr für Forderungen nach einer stärkeren Einbindung des Bundestags in die Seuchenbekämpfung (vgl. Kapitel 5). Beim Thema Impfen schienen solche Forderungen ja auch besonders naheliegend, weil Bundestagsabgeordnete aller Fraktionen das »Vertrauen« der Bevölkerung zur wichtigsten Ressource des Impfprogramms gegen Corona erklärten. Zumindest in diesem Punkt waren sich sogar mal die FDP und Die Linke einig. So erklärte der Liberale Stephan Thomae die wachsende Impfskepsis mit einer fehlenden Einbeziehung des Bundestags: »Und viele Unsicherheiten in der Bevölkerung und Gerüchte über Impfpflicht und Impfzwang [...] entstehen gar nicht aus sachlichen Gründen. Sie entstehen, weil Aushandlungsprozesse für die Menschen undurchsichtig und intransparent sind.«[435] Dieser Kritik konnte sich Gesine Lötzsch (Die Linke) nur anschließen. Lötzsch ging in ihrem Redebeitrag anschließend noch einen Schritt weiter und forderte eine weltweite Impfstrategie als Ausdruck einer »solidarischen Globalisierung«.[436] Janosch Dahmen von den Grünen wiederum wies darauf hin, dass die Corona-Impfung zwar »ein enormer Fortschritt, aber [...] eben leider auch kein Zauberstab« sei. Entscheidend für den Erfolg des Impfprogramms sei ein offener Umgang auch mit Nebenwirkungen: »Nur durch Ehrlichkeit, Transparenz und Aufklärung werden wir weiterkommen.«[437] Aller Kritik zum Trotz stand die Priorisierung der Alten und Vorerkrankten also auch Ende 2020 nicht in Frage. Beinahe ein Jahr nach Ausbruch des Virus in Deutschland trug der Konsens nach wie vor, auf dem sich im März 2020 eine Verantwortungsgemeinschaft konstituiert hatte. Seit dem 27. Dezember besuchten daher mobile Impfteams die Alters- und Pflegeheime, um Bewohner:innen sowie Pflegekräfte zu immunisieren. Auch die sich bald anschließende systematische Immunisierung von Ärzt:innen und Mitarbeitenden in Krankenhäusern, später auch in Arztpraxen, war ebenso unumstritten wie die spätere Impfung von Erzieher:innen und Lehrkräften.

Nachdem die Bundesrepublik monatelang als »Versager«[438] – so der Titel der *Zeit* Anfang Februar – im globalen Impfwettbewerb gegolten hatte, mauserten sich die Deutschen einige Wochen später zumindest in der Selbstwahrnehmung wieder zum Weltmeister. Seit Mitte April 2021 überbot sich die Presse geradezu mit Erfolgsmeldungen. In der Pro7-Sendung »Galileo« verkündete eine Damenstimme zu fröhlicher Hintergrundmusik deutsche Bestleistungen: »Wir impfen inzwischen wie die Weltmeister. Alle sieben Sekunden ein Pieks. Über eine Millionen Impfungen an einem Tag sind der Rekord.«[439] Waren bis Ende 2020 gerade mal einige hunderttausend Menschen geimpft worden, meldeten Hausärzte und Impfzentren nun mehrfach mehr als eine Million Geimpfte innerhalb eines einzigen Tages. Mitte Mai verkündete die »Tagesschau« sogar einen »Rekordwert« von 1,35 Millionen Impfungen an einem Tag.[440] Anfang Mai 2021 hatten gut 30 Prozent aller Deutschen und damit mehr als 25 Millionen Menschen eine erste Impfung erhalten.

Mit den Erfolgen kamen die Probleme. Während in Zeiten knappen Impfstoffs die Bevorzugung von Risikogruppen, Pflege- und medizinischem Personal keinerlei Diskussionen hervorrief, kam mit den Impfrekorden ein ungutes Gefühl auf: Impfneid. Mit der Ausweitung der Impfungen auf Kontaktpersonen zu Schwangeren und Menschen mit Vorerkrankungen, auf Beschäftigte in Gemeinschaftseinrichtungen (Stufe 3 von sechs Stufen) oder auf Menschen mit prekären Arbeits- oder Lebensbedingungen sowie auf Kontaktpersonen von Menschen mit moderat erhöhtem Risiko (Stufe 4)[441] brachen Verteilungskämpfe aus. Seit dieser Zeit tauchten erstmals zahlreiche »Impf-Vordrängler« in den Schlangen vor Impfzentren oder in den Wartezimmern von Arztpraxen auf, die sich mit falschen Angaben zu Alter, Beruf oder der Pflege von Angehörigen eine ersehnte Impfdosis erschleichen wollten. Das Hamburger Impfzentrum deckte Anfang Mai 2021 innerhalb einer Woche 2.000 solcher Vordrängler auf, in München kam das Impfzentrum für denselben Zeitraum auf immerhin 350 Fälle.[442] Solche Verteilungskämpfe erscheinen umso erklärungsbedürftiger, weil Jens Spahn just zu diesem Zeitpunkt bereits die »Impfungen für alle« ausrief. Anfang Mai 2021 erklärte der Bundesgesundheitsminister auf dem Deutschen Ärztetag, dass die bisherige Priorisierung nach Risikogruppen ab Juni fallen würde. Spätestens »im Juli« sei demnach der Stand erreicht, »wo wir eigentlich alle, die unbedingt wollten, geimpft haben werden«.[443] Wie wäre also die egoistische Eile von Impf-Vordrängler:innen kurz vor einem ersten Happy End der Coronageschichte zu erklären? Warum eskalierten die Verteilungskämpfe ausgerechnet zu einer Zeit, als der Impfstoff für alle endlich zum Greifen nahe lag?

Verteilungskämpfe sind so alt wie das Impfen selbst. Denn die Einführung von Impfstoffen richtet das Risikoempfinden von Menschen neu aus. Mit der Verfügbarkeit von Impfprogrammen erscheinen Erkrankungen an der Infektionskrankheit auf einmal nicht mehr nur bedrohlich, sondern schlimmer noch: vermeidbar, ja geradezu fahrlässig. Aus diesem Grund lassen sich viele Verteilungskämpfe im 20. Jahrhundert nicht mit der

Knappheit von Impfstoffen, sondern paradoxerweise mit ihrer besseren Verfügbarkeit erklären. Während der Impfkampagnen gegen Diphtherie in den 1930er oder gegen die Kinderlähmung in den 1960er Jahren beispielsweise traten die heftigsten Auseinandersetzungen eben nicht am Anfang der Kampagnen auf, als zunächst nur einzelne Hotspots bevorzugt immunisiert wurden. Schwerer waren die Verteilungskämpfe zu einem späteren Zeitpunkt, als die Impfung bereits breiteren Bevölkerungskreisen zur Verfügung stand. Nun wuchs der Druck auf den Einzelnen bzw. auf die Eltern, dem umso sinnloser erscheinenden Seuchentod der Kinder vorzubeugen.[444]

Impfungen sind damit ein Paradebeispiel für die Ambivalenzen von Sicherheit. Je selbstverständlicher eine Präventionsmaßnahme ist, desto fahrlässiger wirkt fehlende Vorsorge.[445] In einer Zeit, in der Millionen Deutsche geimpft worden waren und die »Impfung für alle« nur noch wenige Wochen auf sich warten ließ, wirkte der Coronatod also besonders bedrohlich. Veränderte Risikowahrnehmungen machen damit auch Verschärfungen des Generationengegensatzes im Frühjahr 2021 nachvollziehbar. Seit April war in deutschen Medien auf einmal vermehrt von »den Alten« zu lesen, die sich einen Verdrängungswettbewerb mit »den Jungen« lieferten. Hintergrund dieser Auseinandersetzungen waren insbesondere Vorbehalte gegenüber dem Impfstoff AstraZeneca, der gegenüber dem Impfstoff von Biontech bei jüngeren Menschen ein höheres Risiko an Nebenwirkungen barg (siehe Kapitel 5). Dass nach wochenlangen Diskussionen um Nebenwirkungen mittlerweile auch ältere Menschen lieber auf den Impfstoff von Biontech setzten, verschärfte den Generationengegensatz. Eindringliche Appelle waren nun zu hören und zu lesen. »Denkt an die Jungen!«,[446] forderte beispielsweise die *Süddeutsche Zeitung*, »Lasst den Jungen ein bisschen Biontech übrig!«, der *Spiegel*, der zugleich eine bittere Bilanz zog: »Jüngere Menschen in Deutschland müssen die Zeche zahlen: für den Impfstoff-Egoismus gesunder Älterer.«[447]

Während am Beginn des Impfprogramms die Priorisierung älterer Menschen monatelang keinerlei Aufsehen erregt, sondern vielmehr die Fortdauer der Verantwortungsgemeinschaft vom März 2020 (vgl. Kapitel 3) demonstriert hatte, war im Frühjahr 2021 plötzlich alles anders. Der ansteigende Impfstoffpegel erhöhte unter den Deutschen das Bedürfnis, die Immunität in die eigene Hand zu nehmen, um nicht jetzt noch – ausgerechnet jetzt, am gefühlten Ende der Pandemie – einer vermeidbaren Seuche zu erliegen. Der Anfang Mai an Covid-19 erkrankte

Fernsehmoderator Micky Beisenherz brachte dieses verbreitete Gefühl auf ein passendes Bild: »Im Mai 2021 an Corona zu erkranken, das ist ein bisschen wie beim Marathon auf Kilometer 41 über einen Wasserbecher stolpern und hinfallen.«[448]

Impfrennen und Impfnationalismus

Impfungen sorgten nicht nur im Alltag für Verteilungskämpfe. Auch auf internationaler Ebene verschärfte sich der Wettbewerb. Seit Ende 2020 wurden die bislang populären Ranglisten um die niedrigste Infektionszahl (vgl. Kapitel 4) um eine neue, nun aber umso wichtigere Kategorie ergänzt: die Impfquote. An der Höhe der Impfquote schien sich nun die Leistungsfähigkeit der jeweiligen Regierung bestimmen zu lassen. Immunität mutierte so zum Maßstab für staatliche Krisenlösungskompetenz, ja für das bessere Gesellschaftsmodell.

Den Auftakt für diese »Impfrennen«[449] gaben russische Meldungen über die Entwicklung des ersten Impfstoffs gegen Covid-19. Schon dessen Bezeichnung als »Sputnik V« spricht für ein ausgeprägtes Geschichtsbewusstsein. Denn der sogenannte Sputnik-Schock steht bis heute für die wohl größte Demütigung des Westens während des Kalten Krieges. Der erfolgreiche Weltraumstart eines Satelliten (Sputnik I) und kurze Zeit später der Hündin Laika (Sputnik II) mit Interkontinentalraketen der UdSSR schien 1957 die technologische Überlegenheit des sozialistischen Lagers schonungslos offenzulegen. Die erfolgreichen Sputnik-Missionen verbuchte die Sowjetunion somit öffentlichkeitswirksam als strahlende Siege im Systemwettbewerb. Sputnik V reihte sich in diese Erfolgsgeschichte ein: »Putins Corona-Prestigeobjekt« machte Russland im Coronasommer 2020 »vorerst zum Sieger in der PR-Schlacht«.[450]

Frappierende Parallelen zu diesem Wettlauf finden sich im gesamten 20. Jahrhundert. So führte die DDR Ende der 1950er Jahre einen sowjetischen Impfstoff gegen Kinderlähmung ein. Die Bundesrepublik tat sich in dieser Zeit noch schwer mit der Zulassung eines US-amerikanischen Impfstoffs und hatte daher noch Anfang der 1960er Jahre Tausende an Kinderlähmung Erkrankte zu beklagen. Im Osten feierte die SED zu dieser Zeit bereits die Erfolge des Impfprogramms, mit denen sie selbstverständlich nicht hinter dem Berg hielt. Auf Plakaten, in Broschüren, Fernseh- und

Radiosendungen breitete die SED ihre Erfolge vor der ostdeutschen Bevölkerung aus. Der Sieg gegen Polio wirkte umso größer, weil er sich als Überlegenheit gegenüber dem Westen verbuchen ließ. Die DDR startete daher 1961 – wohl nicht zufällig im Jahr des Mauerbaus – eine große Kampagne, in der die eigenen Impferfolge den Problemen des Westens gegenübergestellt wurden.

Die DDR-Führung ging sogar noch einen Schritt weiter und machte Bundeskanzler Konrad Adenauer ein »großzügiges Angebot«, das per Telegramm aus Ost-Berlin ins Bonner Kanzleramt flatterte. Angesichts einer im Ruhrgebiet grassierenden Polioepidemie bot die DDR den Westdeutschen mehrere Millionen Dosen ostdeutscher Polioimpfstoffe an, »zumal wir selbst frei von der Seuche sind«, wie das Telegramm ausdrücklich hervorhob. Während das Angebot in der »Westpresse« durchaus auf Resonanz stieß,[451] tat die Bundesregierung die Initiative – wohl nicht zu Unrecht – als reinen Propagandatrick ab.[452] Adenauer lehnte dankend ab. Diese Absage stieß wiederum unter Westdeutschen auf Kritik, wie sie der Verfasser eines Leserbriefs im *Bonner Generalanzeiger* formulierte: »Menschen erkranken und sterben, weil unsere Behörden augenscheinlich nicht auf diesen Fall vorbereitet sind, weil sie aus ganz augenscheinlich politischen Gründen ein wirksames Mittel ablehnen und lieber Menschen sterben lassen. Wer treibt denn nun aus politischen Gründen Spiel mit Menschenleben?«[453]

Die Parallelen zwischen dem Kalten Impfkrieg und der Coronapandemie sind mit Händen zu greifen. Zunächst einmal spielten auch bei der Einführung des Sputnik-Impfstoffs nicht allein gesundheits-, sondern ebenso außen- und geopolitische Motive eine Rolle. Als die Bundesregierung im Frühjahr 2021 über die Beschaffung des Sputnik-Impfstoffs mit Russland verhandelte und Sachsens Ministerpräsident Michael Kretschmer (CDU) auf einer Reise nach Moskau Bestellmöglichkeiten von bis zu 30 Millionen Sputnik-Dosen auslotete,[454] ging es daher um große Fragen. Wie ließ sich der Impfstoffhandel mit dem Einstehen für Menschenrechte verbinden, etwa im Falle des inhaftierten Kremlkritikers Nawalny, oder mit dem Bau der Gaspipeline »Northstream 2« zwischen Deutschland und Russland? Schwere Nebenwirkungen des Sputnik-Impfstoffs waren also außenpolitische Verwicklungen, die Deutschland gegenüber Russland erpressbar zu machen schienen. Eine weitere Parallele zwischen Kaltem Krieg und Coronapandemie liegt in den gesellschaftlichen Folgen der deutsch-deutschen Teilung, die ja auch zwei unterschiedliche Präventionsregime hervorbrachte. Aus diesem Grund zeigten sich die östlichen Bundesländer gegenüber russischen Impfstoffen sehr viel aufgeschlossener als westdeutsche Länder. Im März 2021 berief sich Sachsen-Anhalts Ministerpräsident Reiner Haseloff (CDU) sogar explizit auf seine persönlichen Erfahrungen mit der ostdeutschen Polioimpfung sowie auf die jahrzehntelange Zusammenarbeit zwischen der DDR und der Sowjetunion: »Wir haben kein Problem mit Sputnik V. Ich bin als Kind schon mit einem russischen Präparat erfolgreich gegen Kinderlähmung geimpft worden [...] Ich würde mich jederzeit mit Sputnik V impfen lassen.«[455] Dass der russische Impfstoff in Deutschland letztlich dennoch nicht zum Einsatz kam, lag also weniger an den schwierigen Prüfbedingungen für den Impfstoff als an den noch schwierigeren politischen Rahmenbedingungen. Je mehr der »erste zugelassene Impfstoff«[456] der russischen Regierung Prestigegewinne im internationalen Wettbewerb einbrachte, desto höher waren in Westeuropa die Hürden zur Einführung von Sputnik V.

Impfprogramme als Leistungstest eröffneten aber nicht nur einen Wettbewerb zwischen Ost- und Westeuropa. Auch innerhalb Westeuropas erhöhte die Impfquote das Konkurrenzdenken. Besonders der Vergleich des Impfens zwischen EU und Großbritannien war angesichts des zum Jahreswechsel 2020/21 vollzogenen Brexits politisch aufgeladen. Schließlich feierte der britische Premier Boris Johnson den schnelleren Impfstart auf der Insel als ersten Erfolg der neuen Unabhängigkeit. Angesichts stockender Impfprogramme auf dem Kontinent rieben sich Brexiteers auf der Insel voller Schadenfreude die Hände: »Befreit von den Fesseln der bürokratischen Institution könnte das unabhängige Königreich nun im Sinne der eigenen Interessen handeln – und so das Leben von Millionen Bürgern retten.«[457] Als die EU im Januar 2021 wegen der Brexit-Regelungen Exporte europäischer Impfstoffe nach Großbritannien in Frage stellte, sprach die *Daily Mail* gar von einer Kriegserklärung und brandmarkte »Europe's vaccine war«.[458] Auch in diesem Fall waren Impfprogramme ein Politikum, weil sie eine Projektionsfläche für ganz andere Auseinandersetzungen eröffneten. Im Impfkrieg zwischen Großbritannien und der EU lag dieser Zusammenhang auf der Hand. Während der schleppende Impfstart und langwierige Prüfverfahren auf dem Kontinent als Beleg für eine Über-Bürokratisierung galten, standen die hohen Impfquoten auf der Insel für britischen Pragmatismus und eine Aufbruchstimmung, die selbst Boris Johnsons monatelanges Missmanagement gegen Corona in Vergessenheit geraten ließen. Noch in den Regional- und Kommunalwahlen im Mai 2021 konnte Boris Johnson mit Verweis auf den erfolgreichen Impfstart punkten und hohe Zustimmungswerte erreichen.[459]

Wettbewerbe um die bessere Impfquote ließen sich in Deutschland sogar noch eine Ebene tiefer beobachten, nämlich zwischen den Bundesländern. Auch hier eröffnete das Impfen einen Wettbewerb, der jeden Tag offenlegte, welche »Bundesländer [...] beim Impfen die Nase vorn«[460] hatten. Und selbstverständlich war das Impfen auch im Bundesländervergleich Politikum und Projektionsfläche. Der beginnende Bundestagswahlkampf verschärfte einen Wettbewerb um die bessere Impfquote, bei dem es nie allein um Immunität, sondern immer auch um einen Leistungstest für die Kompetenzen der jeweiligen Landesregierung ging. Gesundheit und Immunität mutierten so zu einem Wahlkampfschlager, der im Rennen um das Kanzleramt immer wieder gern gespielt wurde.

Nationaler Eigennutz und internationale Solidarität

Wettbewerbe um die bessere Impfquote schlugen also mitunter in regelrechte Impfkriege um. In der FAZ brachte Klaus-Dieter Frankenberger die Auseinandersetzungen um die Impfstoffversorgung im Frühjahr 2021 auf einen beklemmenden Befund: »Mittlerweile ist die Verfügbarkeit von Vakzinen sogar zu einer politischen Waffe im Wettbewerb von Staaten und Systemen geworden.« Frankenberger sprach gar von einem »Vakzin-Nationalismus«, der dringend notwendige globale Kooperationen verhindere. Global werde das Impfen allenfalls aus Prestigegründen gedacht, insbesondere im Falle Russlands oder Chinas, die Impfstofflieferungen nach Asien, Afrika und Südamerika zur Erweiterung politischer Einflusssphären nutzten.[461]

Auch Deutschland und die EU machten in dieser Hinsicht keine ganz gute Figur. Zwar konnte auf den ersten Blick von Impfnationalismus bei der Bundesregierung eigentlich keine Rede sein. Trotz massiver Kritik an dem langwierigen Prüfverfahren der EMA und den Verzögerungen von Impfstofflieferungen in der EU verteidigte Bundesgesundheitsminister Spahn den europäischen Ansatz vielmehr mit Inbrunst. Bereits einige Wochen bevor die ersten Tropfen Impfstoffe in deutschen Pflege- und

Altenheimen gespritzt wurden, stellte Spahn in der Bundestagsdebatte zur »Nationalen Impfstrategie« Mitte Dezember 2020 deshalb klar: »Aber wir haben uns sehr bewusst entschieden, diesen Weg europäisch gemeinsam zu gehen. Das Wir ist stärker als das Ich: Das gilt in dieser Pandemie im Alltag, beim Aufeinanderachtgeben; das gilt aber eben auch in der europäischen Solidarität.«[462] Spahns Parteifreundin Karin Maag untermauerte den europäischen Ansatz in dieser Debatte noch. Als »Teil der europäischen Gemeinschaft« verbiete es sich für Deutschland, »die kleineren europäischen Partner [...] abzuhängen und geradezu im Regen stehen zu lassen«.[463]

Zunächst einmal erscheint der europäische Ansatz also als gewaltiger Fortschritt – sowohl gegenüber nationalen Alleingängen zu Beginn der Coronapandemie als auch gegenüber früheren Impfstoffentwicklungen. Letztlich gehorchten Forderungen nach einer europäischen Solidarität aber schlichtweg der Macht des Faktischen. Die seit den 1990er Jahren immer enger geknüpften Beziehungen zwischen europäischen Staaten schmälerten den Nutzen nationaler Präventionsprogramme erheblich. Die Freizügigkeit beim Reisen, der gemeinsame Binnenmarkt und das Schengen-Abkommen hatten schon im Frühjahr 2020 die fatalen Folgen von Grenzziehungen offengelegt. Schon im Interesse der nationalen Sicherheit war es also sinnvoll, Seuchenherde in Nachbarländern zu vermeiden. Insofern zogen europäische Staaten allen Einzelinteressen und gelegentlichen Konflikten zum Trotz schließlich an einem Strang. Von einem Impfrennen zwischen europäischen Staaten war 2021 sehr viel seltener zu lesen als vom Wettbewerb mit Großbritannien, den USA, China oder Russland.

Mochte vom Impfnationalismus innerhalb Europas wenig zu spüren sein, fiel der Blick über den eigenen Tellerrand allerdings ungleich schwerer. Das europäische Engagement beim Impfen blieb zunächst ganz genau das: europäisch. Überlegungen zu einer globalen Impfstrategie spielten lange Zeit keine Rolle. In der Bundestagsdebatte um die »Nationale Impfstrategie« Mitte Dezember 2020 brachte von insgesamt 14 Abgeordneten nur eine einzige, Gesine Lötzsch (Die Linke), eine globale Perspektive in die Diskussion ein. Sie forderte von Anfang an »eine solidarische Globalisierung. Es kann nicht die Idee sein, dass Impfdosen, die in Deutschland und in der EU nicht gebraucht werden, armen Staaten zur Verfügung gestellt werden. Wir brauchen einen ethischen und einen sinnvollen Weg [...] Eine Voraussetzung dafür ist, dass endlich der Patentschutz aufgehoben wird, damit auch ärmere Länder den Impfstoff kostengünstig herstellen können.«[464] Impfen und internationale Solidarität gingen für Lötzsch schon deshalb Hand in Hand, weil Immunität in ihren Augen nicht nur eine medizinische, ethische und rechtliche, sondern ebenso eine soziale Frage sei.

Solche Motive waren an sich schon gute Argumente für globale Impfkonzepte. Doch selbst wer sich mit Gedanken an die internationale Solidarität nicht anfreunden wollte, konnte bereits aus nationalem Eigeninteresse über den europäischen Tellerrand blicken. Denn neben humanistischen Motiven gibt es für globale Impfkonzepte ja noch ein weiteres Argument: Egoismus. Weltweite Immunität ist schließlich etwas, von dem letztlich alle etwas haben. In der Bundesrepublik spielten solche Nutzenkalküle bei Impfplanungen von Anfang an eine Hauptrolle. Als beispielsweise in den 1960er Jahren das Risiko von Pockenausbrüchen in Deutschland anstieg, drängte Niedersachsens Sozialminister Georg Diederichs (SPD) Bundesinnenminister Gerhard Schröder (CDU) zu stärkeren Anstrengungen bei globalen Impfprogrammen. Gerade eine »Sanierung der endemischen Pockenherde in Asien, Afrika und Südamerika« sei ein wichtiges Ziel globaler Kooperationen.

Diederichs' Initiative für ein weltweites Impfprogramm fußte indes nicht allein auf dem altruistischen Bedürfnis, der »Dritten Welt« zu helfen. Darüber hinaus verstand Diederichs Entwicklungshilfe als eine Art Selbsthilfe für die Bundesrepublik. Zum einen verringerte weltweite Pockenimmunität das Risiko einer Einschleppung der Seuche nach Deutschland. Zum anderen erlaube eine weltweite Pockeneindämmung, die »Auflockerung der Impfpflicht zu prüfen«. Zu dieser Zeit wurden Impfschäden als Nebenwirkungen von Pockenschutzimpfungen in der Bundesrepublik wieder einmal kontrovers diskutiert. Angesichts dieser Diskussion betrachtete Diederichs globale Kooperationen als »segensreich für beide Partner. Die der Entwicklungshilfe bedürftigen Länder würden pockenfrei, die helfenden Länder könnten mit dem danach möglichen Abbau der Massenimpfungen in Europa auf die Zukunft gesehen eine große Zahl von Kindern vor Tod oder Siechtum bewahren.«[465] Mit »Tod und Siechtum« warnte Diederichs hier wohlgemerkt nicht vor den Pocken, wie man glauben könnte, sondern vor potenziellen Impfschäden. Auch im Falle der 1988 gestarteten weltweiten WHO-Impfkampagne gegen Kinderlähmung – oder zuletzt der weltweiten Kampagne gegen Masern – war Eigennutz eine starke Triebfeder des Humanismus: Globale

Immunität versprach sowohl eine Ausrottung der Krankheit als auch ein Ende aufwändiger Präventionsmaßnahmen.

Im ersten Jahr der Coronapandemie beschränkte sich internationale Solidarität für die meisten Deutschen auf die Unterstützung europäischer Nachbarn. Anfang Februar 2021 schlug das Internationale Rote Kreuz bzw. Roter Halbmond (IFRC) angesichts solcher Entwicklungen Alarm. Beim Impfschutz habe sich wegen der ungleichen Verteilung eine tiefe »Kluft zwischen Nord und Süd« aufgetan. IFRC-Generalsekretär Jagan Chapagain konkretisierte diesen Befund mit alarmierenden Zahlen. Demnach wurden »fast 70 Prozent der bislang verabreichten Impfungen in den 50 reichsten Ländern gespritzt. In den 50 ärmsten Ländern wurden demnach dagegen nur 0,1 Prozent der Impfdosen verabreicht.«[466] Erstaunlich langsam sickerte in Deutschland die Einsicht durch, dass eine globale Bedrohung globale Lösungen erforderte. Im Februar 2021 rief die »Progressive Allianz«, ein internationales Netzwerk sozialdemokratischer und sozialistischer Parteien, zu globaler Solidarität und zur Unterstützung der CO-VAX-Initiative der WHO auf, die sich seit Sommer 2020 eine weltweit gerechte Verteilung von Impfstoffen auf die Fahnen geschrieben hatte.[467]

Bundespräsident Frank-Walter Steinmeier griff diese Initiative auf einer gemeinsamen Pressekonferenz mit WHO-Generaldirektor Tedros Adhanom Ghebreyesus Ende Februar 2021 auf und forderte eine Abgabe von Impfstoffen an ärmere Länder. Eine gerechtere Verteilung sei nicht nur »eine Frage der Menschlichkeit«, sondern ebenso »ein Lackmustest der internationalen Solidarität«. Der französische Ministerpräsident Emmanuel Macron war einige Tage zuvor bereits konkreter geworden. Er hatte von den reichen Ländern eine Abgabe von vier bis fünf Prozent ihrer Impfstoffe gefordert. Bundeskanzlerin Merkel trat demgegenüber ein wenig auf die Bremse. Zum einen wolle man Impfstoff »nicht einfach diplomatisch und geopolitisch einsetzen«, mithin nicht dem schlechten Vorbild Russlands oder China folgen. Zum anderen brauche es eine »gute Balance«, um nationale und internationale Bedürfnisse auszutarieren, wobei Merkel deutlich machte, dass deshalb die Gewichte durchaus ungleich verteilt sein konnten: »Es wird also kein Impftermin in Gefahr geraten.«[468] Angesichts der massiv in die Kritik geratenen Pandemiepolitik von Bund und Ländern (vgl. Kapitel 5) und der schleppend anlaufenden Impfkampagne in Deutschland war eine derartige Gewichtung wohl reiner politischer Überlebenswille. Als schwacher Silberstreif am Horizont waren die knappen Impfstoffe zu diesem Zeitpunkt das einzige Mittel, um die Regierungsarbeit zumindest ein bisschen heller erstrahlen zu lassen. In den kommenden Wochen gewann die von Steinmeier geforderte »internationale Solidarität« jedoch an Überzeugungskraft. Das war insbesondere einer Entdeckung geschuldet, die auch den Deutschen zunehmend Sorge bereitete: die Mutationen des Coronavirus. Zwar waren Mutationen schon Ende 2020 als Problem erkannt worden, etwa bei Ausbreitung der »britischen« und der »südafrikanischen« bzw. Alpha- und Beta-Varianten in der Bundesrepublik (vgl. Kapitel 3). Im Frühjahr 2021 geriet jedoch der Zusammenhang zwischen Mutationen und Immunität verstärkt in den Fokus. Zum einen machten medizinische Studien deutlich, dass neue Mutationen den mühsam aufgebauten Impfschutz umgehen konnten.[469] Zum anderen setzte sich die Erkenntnis durch, dass Immunitätslücken die Mutationsgeschwindigkeit des Virus sogar noch erhöhten.[470] Mit dieser »Bedrohung durch Fluchtmutanten« erreichte der »Kampf zwischen Mensch und Virus« laut *Spiegel* »ein neues Stadium«.[471] Dieses neue Stadium war keineswegs eine Übertreibung, auch in historischer Perspektive nicht. Denn fast alle der bisherigen Impfungen wie diejenigen gegen Pocken, Diphtherie oder Masern hatten auch nach Jahrzehnten nichts von ihrer Wirksamkeit gegen die Infektionskrankheit eingebüßt. Selbst die gelegentlichen Mutationen der Polio nach unvollständigen Impfkampagnen ließen sich durch Impfstoffvarianten stets in Schach halten. Bekanntlich mutiert allein das Influenza-Virus in einer Geschwindigkeit, die jedes Jahr eine neue Grippeimpfung erforderlich macht.

Im Falle der Coronaimpfung erhöhte das vermehrte Auftreten von Mutanten hingegen seit Frühjahr 2021 den Druck, internationale Kooperationen zu forcieren. Der Abgeordnete im Europäischen Parlament Udo Bullmann (SPD) brachte die globale Dimension der Pandemie im Parteiorgan *Vorwärts* daher gut mit nationalen Bedürfnissen in Einklang. Demnach dürfe Europa schon aus Eigeninteresse gerade »im Wettlauf gegen neue Mutationen auch weltweit keine Zeit mehr verlieren«.[472] Gerade die »indische« bzw. Delta-Mutation »B.1.617« – wahrscheinlich eine Kombination aus der »britischen« und »südafrikanischen« Variante – sorgte ab Mitte April für Aufsehen. In Indien infizierten sich zu diesem Zeitpunkt an einem einzigen Tag mehrere hunderttausend Menschen mit der Mutation und ließen in Europa Sorgen vor einer neuen Welle wachsen. Vor diesem Hintergrund diente internationale Immunität also mehr denn je nationalen Sicherheitsinteressen, wie es die Progressive Allianz im Februar 2021 formuliert hatte: »Erst wenn alle Menschen die Chance hatten, sich impfen zu lassen und wir es geschafft haben, einen ausreichenden Teil der jeweiligen Bevölkerung zu immunisieren, sind wir wirklich sicher.«[473]

Internationale Solidarität und nationaler Eigennutz hingen seit Frühjahr 2021 also enger denn je zusammen. Das bedeutet aber nicht, dass nun auf einmal große Mengen Impfstoff von Nord nach Süd flossen. So fehlte es der COVAX-Initiative der WHO ja weniger an Geld als an Rohstoffen, um Impfstoffe für ärmere Länder in ausreichenden Mengen produzieren zu können. Gleichwohl demonstrierten Initiativen zur weltweiten Patentfreigabe wie die des US-amerikanischen Präsidenten John Biden Anfang Mai 2021, dass globale Immunität allmählich an politischer Strahlkraft gewann. Die Hintergründe für diesen Einstellungswandel waren vielschichtig. Internationale Solidarität war sowohl eine Antwort »des Westens« auf geopolitische Ambitionen Chinas und Russlands[474] als auch ein nationales Sicherheitsversprechen gegen Mutationen und gegen ein Comeback von Corona. Und gelegentlich war internationale Solidarität vielleicht auch noch Ausdruck eines Altruismus, der von einer »Welt ohne Krankheit« (Thomas Zimmer) träumte.

Mit der internationalen Solidarität sind wir wieder am Anfang der Impfgeschichte und damit auch noch einmal beim Heilsversprechen. Letztlich versuchten alle globalen Initiativen, den Traum der Moderne fortzuschreiben. Die planmäßige Immunisierung der ganzen Welt versprach eine systematische Eindämmung der Seuche, vielleicht sogar deren Ausrottung und damit erst »wirkliche« Sicherheit, wie sie die Progressive Allianz forderte. Die Planungseuphorie war verlockend und hatte viele Vorläufer. Das »Smallpox Eradication Programme« der WHO aus den 1960er Jahren, die »Global Polio Eradication Initiative« gegen Kinderlähmung seit den späten 1980er Jahren sowie der »Global Vaccine Action Plan« zur Ausrottung der Masern von 2012 standen als Vorbilder für die Machbarkeit einer Welt ohne Krankheit. Globale Initiativen gegen Corona reihten sich also in eine ehrwürdige Tradition der Eradikation ein, die sich die Weltgemeinschaft seit mehr als 60 Jahren auf die Fahnen geschrieben hat.

Der Vergleich mit diesen Vorbildern hat nur einen entscheidenden Nachteil: Er hinkt. Pocken, Polio und Masern waren Viren, die selten bis gar nicht mutierten und daher für lange Zeit mit demselben Impfstoff bekämpft werden konnten. Demgegenüber deutete die Mutationsge-schwindigkeit des Coronavirus spätestens im Frühjahr 2021 darauf hin, dass der Impfstoff in Zukunft immer wieder angepasst sowie aufgefrischt werden müsse. Anfängliche Ausrottungsphantasien kamen daher abrupt an ihr Ende. Mitte Mai 2021 verkündete der STIKO-Vorsitzende Thomas Mertens erstmals die Notwendigkeit von Auffrischungsimpfungen nach spätestens einem Jahr: »Die aktuellen Corona-Impfungen werden deswe-gen nicht die letzten sein.«[475] Auch im 21. Jahrhundert gaben Impfungen also kein absolutes Heilsversprechen. Sie waren nicht die Garantie auf eine Rückkehr der alten Normalität, auf die man 2020 sehnsüchtig gehofft hatte. Impfungen eröffneten aber immerhin neue Wege und letztlich auch Auswege aus der neuen Normalität.

10. Ausblick: Was bleibt?

Der Einschnitt konnte tiefer nicht sein. Corona galt von Anfang an als Zäsur, ja als Zeitenwende. »Alle sind sich derzeit einig«, resümierte im Jahr 2020 der Soziologe Frank Adloff, »dass COVID-19 uns in eine welthistorische Zäsur befördert hat. [...] Ein Riss durchzieht nun unsere kollektiven Imaginationen.«[476] Adloff brachte ein Gefühl auf den Punkt, das einen Großteil der Deutschen in den ersten Monaten der Pandemie umtrieb. Frank-Walter Steinmeier verlieh diesem Gefühl einer Zeitenwende Mitte April 2020 sogar präsidiale Weihen: »Die Welt danach wird eine andere sein.«[477]

Aus heutiger Perspektive kann man über solche Diagnosen trefflich streiten. Letztlich blieb eben doch vieles beim Alten, an anderes gewöhnten sich die Deutschen und manche Folgen wurden und werden erst mit Verzögerung sichtbar. Dennoch lässt sich an den populären Diagnosen einer Zeitenwende eine wichtige Wirkung der Coronapandemie festmachen: ein neues Zeitgefühl. Im März und April 2020 mochte die Zeitrechnung »v.« und »n. Cor.« in vielen Meldungen noch als Augenzwinkern und Ironisierung dieses neuen Zeitgefühls gemeint gewesen sein. Nur wenige Monate später, mit dem Anwachsen der zweiten Welle, war die neue Zeitrechnung kein Scherz mehr. Die Unterscheidung einer Zeit »vor« und »nach Corona« strukturierte unsere Vorstellungen von Alltag und Gesellschaft, von Vergangenheit und Gegenwart. Nun belegt dieses Zeitempfinden an sich noch keine Zäsur. Menschen tendieren in Krisen schnell dazu, Ereignissen einen Zäsurcharakter zuzuschreiben. Meist lösen sich solche Zuschreibungen jedoch im Strom der Geschichte auf.

Dokumentationslust und Erinnerungskultur

Entscheidend ist das Gefühl einer Zeitenwende als Voraussetzung einer einmaligen Überlieferungslage, auf die wir heute zurückblicken. Noch nie in der gesamten Menschheitsgeschichte ist eine Krankheit so gut und auf so unterschiedlichen Ebenen und Feldern einer Gesellschaft dokumentiert worden. Weder die Aids- noch die Cholera-Tagebücher, schon gar nicht die wenigen Bilder zur »Spanischen Grippe«, geschweige denn die Romane über Tuberkulose und Pocken können der Überlieferungslage zu Corona annähernd das Wasser reichen. Das zeitgenössische Gefühl, eine Zeitenwende zu erleben, weckte unter den Deutschen eine wahre Dokumentationslust. In »Corona-Tagebüchern«, Erlebnisberichten, Dokumentensammlungen, Filmen und Fotos hielten sie ihre Erlebnisse und Eindrücke für Familienangehörige, Freunde oder die Öffentlichkeit fest. Aufrufe von Schulen und Volkshochschulen, sich die Seuche »zu erschreiben«, Appelle von physischen und Online-Archiven, Erlebnisse der Coronapandemie für die Nachwelt zu bewahren, stehen als Sinnbild für diese Dokumentationslust. Der Slogan des deutschen Online-»Coronarchivs«, »sharing is caring, become a part of history«, bringt das Zusammenspiel von Zeitempfinden und Dokumentationslust perfekt auf den Punkt. Das also wird auf jeden Fall von der Pandemie bleiben: eine einmalige Überlieferungslage. Corona war und ist eine Seuche als Selbstzeugnis, als Sammlung sowie als Sinnieren über eine Zeit, die so ganz anders schien als alles zuvor.

Die einmalige Überlieferungslage ist nicht nur ein Glücksfall für Historiker:innen. Sie öffnet zugleich Türen ins kollektive Gedächtnis. Denn zahllose Zeugnisse der Pandemie erhöhen die Anschlussfähigkeit für künftige Erinnerungen. Die vielfältige Überlieferung ist eine Voraussetzung dafür, dass die Pandemie in Zukunft unterschiedlich gedeutet und daher zu einem Fixpunkt kommender Gegenwarten werden kann. Geschichte wird ja nicht erinnert, weil sie »historisch bedeutsam« ist, sondern weil sie gegenwärtige Bedürfnisse befriedigt. Weil sich die Gegenwart und damit die Erinnerungsbedürfnisse ständig ändern, verändern sich auch die Bezugspunkte auf Geschichte. Und da kommt die vielfältige Überlieferungslage zur Coronapandemie ins Spiel. Denn je mehr Bezugspunkte eine Geschichte anbietet und je einfacher diese zugänglich sind, desto höher ist die Wahrscheinlichkeit, dass zumindest einige Bezugspunkte die Bedürfnisse der jeweiligen Gegenwart bedienen. Das Erinnerungspotenzial von Corona ist also sehr hoch, allerdings nicht, weil Corona *per se* historisch bedeutsam ist – diese Bedeutung wird je nach Zeit- und Standpunkt in Zukunft immer wieder neu verhandelt werden. Vielmehr bietet die vielfältige Überlieferungslage ein großes Erinnerungspotenzial, weil Corona durch sie fortan ganz unterschiedlich gedeutet werden und daher unterschiedliche Bedürfnisse befriedigen kann.

Dass dieses Erinnerungspotenzial nicht automatisch in eine populäre Erinnerungskultur mündet, bewies der 18. April 2021. An diesem Tag begingen Bund, Länder und Kommunen, Kirchen, Moscheen und Synagogen, Vereine und Verbände den vom Bundespräsidenten ausgerufenen »Nationalen Gedenktag für die Verstorbenen in der Coronapandemie«. Der zentrale Gedenkakt im Berliner Konzerthaus am Gendarmenmarkt erhielt alle erinnerungskulturellen Weihen. Johannes Brahms' »Ein Deutsches Requiem« – ansonsten verbreitet auf Totensonntagsfeiern, Volkstrauertagen und Gedenkfeiern zum Zweiten Weltkrieg – fehlte an diesem Tag ebenso wenig wie die Europa- und Nationalhymne. Noch beeindruckender war das Ensemble, das im Konzerthaus zum Gedenkakt zusammenfand. Neben Bundespräsident Frank-Walter Steinmeier, Bundeskanzlerin Angela Merkel und Bundestagspräsident Wolfgang Schäuble gaben sich im Konzerthaus noch Bundesratspräsident Reiner Haseloff sowie der Präsident des Bundesverfassungsgerichts, Stephan Harbarth, die Ehre.[478] Mehr Bundesprominenz auf einer Gedenkfeier geht nicht. Selbst die zentralen Gedenkeiern zu den Jahrestagen des Kriegsendes 1985, 1995 und 2005 konnten nicht mit einer solchen Besetzung aufwarten.

Der Bundespräsident hielt an diesem 18. April 2021 eine eindringliche Rede. Er verschwieg weder das Leid noch die Widersprüche, an denen viele nach wie vor litten. Für Steinmeier hatte der Coronatod nichts Abschließendes, geschweige denn Tröstliches. Vielmehr sprach er von der Verzweiflung der Angehörigen und der Einsamkeit des Sterbens all jener, »die im Moment ihres Todes keine vertraute Stimme hören, kein vertrautes Gesicht sehen konnten. Die sterben mussten ohne ein letztes zärtliches Wort, einen letzten liebevollen Blick, einen letzten Händedruck. Das zu wissen, zerreißt uns das Herz.« Der Bundespräsident ging sogar noch einen Schritt weiter. Er deutete den Schmerz auch als Folge der Schutzmaßnahmen. Der Infektionsschutz als Versuch, Leben zu schützen, bedrohte demnach selbst Leben und machte das Sterben so einsam: »Das ist ein Konflikt, aus dem es keinen widerspruchsfreien Ausweg gibt. Ich weiß, dass Einschränkungen, die in der Ausnahmesituation der Pandemie notwendig sind, unbeabsichtigt auch Leid und Not verursacht haben. Das ist die bittere Wahrheit.« Zwar endete Steinmeier mit einzelnen »Lichtblicken«. Die Solidarität und der Impfstoff gaben demnach Hoffnungen für die Zukunft, denn »Tag für Tag erreichen mehr Menschen durch die Impfung das rettende Ufer«.[479] Und doch war seine Rede kein vorschneller Versuch der Sinnstiftung, sondern fast schon eine fassungslose Bestandsaufnahme über den trostlosen Massentod.

Es war also eigentlich alles da für einen gedenkwürdigen Festakt: Rituale, Prominenz und eine beklemmende Bilanz vom Staatsoberhaupt. Dennoch blieben die Reaktionen verhalten. Der erste Nationale Gedenktag zur Coronapandemie verhallte schnell im bundesweiten Medienecho. Zunächst einmal konnte der Zeitpunkt des Gedenkakts kaum schlechter gewählt sein. Der 18. April 2021 markierte den Höhepunkt der dritten Welle und wieder steil ansteigender Infektionszahlen. Kurz zuvor hatten die »Osterunruhen« das Scheitern der bisherigen Eindämmungsmaßnahmen öffentlichkeitswirksam offengelegt (vgl. Kapitel 5). Der Erinnerungskontext war daher eine allgemeine Ermattung, die Steinmeier in seiner Rede treffend auf den Punkt brachte: »Wir sind ermüdet von der Last der Pandemie und wundgerieben im Streit um den richtigen Weg.«

Offensichtlich war Corona am 18. April 2021 noch viel zu gegenwärtig für eine Gedenkfeier. Zu diesem Zeitpunkt konnte sich die Erinnerung noch nicht an einzelnen Bezugspunkten festmachen und zu sinnstiftenden Deutungen der Pandemie gerinnen. Erst wenn wir ausreichend Abstand zum Ereignis gewonnen haben, wenn die Pandemie also historisch geworden ist und in Geschichten aufgeht, wird Corona in erinnerungskulturellen Wegmarken aufgehen. Die Voraussetzungen dafür sind indes hervorragend. Aufgrund der einmaligen Überlieferungslage ist das Erinnerungspotenzial so hoch wie bei keiner Pandemie zuvor.

Große und kleine Dinge

Was sonst wird von der Pandemie bleiben? Das verbreitete Gefühl einer Zeitenwende verleitete viele Zeitgenossen im Frühjahr 2020 zu gewagten Prophezeiungen über große gesellschaftliche Veränderungen. Dass Politiker:innen wie der hessische Ministerpräsident Volker Bouffier (CDU) von Corona als »Stunde Null« sprachen, die einen neuen »Aufbauplan Europa«

notwendig mache,[480] lässt sich noch als Wahlkampfrhetorik nachvollziehen. Aber selbst Soziolog:innen wie Bettina Hollstein und Hartmut Rosa verstanden die Pandemie als »gewaltigen und überraschenden Einschnitt«, der »auch in einer ferneren Zukunft« nachwirken werde: »Nach mehr als zwei Jahrhunderten nahezu ungebrochener Beschleunigung und Dynamisierung bremste die Welt plötzlich ab.«[481]

Aus historischer Perspektive sind solche Prognosen gewagt. Zunächst einmal lassen sich die vergangenen 200 Jahre kaum als Epoche ungebrochener Dynamisierung charakterisieren. Außerdem machte Corona all jene globalen Verwerfungen sichtbar, die sich bereits in den Jahren zuvor deutlich abgezeichnet hatten: »Ende 2019 waren im internationalen System die vernetzenden Stabilisierungskräfte [...] in beispiellosem Ausmaß geschwächt und dysfunktional.« Von Corona als Beginn einer »Neuen Weltordnung«[482] und Erschütterung globaler Wirtschaftsordnungen konnte laut Jürgen Osterhammel daher kaum die Rede sein. Darüber hinaus klangen Deutungen einer globalen Erschütterung bereits nach wenigen Monaten veraltet. Von umstürzenden gesellschaftlichen Veränderungen war nun kaum noch die Rede. Mit der schnellen wirtschaftlichen Erholung Asiens schien selbst eine Bedrohung weltweiter Wertschöpfungsketten passé. Solche Sorgen bereitete im März 2021 allein ein im Suezkanal festsitzendes Containerschiff. Selbst der Ferntourismus zog in Deutschland bereits Ende März 2021 ungeachtet steigender Infektionszahlen schon wieder an. Von nun an beherrschten allmählich neue bzw. wieder recht alte Krisen die Schlagzeilen. Während die Infektionszahlen ab April 2021 kontinuierlich sanken, wuchsen Sorgen vor dem Klimawandel oder einem Nahostkonflikt, der sich an Raketenangriffen der Hamas auf israelische Städte entzündete. Auch in dieser Hinsicht blieb die Welt »nach Corona« also erschreckend vertraut.

Nachhaltiger als die globalen Ereignisse dürften die kleinen Veränderungen im Alltag sein. Das gilt umso mehr, weil Corona auch im Alltag eher als Symptom denn als Ursache für Wandlungen zu verstehen ist. Online-Shopping, WhatsApp- oder Zoom-Konferenzen waren 2020/21 natürlich nichts Neues. Die Pandemie gab der Bundesrepublik allerdings einen kräftigen Schub, der dank monatelang eingeübter Alltagsroutinen den digitalen Transformationsprozess verstärkte. So wird uns die traditionelle Arbeitsmobilität in Form von Dienstreisen und Pendelei auch nach der Pandemie bewegen, allerdings wahrscheinlich weniger als zuvor. Videokonferenzen und digitale Chats haben sich in Coronazeiten nicht nur als Ersatz für »physische Gespräche« erwiesen, sondern gelegentlich auch als bessere Alternative. Digitale Kommunikation erlaubt eine einfachere und damit zeit- und kostensparendere Einbindung unterschiedlicher, sogar internationaler Gesprächspartner:innen. Nach Corona werden berufliche Zusammenkünfte mit physischer Präsenz daher unter erhöhtem Legitimationsdruck stehen. Das »echte Gespräch« dürfte so zu einem Ausdruck besonderer Wertschätzung avancieren, das in wichtigen Verhandlungssituationen und mit besonderen Gesprächspartner:innen gewählt wird. Kommunikation, Konsum und Arbeitswelten werden nach Corona also nicht vollkommen neu sein, aber eben doch ein wenig anders als zuvor.

Auch das *Social Distancing* wird wahrscheinlich noch eine ganze Weile als Folge der Pandemie nachwirken. Das vorläufige Ende bekannter Rituale, das sich im »Abschied vom Handschlag«[483] niederschlägt, das ständige Händewaschen, der Griff nach der Maske oder das Abstandhalten dürften sich als muskuläre Erinnerung in unseren Alltag ungleich tiefer einschreiben als so manche weltpolitische Entwicklung. Zumindest bei den Hygienemaßnahmen lagen die positiven Folgen der Pandemie als epidemiologische Erfolge früh auf dem Tisch. Schon im Sommer 2020 konstatierten Mediziner:innen bemerkenswert niedrige Erkrankungszahlen an Grippe und Magen-Darm-Erkrankungen. Zumindest das häufige Händewaschen, die Omnipräsenz von Desinfektionsmitteln, vielleicht sogar auch die Warteschlangen auf Abstand dürften als Spätfolge der Pandemie also noch eine ganze Weile sichtbar bleiben.

Weltweite Verletzlichkeit

In einer ganz anderen Hinsicht veränderte Corona die Weltwahrnehmung der Deutschen – und zwar im eigentlichen Wortsinn. Anfängliche Ängste vor »der« Globalisierung und Sehnsüchte nach nationalen Sicherheiten, die sich noch 2020 in Abschottungen und Grenzziehungen übersetzt hatten sowie Anfang 2021 in Impfrennen und Vakzin-Nationalismus, traten seit Frühsommer 2021 allmählich in den Hintergrund. Mit den Inzidenzwerten sanken in Deutschland die Berührungsängste vor der weiten Welt. Das gilt nicht nur angesichts des jetzt wieder anziehenden Ferntourismus. Auch das Bewusstsein für die Notwendigkeit globaler Kooperationen gegen weltweite Bedrohungen erhöhte sich.

Internationale Konferenzen, etwa zur Frage weltweiter Impfstoffverteilungen, eröffneten den Deutschen neue Blicke über den europäischen Tellerrand. Dass die neue Weltwahrnehmung nach wie vor auf nationalen Eigeninteressen beruhte, versteht sich von selbst. WHO-Direktor Ghebreyesus griff Ende April 2021 in seiner Forderung an die Industrieländer nach größeren Anstrengungen für globale Präventionsprogramme daher ganz bewusst auf nationale Bedürfnisse zurück. Globale Gesundheitsmaßnahmen waren demnach »nicht nur eine gute Sache, sondern auch der schnellste und effektivste Weg Leben zu retten, unsere Gesundheitswesen zu schützen und die Wirtschaft zu stärken. [...] Wir können diese Ziele nur mit weltweiten Anstrengungen sowie auf Grundlage von Solidarität, Gleichberechtigung und Teilhabe erreichen. Weil niemand von uns sicher ist, wenn wir nicht alle sicher sind.«[484] Der WHO-Direktor brachte mit diesen Worten den Nutzen der ACT-Initiative auf den Punkt, die zu diesem Zeitpunkt bereits seit einem Jahr für einen global gerechten Zugang zu Medikamenten und Impfstoffen kämpfte. Aber erst jetzt stießen solche Forderungen bei den Deutschen auf offenere Ohren. Allein die COVAX-Initiative bezog Ende April 2021 mehrere Milliarden Euro aus Deutschland und Europa, immerhin »jeder fünfte Euro bei COVAX« kam mittlerweile »aus Deutschland, jeder dritte aus der EU«.[485]

Auch das könnte also eine bleibende Folge von Corona sein. »Globalisierung« ist zwar nach wie vor ein Synonym für weltweite Infizierbarkeit (Philipp Sarasin). Doch während diese Wahrnehmung zu Beginn der Pandemie vor allem nationale Abwehrreflexe hervorgerufen hatte, beförderte sie im Laufe des Jahres 2021 allmählich die Einsicht, dass globale Bedrohungen globale Lösungen erfordern. »Auf das globale Dorf der 1990er Jahre«, so fasst Jürgen Osterhammel diesen Wandel treffend zusammen, »folgt der globale Patient der 2020er.«[486] Vielleicht verwandelt Corona also frühere Ängste vor der Welt in ein neues Bewusstsein für die weltweite Verletzlichkeit. Diese Erkenntnis dürfte schon deshalb nachhaltig sein, weil sie verbreiteten Vorstellungen vom Klimawandel als globale Bedrohung entspricht. Die Pandemie könnte den Deutschen somit weitere Impulse geben, Globalität neu zu verstehen. Wenn die ganze Welt bedroht ist, dann sind wir es auch.

Auch das Virus wird bleiben. Diese bittere Erkenntnis ist eine Lehre der Relativitätstheorie, die uns Impfprogramme vor Augen halten. Die ständigen Mutationen des Coronavirus werden eine wiederholte Auffrischung des Impfschutzes notwendig und die Krankheit letztlich zu einer vertrauten Bekannten machen, die alle Jahre wieder kommen wird. Ist das nicht wenigstens ein schwacher Trost, dass wir uns an Corona ebenso gewöhnen dürften wie an die Influenza? Zunächst einmal ist Gewöhnung besser als ein Leben in ständiger Angst. Dass sich die Coronatoten in der öffentlichen Wahrnehmung allmählich zu den Grippe- und Verkehrstoten gesellen könnten, ist also einerseits nur menschlich. Wie werden also lernen, mit den Coronatoten zu leben. Andererseits ist Gewöhnung geradezu unmenschlich, weil das individuelle Leid und die Verzweiflung von Angehörigen aus dem Blick geraten. In einer Gesellschaft, die im Umgang mit Krankheit und Tod ohnehin gewisse Schwierigkeiten hat,[487] ist das möglicherweise ein Problem. Und nicht zuletzt kann Gewöhnung zur Gefahr werden, wenn sie unser Aufmerksamkeitsfenster für zukünftige Pandemien schließt.

Leben in der Verantwortungsgemeinschaft

Geschichte ist immer Gegenwart. Selten war dieser Satz so zutreffend wie im Falle der Coronapandemie. Denn zunächst einmal bleibt diese Gesellschaftsgeschichte ganz gegenwärtig. Außerdem wird Corona auch in Zukunft ein Bezugspunkt privater Erinnerungen und öffentlicher Erinnerungskulturen bleiben. Wir werden die Ereignisse von 2020/21 zu unterschiedlichen Anlässen immer wieder neu erzählen, bis sie zu Geschichten geronnen sind, aus denen wir Erklärungen und letztlich sogar Lehren ableiten. Corona wird dann in einer Reihe stehen mit vielen anderen Geschichten, mit denen wir unsere Gegenwart deuten.

Dieses Buch ist ein Plädoyer, dass wir es uns mit diesen Lehren nicht zu einfach machen. Die Entwicklungen der Jahre 2020/21 waren viel zu vielfältig und widersprüchlich, um sie auf einfache Formeln zu bringen. Die Vielfalt und Widersprüchlichkeit hängen ganz wesentlich damit zusammen, dass die Deutschen eine Pandemie im Frühjahr 2020 erst einmal wieder lernen mussten. In medizinischer Hinsicht mochte Corona nichts vollkommen Neues sein, in gesellschaftlicher Hinsicht war sie es umso mehr. Dafür stehen ja schon das sorglose Hineinschlittern in die große Krise in der Anfangszeit, aber auch die folgenden Monate, in denen um die Deutung der Pandemie immer wieder ganz grundsätzlich gerungen wurde.

In diesem Ringen galt die Seuchengeschichte schnell als wichtige Orientierungsgröße. Von der Pest und Cholera über die Pocken zu Corona schien es kein so weiter Weg zu sein, entsprechende Parallelen zur Gegenwart wurden in Presse und Parlamenten gern bemüht. Zwar finden sich tatsächlich tiefe Wurzeln der Coronapandemie im 19. und 20. Jahrhundert, mitunter auch in früheren Zeiten. So sind Ängste vor den Anderen, Sehnsüchte nach Grenzen oder Wettbewerbe um die gesündere Gesellschaft sehr vertraute Phänomene der Seuchengeschichte. Und doch zeigt dieses Buch, dass frühere Pandemien nicht so einfach als Vorbilder bzw. abschreckende Beispiele für unsere Gegenwart dienen können. Viele der 2020/21 populären Vergleiche zur Pest hinkten ebenso wie die nicht minder beliebten Bezüge zur Spanischen Grippe. Am ehesten vergleichbar sind noch strukturelle Ähnlichkeiten: dass sich unser Bedürfnis nach räumlicher Nähe oder Distanz aus sozialen Normen und sozialen Beziehungen speist, die sogar das Infektionsrisiko erhöhen können; dass unsere Ängste und Hoffnungen selten rationalen epidemiologischen Erwägungen entspringen, sondern Alltagswissen, Allgemeinplätzen und Stereotypen, die uns blind machen können für eigentliche Gefahren; dass nicht nur Seuchen Ängste schüren, sondern ebenso umgekehrt, dass also sehr viel ältere, tiefsitzende Ängste das Bedrohungsgefühl in Pandemiezeiten erhöhen; oder die Erkenntnis, dass Pandemien stets politisch sind und wir an Seuchen die Grundsätze unserer Gesellschaft verhandeln, dass wir im Pandemiefall insofern nicht allein medizinische, sondern ebenso fundamentale Fragen unseres alltäglichen Zusammenlebens klären müssen – diese und viele weitere Erkenntnisse legt die Seuchengeschichte offen.

Die Coronapandemie hat also viele historische Bezüge. Doch gerade deshalb ist sie ebenso vielfältig und widersprüchlich wie die Vergangenheit selbst. Obgleich viele Viren vergleichbar erscheinen und Ähnlichkeiten etwa zwischen Spanischer, Asiatischer, Russischer und Hongkong-Grippe, zwischen Sars-CoV-1 und Sars-CoV-2 beinahe ein Gefühl der Vertrautheit schaffen – die jeweiligen Gesellschaften waren und sind sich ganz und gar nicht ähnlich. Schon der Vergleich zwischen der Hongkong-Grippe von 1969/70 und der Coronapandemie von 2020/21 legt ja vielmehr gravierende gesellschaftliche Gegensätze offen. Mochten die Infektions- und Todeszahlen der Hongkong-Grippe auch ähnlich hoch wie 50 Jahre später sein, die Wahrnehmung und der Umgang mit der Pandemie waren eben doch ganz anders als heute. Diese Unterschiede sind nicht trivial. Denn sie verweisen auf veränderte Risikowahrnehmungen, soziale Normen und Ordnungsvorstellungen und damit auf unterschiedliche gesellschaftliche Kontexte, in denen die Pandemien unterschiedlich sichtbar wurde.

Insofern immunisiert uns die Geschichte der Coronapandemie auch gegen einfache Erfolgsgeschichten. Unsere jahrhundertelangen Erfahrungen mit Seuchen und selbst die Pockenalarmpläne der 1960er Jahre oder die Notfallpläne der 2000er Jahre halfen uns zu Beginn der Coronapandemie nicht. Vielmehr waren wir Opfer unserer eigenen Erfolge.

Ausgerechnet der letztlich erfolgreiche jahrhundertelange Kampf gegen frühere »Volksseuchen« beförderte ein trügerisches Sicherheitsgefühl. Für viele – mich im Übrigen eingeschlossen – war zunächst nicht vorstellbar, was in den Folgemonaten über uns hereinbrach. Obwohl wir hätten gewarnt sein können, fehlte der Handlungsdruck, blieben wir zunächst erstaunlich gelassen im Angesicht einer weltweiten Bedrohung.

Die Gesellschaftsgeschichte der Coronapandemie sollte daher unser Aufmerksamkeitsfenster offenhalten. Das ist kein Argument für anhaltende Ängste und kein Plädoyer für den totalen Präventionsstaat, der ja selbst während der Pandemie keinen großen Rückhalt genoss. Die ganz große Mehrheit aller Politiker:innen war im Gegenteil heilfroh, im Verlauf der Pandemie Kompetenzen abgeben und den gefühlten Ausnahmezustand beenden zu können. Normalität avancierte im Laufe der Monate zu einer Durchhalteparole und zu einem Wegweiser aus der Pandemie, mit dem sich sogar Wählerstimmen gewinnen ließen, selbst wenn die »alte Normalität« im Jahr 2021 nicht mehr ganz die alte werden sollte. Auch in dieser »neuen alten Normalität« sollte unser Aufmerksamkeitsfenster geöffnet bleiben. Denn eines macht die Seuchengeschichte der Moderne mit Händen greifbar. Pandemien sind eben nicht der Ausnahme-, sondern der Normalzustand. Wir brauchen für diese Erkenntnis nicht einmal bis zur Spanischen Grippe, zur Cholera, geschweige denn ganz bis zur Pest zurückgehen. Allein der Rückblick auf die vergangenen Jahrzehnte reicht dafür vollkommen aus. In diesem Sinne regt uns die historische Einordnung der Coronapandemie also an, auf Abstand zur Gegenwart zu gehen und die scheinbar außergewöhnlichen Zeiten ein wenig zu normalisieren. Corona war kein Sonderfall. Vielmehr schreibt sich die Pandemie ein in eine lange Geschichte der Seuchen; die Coronapandemie ist nur das vorläufig letzte Kapitel eines Buches, das aufgeschlagen vor uns liegenbleiben sollte. Wir werden in Zukunft nicht nur mit Corona und ihren mutierten Kindern, sondern ebenso mit ganz neuen Pandemien zu tun bekommen.

Zu etwas Besonderem wurde Corona nicht wegen eines speziellen Virus oder einer weltweiten Verbreitung, sondern wegen der weitgehenden Maßnahmen. Nie zuvor befand sich eine ganze Gesellschaft im Pausenmodus. 2020/21 hat die Weltpolitik daher ebenso verändert wie unseren Alltag. Wir haben uns auf eine wirtschaftliche Talfahrt gemacht mit hohen Kosten für sehr viele Menschen. Für all diese Einschnitte war nicht das Virus verantwortlich. Wir haben uns entschieden, möglichst viele Menschen zu retten und nicht mehr all jene »Kollateralschäden« unter den Alten und Vorerkrankten zu akzeptieren, die lange Zeit mit gewissem Gleichmut hingenommen wurden. Nicht das Virus bestimmte also den Verlauf der Pandemie, sondern unsere Gesellschaft. Fragen zur Verhältnismäßigkeit des Infektionsschutzes wurden in den Jahren 2020/21 nicht allein mit medizinischen Erkenntnissen begründet, sondern häufiger noch mit sozialen Werten und politischen Ordnungsvorstellungen. Zwar war das Primat des Politischen in der Pandemie für viele frustrierend. Dass in endlosen Sitzungen der Bund-Länder-Konferenz virologische Expertise nicht immer eine zentrale Rolle spielte, machte mitunter fassungslos. Allerdings ist Corona auch in dieser Hinsicht ein Normalfall: Das Primat des Politischen ist in allen Pandemien der Moderne jener Modus gewesen, in dem Gesellschaften ihr Überleben organisierten.

Auch aus diesem Grund braucht es eine Gesellschaftsgeschichte der Coronapandemie. Weil wir im Seuchenfall gesellschaftliche Grundsätze verhandeln. Wer ist schützenswert, wer hingegen eine Bedrohung? Was ist uns wichtiger – Solidarität, Sicherheit oder Freiheit? Welchen Preis wollen wir zahlen für den Schutz von Menschenleben, welche Folgen nehmen wir dafür in Kauf? Für diese Verhandlung benötigen wir einen klaren Blick auf das, was die Pandemie bestimmt, nämlich unsere Gesellschaft. Zum einen schaffen wir mit unseren Lebensstilen überhaupt erst die Rahmenbedingungen für Pandemien, wie Philipp Sarasin hervorgehoben hat: »Es ist unsere menschengemachte Welt, in der das Virus sein Unwesen treibt, nicht die Natur.«[488] Zum anderen sind wir als Gesellschaft für den Verlauf des Virus verantwortlich. Eine Gesellschaftsgeschichte der Coronapandemie hält für uns also keine einfachen Lehren bereit. Zu vielfältig sind die Befunde schon für diesen Zeitraum von eineinhalb Jahren, zu vielfältig aber auch die Bezüge zur Seuchengeschichte, um sie auf einfache Formeln zu bringen. Eine Gesellschaftsgeschichte eröffnet uns gleichwohl die Chance, Gegenwarten auf Vorrat zu denken. Die unterschiedlichen Befunde immunisieren uns gegen einfache Erklärungen der Gegenwart und fordern uns dazu heraus, bei zukünftigen Entwicklungen auf Abstand zu aktuellen Debatten zu gehen, um alternative Gegenwarten betrachten zu können.

In dieser Perspektive sollten wir uns selbst zum Problem machen. Unsere Art zu leben, zu arbeiten und zu lieben sind Voraussetzungen für die Ausbreitung des Virus, aber auch für seine Eindämmung. Positiv gewendet verwandelt die Seuchengeschichte unsere Gesellschaft in eine Verantwortungsgemeinschaft. Insofern lehren uns die Jahre 2020/21, dass wir im

Pandemiefall nicht nur Gesundheit und Krankheit, sondern immer auch das große Ganze und vor allem uns selbst im Blick behalten müssen. Nicht nur das Virus ist eine Bedrohung, sondern ebenso unser soziales Verhalten und unsere sozialen Verhältnisse. Die wichtigste Erkenntnis dieses Buches lässt sich daher auf einen Satz bringen: Die Pandemie – das sind wir.

Dank

Dieses Buch ist eine unmittelbare Folge der Coronakrise. Als Jürgen Hotz vom Campus Verlag mich im März 2020 fragte, ob ich eine Geschichte der Pandemie schreiben wolle, sagte ich umgehend zu: Im Herbst 2020 ließe sich unserer damaligen Meinung nach bestimmt eine erste Bilanz ziehen und Corona als vorerst jüngstes Kapitel in die lange Seuchengeschichte einordnen. Zwar kam bekanntlich alles ganz anders, Jürgen Hotz allerdings blieb gelassen. Für seine große Geduld trotz vieler verschobener Fristen, für seine unablässige Unterstützung mit Ideen und Büchern, sein hervorragendes Lektorat und eben nicht zuletzt: für die Idee zu diesem Buch danke ich ihm ganz herzlich. Großer Dank gebührt auch Christoph Roolf für sein Ko-Lektorat – inklusive spannender Vorschläge für zukünftige Forschungsprojekte.

Ein herzlicher Dank gebührt ebenso den vielen Freund:innen und Kolleg:innen, die das Buch auch zu ihrem Projekt gemacht haben. Mit der Zusendung von Materialien, wertvollen Hinweisen auf Literatur und Quellen und mit intensivem Korrekturlesen haben sie das Buch überhaupt erst möglich gemacht. Stefan Blank-Schneidewind, Aric Effner, Matthias Frese, Jens Gründler, Simone Harder, Claudia Kemper, Patricia Kestermann, Niklas Kirstein, Markus Köster, Hauke Kutscher, Wiebke Neuser, Kathrin Nolte, Julia Paulus, Lena Roark, Britta-Marie Schenk, Jonathan Schlunck, Anne Schneidewind, Antonia Schweim, Dietmar Süß, Winfried Süß, Wiebke Thießen, Marcus Weidner und Andrea Wiegeshoff haben sich von der Idee zu diesem Buch anstecken lassen und mit kostbarer Korrekturzeit, mit Recherchen und Hinweisen zu seiner Fertigstellung beigetragen.

Einen ebenso entscheidenden Beitrag zu diesem Buch hat meine Familie geleistet. Das gilt zuallererst für meine Frau Gabriele. Während wir im ersten Lockdown Kinderbetreuung und »Homeoffice« noch einigermaßen gleichberechtigt aufteilen konnten, schien der zweite Lockdown das Buchprojekt zum Scheitern zu verurteilen. Gabi hat daher das getan, was ich im Kapitel 6 als soziale Ungleichheit zwischen den Geschlechtern kritisiert habe. Sie hat die wesentliche Care-Arbeit und Kinderbetreuung geleistet und mir den Rücken frei gehalten, damit ich schreiben konnte. Dass sie dafür ihr eigenes Buch hintangestellt hat, macht die Ungerechtigkeit umso größer, aber auch meinen Dank. Unsere Kinder Carla Thießen und Mattis Schneidewind wiederum haben während des Schreibens nicht nur für die notwendige Bodenhaftung und dafür gesorgt, dass ich Corona als Geschichte und Gegenwart vergessen konnte. Darüber hinaus haben mir die beiden mit ihren eigenen Sichten auf Corona klar gemacht, dass eine Gesellschaftsgeschichte der Coronapandemie unterschiedliche Perspektiven einnehmen sollte.

Auch meine Eltern, Gerlind und Hauke Thießen, haben das Buch von Anfang an zu ihrer Sache gemacht, ja mehr noch: Sie haben bereits zu einen Zeitpunkt Quellen gesammelt, als ich von dem Buch noch gar nicht wusste. Die akribische Sammlung sämtlicher *Spiegel*-Ausgaben seit Ende 2019 und zahlreicher Zeitungsausschnitte legten den Grundstein für das Projekt. Ein noch wichtigeres Fundament haben die beiden aber schon vor vielen Jahren bereitet – mit unerschütterlichem Urvertrauen in meine Leidenschaft als Historiker und mit großem Zuspruch in Zeiten großer Verunsicherungen. Auch dafür danke ich den beiden herzlichst. Dass mein Vater als Ingenieur und Selbstständiger angesichts meines jahrelangen unsicheren wissenschaftlichen Werdegangs im Stillen manchmal verzweifelt gewesen sein dürfte, macht meinen Dank umso größer. Denn mir gegenüber war von Zweifeln nie etwas zu spüren, im Gegenteil: Hauke hat seit den ersten Schritten in die *scientific community* unzählige meiner Vorträge verfolgt, Texte gelesen und sogar seinen Freund:innen meine Bücher aufgedrückt, obwohl diese Qualifikationsschriften wahrlich kein Lesevergnügen darstellen. Meinem Vater ist dieses Buch gewidmet.

Literaturverzeichnis

Adloff, Frank: Zeit, Angst und (k)ein Ende der Hybris, in: Michael Volkmer/Karin Werner (Hrsg.), *Die Corona-Gesellschaft. Analysen zur Lage und Perspektiven für die Zukunft*, Bielefeld 2020, S. 145–153.

Alkemeyer, Thomas/Bröskamp, Bernd: Körper – Corona – Konstellationen. Die Welt als (körper-)soziologisches Reallabor, in: Michael Volkmer/Karin Werner (Hrsg.), *Die Corona-Gesellschaft. Analysen zur Lage und Perspektiven für die Zukunft*, Bielefeld 2020, S. 67–78.

Allmendinger, Jutta: Zurück in alte Rollen. Corona bedroht die Geschlechtergerechtigkeit, in: *WZB Mitteilungen* 168 (2020), S. 45–47.

Baldwin, Peter: *Contagion and the State in Europe, 1830–1930*, Cambridge 1999.

Barczak, Tristan: *Der nervöse Staat. Ausnahmezustand und Resilienz des Rechts in der Sicherheitsgesellschaft*, Tübingen 2020.

Bashford, Alison (Hrsg.): *Medicine at the Border. Disease, Globalization and Security, 1850 to the Present*, Basingstoke 2014.

Berghoff, Hartmut/Thießen, Malte: Gesundheitsökonomien. Zeithistorische Fragen, Befunde und Perspektiven, in: *Zeithistorische Forschungen* 17 (2020), S. 217–233.

Bischoff, Frank M./Patel, Kiran Klaus: Was auf dem Spiel steht. Über den Preis des Schweigens zwischen Geschichtswissenschaft und Archiven im digitalen Zeitalter, in: *Zeithistorische Forschungen* 17 (2020), S. 145–156.

Blom, Annelies G./Möhring, Katja: Soziale Ungleichheit in der Beschäftigungssituation während der frühen Phase der Coronakrise, in: Destatis u.a. (Hrsg.), *Datenreport 2021. Ein Sozialbericht für die Bundesrepublik Deutschland*, Bonn 2021, S. 476–483.

Braun, Jutta: Politische Medizin. Ideologie und Gesundheitsökonomie im SED-Staat der 1950er- und 1960er-Jahre, in: *Zeithistorische Forschungen* 17 (2020), S. 349–361.

Brinkmann, Melanie u.a.: Calling for pan-European commitment for rapid and sustained reduction in SRS-Cov-2 infections, in: *The Lancet* 397 (2021), S. 92 f.

Bröckling, Ulrich: Vorbeugen ist besser ... Zur Soziologie der Prävention, in: *Behemoth* 1 (2008), S. 38–48.

Conze, Eckart: Securitization. Gegenwartsdiagnose oder historischer Analyseansatz?, in: *Geschichte und Gesellschaft* 38 (2012), S. 453–467.

Chambers, Ross: *Facing it: AIDS diaries and the death of the author*, Ann Arbor 1998.

Dickel, Sascha: Gesellschaft funktioniert auch ohne anwesende Körper. Die Krise der Interaktion und die Routinen mediatisierter Sozialität, in: Michael Volkmer/Karin Werner (Hrsg.), *Die Corona-Gesellschaft. Analysen zur Lage und Perspektiven für die Zukunft*, Bielefeld 2020, S. 79–86.

Diebel, Martin: *»Die Stunde der Exekutive«. Das Bundesinnenministerium im Konflikt um die Notstandsgesetzgebung 1949–1968*, Göttingen 2019.

Eckart, Wolfgang U., *Medizin und Krieg. Deutschland 1914–1924*, Paderborn 2014.

Elias, Norbert: Über Menschen und ihre Emotionen. Ein Beitrag zur Evolution der Gesellschaft, in: *Zeitschrift für Semiotik* 12 (1990), S. 337–357.

Epple, Angelika: Die Schule des Vergleichens und die Suche nach der Wahrheit wissenschaftlicher Fakten, in: Michael Volkmer/Karin Werner (Hrsg.), *Die Corona-Gesellschaft. Analysen zur Lage und Perspektiven für die Zukunft*, Bielefeld 2020, S. 25–33.

Evans, Richard: *Tod in Hamburg. Stadt, Gesellschaft und Politik in den Cholera-Jahren 1830–1910*, Reinbek bei Hamburg 1990.

Fangerau, Heiner/Labisch, Alfons: *Pest und Corona. Pandemien in Geschichte, Gegenwart und Zukunft*, Freiburg (Breisgau) 2020.

Florack, Martin/Korte, Karl-Rudolf/Schwanholz, Julia: »Coronakratie«: Konturen einer neuen demokratischen Normalität, in: Martin Florack/Karl-Rudolf Korte/Julia Schwanholz (Hrsg.), *Coronakratie. Demokratisches Regieren in Ausnahmezeiten*, Frankfurt am Main 2021, S. 11–22.

Frei, Norbert/Maubach, Franka/Morina, Christina/Tändler, Maik: *Zur rechten Zeit. Wider die Rückkehr des Nationalismus*, Berlin 2019.

Frevert, Ute: Corona-Gefühle, in: Bernd Kortmann/Günther S. Schulze (Hrsg.), *Jenseits von Corona. Unsere Welt nach der Pandemie. Perspektiven aus der Wissenschaft*, Berlin 2020, S. 13–20.

Frevert, Ute: Nähe und Distanz, in: *Geschichte und Gesellschaft* 46 (2020), S. 379–390.

Friebel, Martin/Loenhoff, Jens/Schmitz, H. Walter/Schulte, Olaf A., »Siehst Du mich?« – »Hörst Du mich?« Videokonferenzen als Gegenstand kommunikationswissenschaftlicher Forschung, in: *kommunikation@gesellschaft* 4 (2003), Beitrag 1 (ohne Seitenangaben).

Funcke, Dorett, Ereignis, Wendepunkt und Krise. Elementare Formen menschlicher Kommunikation (Teil II), in: *Familiendynamik* 46 (2021), S. 38–46.

Gadinger, Frank/Michaelis, Philipp: Narrative als Form kollektiver Sinnstiftung: Schwieriges Erzählen in Zeiten großer Ungewissheit, in: Martin Florack/Karl-Rudolf Korte/Julia Schwanholz (Hrsg.), *Coronakratie. Demokratisches Regieren in Ausnahmezeiten*, Frankfurt am Main 2021, S. 79–89.

Goffman, Erving: *Das Individuum im öffentlichen Austausch. Mikrostudien zur öffentlichen Ordnung*, Frankfurt am Main 1982.

Gördes, Karlheinz: Von Wuhan ins Westmünsterland: Corona-Chronik bis 31. Oktober 2020, in: *Westmünsterland. Jahrbuch des Kreises Borken* (2021), S. 184–214.

Görgen, Arno: Fiktionen des Pandemischen: Corona und Popkultur, in: *Horror – Game – Politics*, 18.12.2020, http://hgp.hypotheses.org/1163.

Gosewinkel, Dieter: Die Renaissance nationaler Grenzen. Anhaltende Abschottung ist juristisch fraglich, in: *WZB Mitteilungen* 168 (Juni 2020), S. 17–19.

Gradmann, Christoph: *Krankheit im Labor. Robert Koch und die medizinische Bakteriologie*, Göttingen 2005.

Harrison, Mark: *Contagion. How Commerce has spread Disease*, New Haven 2012.

Hatchett, Richard J./Mecher, Carter E./Lipsitch, Marc: Public Health interventions and epidemic intensity during the 1918 influenca pandemic, in: *Proceedings of the National Academy of Sciences* 104 (2007), S. 7582–7587.

Haus-Rybicki, Sebastian: *Eine Seuche regieren. AIDS-Prävention in der Bundesrepublik 1981–1995*, Bielefeld 2021.

Hentschel, Christine: Im Raum des Virus. Affekt und Widerständigkeit in der Pandemie, in: Michael Volkmer/Karin Werner (Hrsg.), *Die Corona-Gesellschaft. Analysen zur Lage und Perspektiven für die Zukunft*, Bielefeld 2020, S. 265–276.

Hentschel, Christine, »Das große Erwachen«: Affekt und Narrativ in der Bewegung gegen die Corona-Maßnahmen, in: *Leviathan* 49 (2021), S. 62–85.

Bettina Hitzer, Angst, Panik?! Eine vergleichende Gefühlsgeschichte von Grippe und Krebs, in: Malte Thießen (Hrsg.), *Infiziertes Europa. Seuchen im langen 20. Jahrhundert*, München 2014, S. 137–156.

Hitzer, Bettina: Die Geschichte vor Corona. Erinnerung, Erfahrung und Emotion, in: *Leviathan* 49 (2021), S. 86–110.

Hollstein, Bettina/Rosa, Hartmut: Unverfügbarkeit als soziale Erfahrung. Ein soziologischer Deutungsversuch der Corona-Krise angewendet auf die Wirtschaftsethik, in: Alexander Brink/Bettina Hollstein/Marc C. Hübscher/Christian Neuhäuser (Hrsg.), *Lehren aus Corona. Impulse aus der Wirtschafts- und Unternehmensethik*, Baden-Baden 2020, S. 21–33.

Honigsbaum, Mark: *Living with Enza. The Forgotten Story of Britain and the Great Influenza*, New York 2009.

Honigsbaum, Mark: *Das Jahrhundert der Pandemien. Eine Geschichte der Ansteckung von der Spanischen Grippe bis Covid-19*, München 2020.

Höreth, Marcus: Opposition in der »coronakratischen« Republik: Gegenspieler oder Mitspieler der Regierung?, in: Martin Florack/Karl-Rudolf Korte/Julia Schwanholz (Hrsg.), *Coronakratie. Demokratisches Regieren in Ausnahmezeiten*, Frankfurt am Main 2021, S. 123–134.

Jarausch, Konrad: *Aus der Asche. Eine neue Geschichte Europas im 20. Jahrhundert*, Stuttgart 2018.

Jennewein, Julia/Korte-Bernhardt, Simone: Parlamentarismus in Ausnahmezeiten: Landesparlamente gestalten die Krise mit, in: Martin Florack/Karl-Rudolf Korte/Julia Schwanholz (Hrsg.), *Coronakratie. Demokratisches Regieren in Ausnahmezeiten*, Frankfurt am Main 2021, S. 99–109.

Johnson, Niall P. A. S.: The overshadowed killer. Influenza in Britain 1918–19, in: Howard Phillips/David Killingray (Hrsg.), *The Spanish Influenza Pandemic of 1918–19. New Perspectives*, London 2003, S. 132–155.

Jureit, Ulrike/Schneider, Christian: *Gefühlte Opfer. Illusionen der Vergangenheitsbewältigung*, Stuttgart 2010.

Kersten, Jens/Rixen, Stephan: *Der Verfassungsstaat in der Corona-Krise*, München 2020.

Klein, Gabriele/Liebsch, Katharina: Herden unter Kontrolle. Körper in Corona-Zeiten, in: Michael Volkmer/Karin Werner (Hrsg.), *Die Corona-Gesellschaft. Analysen zur Lage und Perspektiven für die Zukunft*, Bielefeld 2020, S. 57–65.

Kneip, Sascha: Wenn die Exekutive viral geht. Demokratie, Rechtsstaat und Legitimität in Zeiten von Corona, in: *WZB Mitteilungen* 168 (Juni 2020), S. 8–10.

Knoblauch, Hubert/Löw, Martina: Dichotopie. Refiguration von Räumen in Zeiten der Pandemie, in: *Blog des SFB 1265*, 30.03.2020, https://sfb1265.de/blog/dichotopie-refiguration-von-raeumen-in-zeiten-der-pandemie.

Knöll, Stefanie: Seuche und Totentanz: Rezeption und Fortschreibung eines Topos im 19. Jahrhundert, in: Jörg Vögele/Stefanie Knöll/Thorsten Noack (Hrsg.), *Epidemien und Pandemien in historischer Perspektive*, Wiesbaden 2016, S. 213–220.

König, Malte: Syphilisangst in Frankreich und Deutschland. Hintergrund, Beschwörung und Nutzung einer Gefahr 1880–1940, in: Malte Thießen (Hrsg.), *Infiziertes Europa. Seuchen im langen 20. Jahrhundert*, München 2014, S. 50–75.

Korte, Karl-Rudolf: Kuratiertes Regieren: Bausteine der Resilienz, in: Martin Florack/Karl-Rudolf Korte/Julia Schwanholz (Hrsg.), *Coronakratie. Demokratisches Regieren in Ausnahmezeiten*, Frankfurt am Main 2021, S. 25–42.

Kramer, Nicole: Alter(n) als Thema der Zeitgeschichte. Einleitung, in: *Zeithistorische Forschungen* 10 (2013), S. 455–463.

Krämer, Sybille: Brennspiegel, Lern-Labor, Treibsatz? Ein persönliches Corona-Kaleidoskop, in: Bernd Kortmann/Günther S. Schulze (Hrsg.), *Jenseits von Corona. Unsere Welt nach der Pandemie. Perspektiven aus der Wissenschaft*, Berlin 2020, S. 31–41.

Kühl, Richard/Tümmers, Henning: Auf dem Markt. Das bundesdeutsche Krankenhaus – Skizzen zu einer Gegenwartsgeschichte, in: *Zeithistorische Forschungen* 17 (2020), S. 261–282.

Kupferschmidt, Kai: New Mutations raise specter of »immune escape«. SARS-CoV-2 variants found in Brazil and South Africa may evade human antibodies, in: *Science* 371 (2021), S. 329 f.

Kumm, Mattias: Arbeit am Exit als Staatspflicht. Regierungen müssen ihre Bürger vor dem Verlust der Freiheit schützen, in: *WZB Mitteilungen* 168 (Juni 2020), S. 14–16.

Lemke, Matthias: *Deutschland im Notstand? Politik und Recht während der Corona-Krise*, Frankfurt am Main 2020.

Lessenich, Stephan: Allein solidarisch? Über das Neosoziale an der Pandemie, in: Michael Volkmer/Karin Werner (Hrsg.), *Die Corona-Gesellschaft. Analysen zur Lage und Perspektiven für die Zukunft*, Bielefeld 2020, S. 177–183.

Lessenich, Stephan/Reder, Michael/Süß, Dietmar: Solidarität – national, europäisch, global?, in: *WSI Mitteilungen* 73 (2020), S. 318.

Lenger, Friedrich/Süß, Dietmar: Soziale Ungleichheit in der Geschichte moderner Industriegesellschaften, in: *Archiv für Sozialgeschichte* 54 (2014), S. 3–24.

Leven, Karl-Heinz: *Die Geschichte der Infektionskrankheiten. Von der Antike bis ins 20. Jahrhundert*, Landsberg (Lech) 1997.

Leven, Karl-Heinz: *Geschichte der Medizin. Von der Antike bis zur Gegenwart*, München 2008.

Leven, Karl-Heinz: Die Welt mit und nach Corona: medizinhistorische Perspektiven, in: Bernd Kortmann/Günther S. Schulze (Hrsg.), *Jenseits von Corona. Unsere Welt nach der Pandemie. Perspektiven aus der Wissenschaft*, Berlin 2020, S. 91–98.

Lindner, Lena: *Ausbruch einer hochinfektiösen, lebensbedrohlichen Erkrankung in Nordrhein-Westfalen: Welche Erfahrungen der Pockenausbrüche in NRW können in die heutige Zeit übertragen werden?*, med. Diss. Düsseldorf 2016.

Lindner, Ulrike: *Gesundheitspolitik in der Nachkriegszeit. Großbritannien und die Bundesrepublik Deutschland im Vergleich*, München 2004.

Luks, Fred: Hoffnung im Ausnahmezustand. Über Abwägung, Angstmanagement und Aktivismus, in: Michael Volkmer/Karin Werner (Hrsg.), *Die Corona-Gesellschaft. Analysen zur Lage und Perspektiven für die Zukunft*, Bielefeld 2020, S. 341–348.

Mackenbach, Johan P.: *Health Inequalities. Persistence and Change in European Welfare States*, Oxford 2019.

Manderscheid, Katharina: Über die unerwünschte Mobilität von Viren und unterbrochene Mobilitäten von Gütern und Menschen, in: Michael Volkmer/Karin Werner (Hrsg.), *Die Corona-Gesellschaft. Analysen zur Lage und Perspektiven für die Zukunft*, Bielefeld 2020, S. 101–110.

Manela, Erez: A Pox on Your Narrative: Writing Disease Control into Cold War History, in: *Diplomatic History* 34 (2010), S. 299–323.

Manemann, Jürgen: Gleichheit vor dem Virus! Verwundbarkeiten und das Tragische in der Corona-Krise, in: Michael Volkmer/Karin Werner (Hrsg.), *Die Corona-Gesellschaft. Analysen zur Lage und Perspektiven für die Zukunft*, Bielefeld 2020, S. 349–356.

Manfred Vasold: *Grippe, Pest und Cholera. Eine Geschichte der Seuchen in Europa*, Stuttgart 2008.

Michels, Eckard: Die »Spanische Grippe« 1918/19. Verlauf, Folgen und Deutungen in Deutschland im Kontext des Ersten Weltkriegs, in: *Vierteljahrshefte für Zeitgeschichte* 58 (2010), S. 1–33.

Molenaar, Heinrich, *Impfschutz und Impfgefahren*, München 1912.

Nachtwey, Oliver/Schäfer, Robert/Frei, Nadine: *Politische Soziologie der Corona-Proteste. Grundauswertung 17.12.2020*, Basel 2020.

Nadeau, Sarah A./Vaughan, Timothy G./Scire, Jérémie/Huismann, Jana S./Stadler, Tanja: The origin and early spread of SARS-CoV-2 in Europe, in: *Proceedings of the National Academy of Sciences of the United States of America* 2021, https://www.pnas.org/content/118/9/e2012008118 (Preprint, letzter Abruf: 30.03.2021).

Neumann, Matthias: Das Ende des Ländlichen? Covid-19 als Krise ländlicher Räume, in: *Suburban* 9 (2021), S. 159–164.

Oelkers-Ax, Rieke/Ax, Thomas/Zwack, Mirko: Familien unter Druck in Zeiten von Corona. Befunde und Lösungsansätze, in: *Familiendynamik* 45 (2020), S. 270–278.

Okunew, Nikolai/Theinert, Nils: Die Pandemie als Generationenkonflikt? Von »Corona-Partys« und Moral Panics, in: *zeitgeschichte online*, April 2020, https://zeitgeschichte-online.de/kommentar/die-pandemie-als-generationenkonflikt (letzter Abruf: 11.06.2021).

Osten, Philipp/Thießen, Malte: *Aus Seuchen lernen?*, Bonn 2021.

Osterhammel, Jürgen: *Die Verwandlung der Welt. Eine Geschichte des 19. Jahrhunderts*, München 2009.

Osterhammel, Jürgen: (Post-)Corona im Weltmaßstab, in: Bernd Kortmann/Günther S. Schulze (Hrsg.), *Jenseits von Corona. Unsere Welt nach der Pandemie. Perspektiven aus der Wissenschaft*, Berlin 2020, S. 255–262.

Pantenburg, Johannes/Reichardt, Sven/Sepp, Benedikt, Corona-Proteste und das (Gegen-)Wissen sozialer Bewegungen, in: *Aus Politik und Zeitgeschichte* 3–4/2021, S. 22–27.

Phillips, Howard/Killingray, David: Introduction, in: Dies. (Hrsg.), *The Spanish Influenza Pandemic of 1918–19, New Perspectives*, London/New York 2003, S. 1–25.

Pies, Ingo: Tote durch Tabus. Ordonomische Beobachtungen und Reflexionen zu Moral und Ethik in der Corona-Krise, in: Alexander Brink/Bettina Hollstein/Marc C. Hübscher/Christian Neuhäuser (Hrsg.), *Lehren aus Corona. Impulse aus der Wirtschafts- und Unternehmensethik*, Baden-Baden 2020, S. 101–110.

Planert, Ute/Süß, Dietmar: Nichts ist umsonst. Anmerkungen zu einer Sozialgeschichte des Todes, in: *Archiv für Sozialgeschichte* 55 (2015), S. 3–18.

Rehder, Britta: Organisierte Interessen und Staat: Wer gewinnt und wer verliert in der »Coronakratie«, in: Martin Florack/Karl-Rudolf Korte/Julia Schwanholz (Hrsg.), *Coronakratie. Demokratisches Regieren in Ausnahmezeiten*, Frankfurt am Main 2021, S. 215–221.

Reichenbach, Gerald/Göbel, Ralf/Wolff, Hartfried/Stokar von Neuforn, Silke (Hrsg.): *Risiken und Herausforderungen für die öffentliche Sicherheit in Deutschland. Grünbuch des Zukunftsforums öffentliche Sicherheit*, Berlin 2008.

Rengeling, David: *Vom geduldigen Ausharren zur allumfassenden Prävention. Grippe-Pandemien im Spiegel von Wissenschaft, Politik und Öffentlichkeit*, Baden-Baden 2017.

Rocca, Elena/Anjum, Rani Lill: Complexity, Reductionism and the Biomedical Model, in: Rani Lill Anjum/Samantha Copeland/Elena Rocca (Hrsg.), *Rethinking Causality, Complexity and Evidence for the Unique Patient*, Cham 2020, S. 75–94.

Sachße, Christoph: Freiheit, Gleichheit, Sicherheit: Grundwerte im Konflikt, in: Ders./H. Tristram Engelhardt (Hrsg.), *Sicherheit und Freiheit. Zur Ethik des Wohlfahrtsstaates*, Berlin (West) 1990, S. 9–26.

Sarasin, Philipp: »*Anthrax*«. *Bioterror als Phantasma*, Frankfurt am Main 2004.

Sarasin, Philipp: Das Corona-Virus, eine soziale Konstruktion, in: *Geschichte der Gegenwart*, 09.05.2021, https://geschichtedergegenwart.ch/das-corona-virus-eine-soziale-konstruktion (letzter Abruf: 08.06.2021).

Scheidt, Carl-Eduard: Abschied vom Handschlag, in: Bernd Kortmann/Günther S. Schulze (Hrsg.), *Jenseits von Corona. Unsere Welt nach der Pandemie. Perspektiven aus der Wissenschaft*, Berlin 2020, S. 43–50.

Scheller, Benjamin: Kontingenzkulturen – Kontingenzgeschichten: Zur Einleitung, in: Frank Becker/Benjamin Scheller/Ute Schneider (Hrsg.), *Die Ungewissheit des Zukünftigen. Kontingenz in der Geschichte*, Frankfurt am Main 2016, S. 9–30.

Schenk, Britta-Marie, *Behinderung verhindern. Humangenetische Beratungspraxis in der Bundesrepublik Deutschland (1960er bis 1990er Jahre)*, Frankfurt am Main 2016.

Schenk, Britta-Marie: Almosen auf Abstand. Gabenzäune für Obdachlose in der Corona-Pandemie, in: *Geschichte der Gegenwart*, 10.05.2020, https://geschichtedergegenwart.ch/almosen-auf-abstand-gabenzaeune-fuer-obdachlose-in-der-corona-pandemie (letzter Abruf: 11.06.2021).

Spree, Reinhard: *Soziale Ungleichheit vor Krankheit und Tod. Zur Sozialgeschichte des Gesundheitsbereichs im Deutschen Kaiserreich*, Göttingen 1981.

Statistisches Bundesamt/WZB/BiB (Hrsg.), *Datenreport 2021. Ein Sozialbericht für die Bundesrepublik Deutschland*, Bonn 2021.

Steer, Martina: Sind die Frauen die Verliererinnen der Corona-Krise? Überlegungen aus der Frauen und Geschlechtergeschichte, in: H-Soz-u-Kult, 01.09.2020, www.hsozkult.de/debate/id/diskussionen-5409

Süß, Winfried: Gesundheitspolitik, in: Hans Günter Hockerts (Hrsg.), *Drei Wege deutscher Sozialstaatlichkeit. NS-Diktatur, Bundesrepublik und DDR im Vergleich*, München 1998, S. 55–100.

Süß, Winfried: *Der »Volkskörper« im Krieg. Gesundheitspolitik, Gesundheitsverhältnisse und Krankenmord im nationalsozialistischen Deutschland 1939–1945*, München 2003.

Thießen, Malte: Gesundheit erhalten, Gesellschaft gestalten. Konzepte und Praktiken der Vorsorge im 20. Jahrhundert, in: *Zeithistorische Forschungen* 10 (2013), S. 354–365.

Thießen, Malte: Medizingeschichte in der Erweiterung. Perspektiven für eine Sozial- und Kulturgeschichte der Moderne, in: *Archiv für Sozialgeschichte* 53 (2013), S. 535–599.

Thießen, Malte: Pandemics as a Problem of the Province: Urban and Rural Perceptions of the »Spanish Influenza«, 1918–1919, in: Jörg Vögele/Stefanie Knöll/Thorsten Noack (Hrsg.), *Epidemien und Pandemien in historischer Perspektive*, Wiesbaden 2016, S. 163–175.

Thießen, Malte: *Immunisierte Gesellschaft. Impfen in Deutschland im 19. und 20. Jahrhundert*, Göttingen 2017.

Thießen, Malte/Wiegeshoff, Andrea: Sicherheit vor Seuchen. Zum Spannungsverhältnis von Zukunftsentwürfen, Sicherheit und Staatlichkeit im

Deutschen Kaiserreich, in: Christoph Kampmann/Angela Marciniak/Wencke Meteling (Hrsg.), »Security turns ist eye exclusively to the future«. Zum Verhältnis von Sicherheit und Zukunft in der Geschichte, Baden-Baden 2018, S. 259–283.

Trabert, Gerhart: Soziale Dimension von Krankheit vernachlässigt, in: Deutsches Ärzteblatt 96 (1999), S. 756–760.

Tümmers, Henning: Aids und die Mauer. Deutsch-deutsche Reaktionen auf eine komplexe Bedrohung, in: Malte Thießen (Hrsg.), Infiziertes Europa. Seuchen im langen 20. Jahrhundert, München 2014, S. 157–185.

Tümmers, Henning: AIDS. Autopsie einer Bedrohung im geteilten Deutschland, Göttingen 2017.

Vasold, Manfred: Grippe, Pest und Cholera. Eine Geschichte der Seuchen in Europa, Stuttgart 2008.

Wegener, Hugo, Impf-Friedhof. Was das Volk, die Sachverständigen und die Regierungen vom »Segen der Impfung« wissen. Erster Band mit mehr 36.000 Impfschäden und 139 Abbildungen, Frankfurt am Main 1912.

Wichmann, Ole/Ultsch, Bernhard: Effektivität, Populationseffekte und Gesundheitsökonomie der Impfungen gegen Masern und Röteln, in: Bundesgesundheitsblatt 56 (2013), S. 1260–1269.

Wiedner, Jonas/Konrad, Markus/Koopmans, Ruud/Laurence, James, Bowl Alone! Sozialkapital spielt eine wichtige Rolle für die Akzeptanz von Social Distancing, in: WZB Mitteilungen 168 (Juni 2020), S. 69–72.

Wiegeshoff, Andrea: Pandemie, Nation und die Geschichte des Nationalismus im 20. und 21. Jahrhundert, in: H-Soz-Kult, 08.12.2020, https://www.hsozkult.de/debate/id/diskussionen-5078 (letzter Abruf: 20.01.2021).

Windels, Thorsten: Covid-19: Geld oder Leben – eine Abwägungsfrage?, 01.09.2020, https://philosophie-indebate.de/3677/indebate-covid-19-geld-oder-leben-eine-abwaegungsfrage/#_ftn1 (letzter Abruf: 04.06.2021).

Winkle, Stefan: Geißeln der Menschheit. Kulturgeschichte der Seuchen, Düsseldorf 2005.

Witte, Wilfried: Tollkirschen und Quarantäne. Die Geschichte der Spanischen Grippe, Berlin 2008.

Witte, Wilfried: Die Grippepandemie 1968–1970. Strategien der Krisenbewältigung im getrennten Deutschland, in: Deutsche Medizinische Wochenschrift 136 (2011), S. 2664–2668.

Witte, Wilfried: Bedrohungsszenario. Historische Deutungen der Spanischen Grippe im 20. Jahrhundert, in: Malte Thießen (Hrsg.), Infiziertes Europa. Seuchen im langen 20. Jahrhundert, München 2014, S. 186–205.

Wolff, Eberhard: Einschneidende Maßnahmen. Pockenschutzimpfung und traditionale Gesellschaft im Württemberg des frühen 19. Jahrhunderts, Stuttgart 1998.

Zimmer, Thomas: Welt ohne Krankheit. Geschichte der internationalen Gesundheitspolitik 1940–1970, Göttingen 2017.

Zylka-Menhorn, Vera: Licht am Ende des Tunnels. Aids-Impfstoff-Forschung, in: Deutsches Ärzteblatt 98 (2001), S. 3247.

Anmerkungen

1   Vgl. Jürgen Osterhammel, *Die Verwandlung der Welt. Eine Geschichte des 19. Jahrhunderts*, München 2009, S. 264–294.

2   Vgl. als zwei der gelungensten frühen Monografien u.a. Mark Honigsbaum, *Das Jahrhundert der Pandemien. Eine Geschichte der Ansteckung von der Spanischen Grippe bis Covid-19*, München 2020; Heiner Fangerau/Alfons Labisch, *Pest und Corona. Pandemien in Geschichte, Gegenwart und Zukunft*, Freiburg (Breisgau) 2020.

3   Vgl. als Klassiker deutschsprachiger Überblickswerke u.a. Karl-Heinz Leven, *Die Geschichte der Infektionskrankheiten. Von der Antike bis ins 20. Jahrhundert*, Landsberg (Lech) 1997; Stefan Winkle, *Geißeln der Menschheit. Kulturgeschichte der Seuchen*, Düsseldorf 2005; Manfred Vasold, *Grippe, Pest und Cholera. Eine Geschichte der Seuchen in Europa*, Stuttgart 2008.

4   Vgl. als Überblick Frank M. Bischoff/Kiran Klaus Patel, Was auf dem Spiel steht. Über den Preis des Schweigens zwischen Geschichtswissenschaft und Archiven im digitalen Zeitalter, in: *Zeithistorische Forschungen* 17 (2020), S. 145–156.

5   dpa, 31.12.2019, 10:31 Uhr. Die dpa-Meldung findet sich u.a. in der SZ, *Zeit*, DW und im *Tagesspiegel*.

6   Robert Koch-Institut, *Nationaler Pandemieplan. Teil II*, Berlin 2007, S. 1.

7   Vgl. Lena Lindner, *Ausbruch einer hochinfektiösen, lebensbedrohlichen Erkrankung in Nordrhein-Westfalen Welche Erfahrungen der Pockenausbrüche in NRW können in die heutige Zeit übertragen werden?*, med. Diss. Düsseldorf 2016.

8   Malte Thießen, *Immunisierte Gesellschaft. Impfen in Deutschland im 19. und 20. Jahrhundert*, Göttingen 2017, S. 245.

9   Henning Tümmers, Aids und die Mauer. Deutsch-deutsche Reaktionen auf eine komplexe Bedrohung, in: Malte Thießen (Hrsg.), *Infiziertes Europa. Seuchen im langen 20. Jahrhundert*, München 2014, S. 157–185, hier S. 184.

10   Gerald Reichenbach/Ralf Göbel/Hartfried Wolff/Silke Stokar von Neuforn (Hrsg.), *Risiken und Herausforderungen für die öffentliche Sicherheit in Deutschland. Grünbuch des Zukunftsforums öffentliche Sicherheit*, Berlin 2008, S. 41.

11   Pharmazeutische Zeitung, Nach der Pandemie ist vor der Pandemie. 10 Jahre »Schweinegrippe«, 11.06.2019.

12   Bundesregierung, Mitschrift der Regierungspressekonferenz, 24.02.2020. https://www.bundesregierung.de/breg-de/aktuelles/regierungspressekonferenz-vom-24-februar-2020-1724934 (letzter Abruf: 04.03.2021).

13   Honigsbaum, Jahrhundert, S. 406.

14 Malte König, Syphilisangst in Frankreich und Deutschland. Hintergrund, Beschwörung und Nutzung einer Gefahr 1880–1940, in: Thießen, Infiziertes Europa, S. 50–75.

15 Howard Phillips/David Killingray, Introduction, in: Dies. (Hrsg.), *The Spanish Influenza Pandemic of 1918–19, New Perspectives*, London/New York 2003, S. 1–25, bes. S. 7.

16 Zum Zusammenhang von Seuchenängsten und *Othering* vgl. Bettina Hitzer, Angst, Panik?! Eine vergleichende Gefühlsgeschichte von Grippe und Krebs, in: Thießen, Infiziertes Europa, S. 137–156, bes. S. 144–148.

17 Wilfried Witte, *Tollkirschen und Quarantäne. Die Geschichte der Spanischen Grippe*, Berlin 2008, S. 23–25.

18 Wolfgang U. Eckart, *Medizin und Krieg. Deutschland 1914–1924*, Paderborn 2014.

19 Thießen, Immunisierte Gesellschaft, S. 73 f.

20 Winfried Süß, *Der »Volkskörper« im Krieg. Gesundheitspolitik, Gesundheitsverhältnisse und Krankenmord im nationalsozialistischen Deutschland 1939–1945*, München 2003, S. 225–226.

21 Wilfried Witte, Bedrohungsszenario. Historische Deutungen der Spanischen Grippe im 20. Jahrhundert, in: Thießen, Infiziertes Europa, S. 186–205, hier S. 197. Witte bezieht sich auf die Rhein-Zeitung vom 31.01.1969.

22 Bild, Futtert uns China in die Katastrophe?, 06.04.2020.

23 Der Spiegel, Mandat des Himmels, 25.01.2020.

24 Der Spiegel, Keim der Angst, 01.02.2020.

25 Der Spiegel, Aids – Chinesische Gurke, 02.07.1990.

26 Vera Zylka-Menhorn, Licht am Ende des Tunnels. Aids-Impfstoff-Forschung, in: *Deutsches Ärzteblatt* 98 (2001), S. 3247.

27 Henning Tümmers, *AIDS. Autopsie einer Bedrohung im geteilten Deutschland*, Göttingen 2017.

28 Der Spiegel, Heimliche Pandemie, 15.02.2020.

29 Fernsehansprache von Angela Merkel, 18.03.2020, https://www.bundesregierung.de/breg-de/aktuelles/fernsehansprache-von-bundeskanzlerin-angela-merkel-1732134 (letzter Abruf: 04.03.2021).

30 Der Spiegel, Im Jahr der Ratte, 25.01.2020.

31 RND, Spahn spricht über Versäumnisse, 03.07.2020.

32 Der tägliche Lagebericht erschien seit dem 5. März 2020, seit dem 17. März wurde die »Gefährdung für die Gesundheit der Bevölkerung« als »hoch« eingeschätzt, im Herbst 2020 gab das RKI »sehr hohe« Risikoeinschätzungen ab. Siehe RKI, COVID-19-Lagebericht vom 17.03.2020, S. 4.

33 Bild, Schweine-Grippe. Professor befürchtet in Deutschland 35.000 Tote, 21.10.2009.

34 Der Spiegel, Seuchen: Teure Panikmache, 16.08.2010.

35 Der Spiegel, Chronik einer Hysterie, 08.03.2010.

36 Der Spiegel, Angriff aus dem Schattenreich, 04.05.2009. Der Artikel war die Titelstory zum Heft, das mit dem Titel »Das Weltvirus« aufmachte.

37 Der Spiegel, Seuchen: Teure Panikmache, 16.08.2010.

38 Fernsehansprache von Bundespräsident Frank-Walter Steinmeier zur Corona-Pandemie, 11.04.2020, S. 2.

39 Der Spiegel, Im Virus-Fieber, 22.02.2020.

40 Tweet von Thea Suh, 21.02.2020, 19:43 Uhr.

41 ze.tt [Nina Monecke], ›IchbinkeinVirus‹: »So offenen Rassismus wie in Corona-Zeiten habe ich noch nie erlebt«, 20.05.2020, https://ze.tt/ichbinkeinvirus-so-offenen-rassismus-wie-in-corona-zeiten-habe-ich-noch-nie-erlebt (letzter Abruf: 18.01.2021).

42 Tweet von Peter Stein, 13.03.2020. Nach scharfer Kritik entschuldigte sich Stein für den Tweet und löschte ihn.

43 Bundesarchiv Berlin (BAB), R 86/2709, Ausschnitt aus der Staatsbürger-Zeitung, 16.11.1895.

44 Eine umfangreiche Pressesammlung findet sich im Bundesarchiv Koblenz (BAK), B 208/1009.

45 BAK, B 189/14108, Protokoll der AGLMB, 25.–27.06.1970.

46 Selecta, Das Auftreten der Pocken im Sauerland und eine Diskussion um den Wert der Impfung, 23.02.1970.

47 BAK, B 208/1009, Ausschnitt Berliner Ärzteblatt, Die Pocken und die Massenmedien, 02.03.1970. Vgl. u.a. Der Spiegel, Pocken: Viren schwirren, 06.04.1970; Stern, Eine Stadt hat Angst vor den Pocken, 01.02.1970.

48 Die 1990er Jahre charakterisiert Sebastian Haus-Rybicki als »Normalisierung« im Umgang mit Aids, obgleich die Erkrankungszahlen bis Mitte der 1990er Jahre anstiegen; Sebastian Haus-Rybicki, *Eine Seuche regieren. AIDS-Prävention in der Bundesrepublik 1981–1995*, Bielefeld 2021, S. 271–273.

49 Beide Zitate in: Die Zeit, AfD und Corona. Das Ende der alten Sicherheiten, 09.04.2020.

50 Tweet von Alexander Mitsch, 14.03.2020, 20:19 Uhr.

51 Alle Zitate aus: Pressemitteilung der Bundesregierung, Spahn warnt vor Stigmatisierung, 26.06.2020, https://www.bundesregierung.de/breg-de/aktuelles/keine-stigmatisierung-1764320 (letzter Abruf: 30.04.2021).

52 Vgl. als frühe Einordnung: Der Spiegel, Die Wut auf Corona-Parties wächst, 20.03.2020.

53 Nikolai Okunew/Nils Theinert, Die Pandemie als Generationenkonflikt? Von »Corona-Partys« und Moral Panics, in: *zeitgeschichte online*, April 2020, URL: https://zeitgeschichte-online.de/kommentar/die-pandemie-als-generationenkonflikt (letzter Abruf: 21.05.2021).

54 Pressemitteilung der FDP, Freiheits-Einschränkungen immer wieder überprüfen, 23.03.2020.

55 Ute Frevert, Nähe und Distanz, in: *Geschichte und Gesellschaft* 46 (2020), S. 379–390, hier S. 387.

56 Der Spiegel, Heimliche Pandemie, 15.02.2020, S. 103.

57 Zit. n. Fangerau/Labisch, Pest, S. 156.

58 Der Spiegel, Krisen – bedingt abwehrbereit, 29.02.2020.

59 Focus, China um Hilfe gebeten, 25.03.2020.

60 Der Spiegel, Ausnahmezustand, 07.03.2020.

61 Karlheinz Gördes, Von Wuhan ins Westmünsterland: Corona-Chronik bis 31. Oktober 2020, in: *Westmünsterland. Jahrbuch des Kreises Borken* (2021), S. 184–214, hier S. 184.

62 Rheinische Post, Laumann unterstützt Hilferuf an die Chinesen, 23.03.2020.

63 Deutsche Welle, Gegen Virus und Stigma: Landrat Stephan Pusch, 19.04.2020.

64 RND, Heinsberg: Wo die deutsche Corona-Krise vor einem Jahr ihren Lauf nahm, 25.02.2021.

65 Tweet von Wolfgang U. Eckart, 07.03.2020.

66 Pressemitteilung des Universitätsklinikums Bonn, 27.03.2020, https://www.ukbnewsroom.de/die-landesregierung-hat-gemeinsam-mit-dem-kreis-heinsberg-und-dem-institut-fuer-virologie-an-der-universitaetsklinik-bonn-ein-wichtiges-corona-forschungsprojekt-initiiert (letzter Abruf: 12.03.2021).

67 Tagesspiegel, Wie das deutsche Wuhan zum Vorbild für das ganze Land wurde, 30.03.2020.

68 Pressemitteilung der Staatskanzlei Nordrhein-Westfalen, 09.04.2020, https://www.land.nrw/de/pressemitteilung/uebergabe-erster-zwischenergebnisse-des-forschungsprojekts-covid-19-case-cluster-0 (letzter Abruf: 12.03.2021).

69   WDR, Laschet und die Heinsberg-Protokolle, 17.04.2020,
     https://www1.wdr.de/nachrichten/landespolitik/heinsberg-protokolle-laschet-100.html
     (letzter Abruf: 12.03.2021).

70   Regierungserklärung zur Bekämpfung des Coronavirus, 04.03.2020, S. 2.

71   Deutscher Bundestag, Plenarprotokoll, 11.03.2020, S. 18832.

72   SZ, Bitte ganz ruhig, 26.02.2020.

73   Die Zeit, Ein deutsches Bergamo?, 16.12.2020.

74   RND, Lockdown in Tschechien: Kritik an Verschärfungen, 27.02.2021.

75   Stefanie Knöll, Seuche und Totentanz: Rezeption und Fortschreibung eines Topos im 19.
     Jahrhundert, in: Jörg Vögele/Stefanie Knöll/Thorsten Noack (Hrsg.), *Epidemien und Pandemien
     in historischer Perspektive*, Wiesbaden 2016, S. 213–220, hier S. 217 f.

76   Arno Görgen, Fiktionen des Pandemischen: Corona und Popkultur, in: *Horror – Game – Politics*,
     18.12.2020, http://hgp.hypotheses.org/1163 (letzter Abruf: 22.03.2021).

77   Der Spiegel, Corona kam wie ein Tsunami über uns, 10.03.2020.

78   Der Spiegel, Wo das Coronavirus in Deutschland leichtes Spiel hat, 29.02.2020.

79   Rheinische Post, Wie im Film, 21.03.2020.

80   Deutsche Welle, Das Coronavirus und seine Parallelen zu Hollywood, 10.03.2020.
     https://www.dw.com/de/das-coronavirus-und-seine-parallelen-zu-hollywood/a-52641327
     (letzter Abruf: 22.03.2021).

81   Bild, Vor 9 Jahren gab es das Virus schon mal – in Hollywood, 21.03.2020.

82   Angela Merkel, Fernsehansprache, 18.03.2020.

83   Der Spiegel, In die Berge, 05.01.1970.

84   Wilfried Witte, Die Grippepandemie 1968–1970. Strategien der Krisenbewältigung im
     getrennten Deutschland, in: *Deutsche Medizinische Wochenschrift* 136 (2011), S. 2664–2668.

85   Exakte Zahlen liegen nicht vor, allein in Niedersachsen waren laut David Rengeling ca. 7.600
     Grippe-Tote zu beklagen; Vgl. David Rengeling, *Vom geduldigen Ausharren zur allumfassenden
     Prävention. Grippe-Pandemien im Spiegel von Wissenschaft, Politik und Öffentlichkeit*, Baden-Baden
     2017, S. 75.

86   Zit. n. Witte, Grippepandemie 1968–1970.

87   Der Spiegel, A 2-Hongkong 68, 11.11.1968.

88   Ein vierter Artikel des *Spiegels* nahm die Hongkong-Grippe zum Anlass für eine
     Auseinandersetzung mit den Personalaufstockungen im Kanzleramt. Vgl. Der Spiegel, Rund
     um die Uhr, 12.01.1970.

89   Deutscher Bundestag, Plenarprotokoll, 17.01.1969, S. 11321.

90   Beide Zitate nach Rengeling, Ausharren, S. 196 f.

91   Alle Zitate nach Witte, Grippepandemie, S. 2666 f.

92   Bettina Hitzer, Die Geschichte vor Corona. Erinnerung, Erfahrung und Emotion, in:
     Leviathan 49 (2021), S. 86–110, hier S. 91.

93   Gesundheitsbericht der Bundesregierung, 18.12.1970, Drucksache des Bundestags VI/1667,
     S. 38.

94   Winfried Süß, Gesundheitspolitik, in: Hans Günter Hockerts (Hrsg.), *Drei Wege deutscher
     Sozialstaatlichkeit. NS-Diktatur, Bundesrepublik und DDR im Vergleich*, München 1998, S. 55–100,
     hier S. 62.

95   Mark Honigsbaum, *Living with Enza. The Forgotten Story of Britain and the Great Influenza*, New
     York 2009, S. 14 f.

96 Benjamin Scheller, Kontingenzkulturen – Kontingenzgeschichten: Zur Einleitung, in: Frank Becker/Benjamin Scheller/Ute Schneider (Hrsg.), *Die Ungewissheit des Zukünftigen. Kontingenz in der Geschichte*, Frankfurt am Main 2016, S. 9–30.
97 Fangerau/Labisch, Pest, S. 13.
98 Der Spiegel, In die Berge, 05.01.1970.
99 Der Spiegel, Wie eiskalt, 20.02.1969.
100 Süß, Gesundheitspolitik, S. 80.
101 Christoph Sachße, Freiheit, Gleichheit, Sicherheit: Grundwerte im Konflikt, in: Ders./H. Tristram Engelhardt (Hrsg.), *Sicherheit und Freiheit. Zur Ethik des Wohlfahrtsstaates*, Berlin (West) 1990, S. 9–26, hier S. 20.
102 Süß, Gesundheitspolitik, S. 80.
103 Malte Thießen, Medizingeschichte in der Erweiterung. Perspektiven für eine Sozial- und Kulturgeschichte der Moderne, in: *Archiv für Sozialgeschichte* 53 (2013), S. 535–599.
104 Vgl. Nicole Kramer, Alter(n) als Thema der Zeitgeschichte. Einleitung, in: *Zeithistorische Forschungen* 10 (2013), S. 455–463.
105 Tristan Barczak, *Der nervöse Staat. Ausnahmezustand und Resilienz des Rechts in der Sicherheitsgesellschaft*, Tübingen 2020.
106 Statistisches Bundesamt/WZB/BiB (Hrsg.), *Datenreport 2021. Ein Sozialbericht für die Bundesrepublik Deutschland*, Bonn 2021, S. 464.
107 Beide Zitate aus Jürgen Manemann, Gleichheit vor dem Virus! Verwundbarkeiten und das Tragische in der Corona-Krise, in: Michael Volkmer/Karin Werner (Hrsg.), *Die Corona-Gesellschaft. Analysen zur Lage und Perspektiven für die Zukunft*, Bielefeld 2020, S. 349–356, hier S. 353.
108 Vgl. zur Einordnung Stephan Lessenich/Michael Reder/Dietmar Süß, Solidarität – national, europäisch, global?, in: *WSI Mitteilungen* 73 (2020), S. 318.
109 Angela Merkel, Fernsehansprache, 18.03.2020.
110 Osterhammel, *Verwandlung*, S. 287.
111 Vgl. Thomas Zimmer, *Welt ohne Krankheit. Geschichte der internationalen Gesundheitspolitik 1940–1970*, Göttingen 2017, bes. S. 27–55.
112 Vgl. Malte Thießen/Andrea Wiegeshoff, Sicherheit vor Seuchen. Zum Spannungsverhältnis von Zukunftsentwürfen, Sicherheit und Staatlichkeit im Deutschen Kaiserreich, in: Christoph Kampmann/Angela Marciniak/Wencke Meteling (Hrsg.), *»Security turns ist eye exclusively to the future«. Zum Verhältnis von Sicherheit und Zukunft in der Geschichte*, Baden-Baden 2018, S. 259–283.
113 Vgl. Elena Rocca/Rani Lill Anjum, Complexity, Reductionism and the Biomedical Model, in: Rani Lill Anjum/Samantha Copeland/Elena Rocca (Hrsg.), *Rethinking Causality, Complexity and Evidence for the Unique Patient*, Cham 2020, S. 75–94.
114 Angelika Epple, Die Schule des Vergleichens und die Suche nach der Wahrheit wissenschaftlicher Fakten, in: Volkmer/Werner, Corona-Gesellschaft, S. 25–33, hier S. 25.
115 Der Spiegel, Gewappnet für die Pandemie, 29.02.2020, S. 11.
116 Bayerisches Ministerium des Innern, für Sport und Integration, Wöchentliche Updates zur Coronakrise, Update vom 14.01.2021, https://www.corona-katastrophenschutz.bayern.de/lage/index.php (letzter Abruf: 30.03.2021).
117 Vgl. u.a. SZ, Bitte alle anstecken, 16.03.2020; ZDF heute, Johnsons Schlingerkurs. Keine großen Lockerungen in England, 10.05.2020; Tagesschau, Fahrplan ins Chaos. Johnsons Brexit-Kurs, 02.06.2020.

118 The National, Coronavirus: Boris Johnson says it is hard to ask »freedom-loving« Brits to obey rules, 22.09.2020.

119 Der Spiegel, Warum Trump Florida gewann, 04.11.2020.

120 Bild, Was China uns jetzt schon schuldet, 15.04.2020.

121 Bild, Sie gefährden die ganze Welt, 16.04.2020.

122 Vgl. Tagesspiegel, Ausbruch am Anfang vertuscht – kann China eigentlich verklagt werden?, 21.04.2020.

123 Die Zeit, Bayern oder NRW, was ist besser?, 25.03.2021; vgl. bereits Der Spiegel, Söder oder Laschet – wessen Corona-Strategie ist erfolgreicher?, 16.10.2020.

124 Zit. nach einem Tweet des Bayerischen Rundfunks, Laschet reagiert auf die Kritik von Kanzlerin Merkel und Ministerpräsident Söder an anderen Länderchefs, 29.03.2020 (letzter Abruf: 06.04.2021).

125 Tagesspiegel, Michael Müller kritisiert »Länder-Bashing« aus dem Kanzleramt, 29.03.2021.

126 ZDF, Markus Lanz, Sendung vom 30.03.2021, Min. 25:26–25:35, https://www.zdf.de/gesellschaft/markus-lanz/markus-lanz-vom-30-maerz-2021-100.html (letzter Abruf: 06.04.2021).

127 Vgl. Erez Manela, A Pox on Your Narrative: Writing Disease Control into Cold War History, in: *Diplomatic History* 34 (2010), S. 299–323.

128 Vgl. Sarah A Nadeau/Timothy G. Vaughan/Jérémie Scire/Jana S. Huismann/Tanja Stadler, The origin and early spread of SARS-CoV-2 in Europe, in: *Proceedings of the National Academy of Sciences of the United States of America* (2021), https://www.pnas.org/content/118/9/e2012008118 (letzter Abruf: 30.03.2021). Der Beitrag wurde im Juni 2020 eingereicht.

129 ZDF, »Wie die Pilze aus dem Boden«, 27.02.2020, https://www.zdf.de/politik/maybrit-illner/drosten-rechnet-mit-starkem-anstieg–corona-fallzahlen-deutschland-aus-sendung-vom-27-februar-2020-100.html (letzter Abruf: 26.02.2021).

130 Spiegel-Titel, 29.02.2020.

131 Peter Baldwin, *Contagion and the State in Europe, 1830–1930*, Cambridge 1999.

132 Andrea Wiegeshoff, Pandemie, Nation und die Geschichte des Nationalismus im 20. und 21. Jahrhundert, in: *H-Soz-Kult*, 08.12.2020, https://www.hsozkult.de/debate/id/diskussionen-5078 (letzter Abruf: 20.01.2021).

133 Vgl. die Beiträge in Alison Bashford (Hrsg.), *Medicine at the Border. Disease, Globalization and Security, 1850 to the Present*, Basingstoke 2014.

134 Mark Harrison, *Contagion. How Commerce has spread Disease*, New Haven 2012, S. 275, 281.

135 Hamburger Abendblatt, Grenzstreit offenbart Schwäche von Günther, 09.04.2020.

136 Zitate nach: Hamburger Abendblatt, Grenzstreit: Günther gibt nach – ein bisschen, 08.04.2020.

137 Ute Frevert, Corona-Gefühle, in: Bernd Kortmann/Günther S. Schulze (Hrsg.), *Jenseits von Corona. Unsere Welt nach der Pandemie. Perspektiven aus der Wissenschaft*, Berlin 2020, S. 13–20, hier S. 16.

138 Hamburger Bürgerschaft, Plenarprotokoll, 22.04.2020, S. 92.

139 Ebd., S. 96 (Redebeitrag Anjes Tjarks).

140 Ulrike Lindner, *Gesundheitspolitik in der Nachkriegszeit. Großbritannien und die Bundesrepublik Deutschland im Vergleich*, München 2004, S. 244.

141 Thießen, Immunisierte Gesellschaft, S. 265.

142 Die Zeit, USA beenden Zusammenarbeit mit WHO, 07.07.2020.

143 RKI, Protokoll der 95. STIKO-Sitzung, 04./05.03.2020, S. 4; Deutsche Welle, Covid-19: Impfstoffentwicklung im Zeitraffer, 27.06.2020.

144 Vgl. die Einschätzung zur Impfstoffentwicklung in Deutscher Bundestag, Antwort der Bundesregierung auf die Kleine Anfrage der AfD, 23.07.2020 (Drucksache 19/21237).

145 Dieter Gosewinkel, Die Renaissance nationaler Grenzen. Anhaltende Abschottung ist juristisch fraglich, in: *WZB Mitteilungen* 168 (Juni 2020), S. 17–19, hier S. 18.

146 NDR, Neue Coronavirus-Variante seit November in Niedersachsen, 29.12.2020.

147 RKI, Bericht zu Virusvarianten von SARS-CoV-2 in Deutschland, 03.03.2021, S. 3.

148 Bild, »Jetzt reichts! Die EU hat genug Fehler gemacht«, 13.02.2021.

149 Deutscher Ethikrat, *Solidarität und Verantwortung in der Corona-Krise. Ad-hoc-Empfehlungen*, Berlin, 27.03.2020.

150 Matthias Lemke, *Deutschland im Notstand? Politik und Recht währen der Corona-Krise*, Frankfurt am Main 2020, S. 122.

151 Martin Florack/Karl-Rudolf Korte/Julia Schwanholz, »Coronakratie«: Konturen einer neuen demokratischen Normalität, in: Martin Florack/Karl-Rudolf Korte/Julia Schwanholz (Hrsg.), *Coronakratie. Demokratisches Regieren in Ausnahmezeiten*, Frankfurt am Main 2021, S. 11–22.

152 SZ, Im Ausnahmezustand, 09.03.2020.

153 Rede von Olaf Scholz zur befristeten krisenbedingten Verbesserung der Regelungen für das Kurzarbeitergeld, 13.03.2020, https://www.bundesfinanzministerium.de/Content/DE/Reden/2020/2020-03-13-Krisenbed-Kurzarbeitergeld.html (letzter Abruf: 18.05.2021).

154 Deutscher Bundestag, Plenarprotokoll, 08.10.2020, S. 22994; Deutscher Bundestag, Plenarprotokoll, 18.11.2020, S. 24051.

155 Thomas Seitz, Shutdown-Krise: Ausnahmezustand SOFORT beenden, 28.05.2020, https://www.youtube.com/watch?reload=9&v=EzfIwWgFUVQ&feature=emb_logo (letzter Abruf 25.03.2021).

156 AfD-Fraktion Thüringen, Freiheit statt Corona-Angst. Zweites Positionspapier der Thüringer AfD-Fraktion zur Corona-Problematik, Erfurt [November] 2020, S. 16, 20.

157 Deutscher Bundestag, Plenarprotokoll, 29.01.2021, S. 26210.

158 AfD-Fraktion Thüringen, Freiheit statt Corona-Angst. Zweites Positionspapier der Thüringer AfD-Fraktion zur Corona-Problematik, Erfurt [November] 2020, S. 28.

159 Deutscher Bundestag, Plenarprotokoll, 29.10.2020, S. 23358.

160 Pressemitteilung der FDP, Freiheits-Einschränkungen immer wieder überprüfen, 23.03.2020.

161 Deutscher Bundestag, Plenarprotokoll, 25.03.2020, S. 19152.

162 Deutscher Bundestag, Antrag der Fraktion Die Linke, 03.11.2020 (Drucksache 19/23942), S. 2.

163 Deutscher Bundestag, Antwort der Bundesregierung auf die Kleine Anfrage der Fraktion Die Linke, 26.10.2020 (Drucksache 19/23648), S. 3. Vgl. auch Deutscher Bundestag, Kleine Anfrage der Fraktion Die Linke, 21.09.2020 (Drucksache 19/22716).

164 Deutscher Bundestag, Antrag der Fraktion Die Linke, 16.06.2020 (Drucksache 19/20025), S. 1.

165 Deutscher Bundestag, Antrag der Fraktion Die Linke, 04.11.2020 (Drucksache 19/24002), S. 3.

166 Vgl. u.a. Deutscher Bundestag, Antrag der Fraktion Bündnis 90/Die Grünen, 21.04.2020 (Drucksache 19/18707).

167 Deutscher Bundestag, Antrag der AfD, 24.03.2020 (Drucksache 19/18119), S. 1.

168 Vgl. Martin Diebel, *»Die Stunde der Exekutive«. Das Bundesinnenministerium im Konflikt um die Notstandsgesetzgebung 1949–1968*, Göttingen 2019, S. 157–174.

169 Sascha Kneip, Wenn die Exekutive viral geht. Demokratie, Rechtsstaat und Legitimität in
     Zeiten von Corona, in: *WZB Mitteilungen* 168 (Juni 2020), S. 8–10, hier S. 10.
170 Vgl. Karl-Rudolf Korte, Kuratiertes Regieren: Bausteine der Resilienz, in:
     Florack/Korte/Schwanholz, Coronakratie, S. 25–42.
171 Julia Jennewein/Simone Korte-Bernhardt, Parlamentarismus in Ausnahmezeiten:
     Landesparlamente gestalten die Krise mit, in: Florack/Korte/Schwanholz, Coronakratie,
     S. 99–109, hier S. 102.
172 Lemke, Deutschland, S. 159 und auch 166–168.
173 Mattias Kumm, Arbeit am Exit als Staatspflicht. Regierungen müssen ihre Bürger vor dem
     Verlust der Freiheit schützen, in: *WZB Mitteilungen* 168 (Juni 2020), S. 14–16, hier S. 14.
174 Lemke, Deutschland, S. 121.
175 Vgl. Jens Kersten/Stephan Rixen, *Der Verfassungsstaat in der Corona-Krise*, München 2020,
     S. 27–33.
176 Pharmazeutische Zeitung, Was bringen Schutzmasken gegen Virusinfektionen?, 28.01.2020.
177 RND, Sind wir alle Egoisten? Warum in Asien so viele Menschen Mundschutz trage und bei
     uns nicht, 31.03.2020.
178 Bundesregierung, Mitschrift Pressekonferenz, 11.03.2020.
179 Ärzteblatt, Debatte über Mundschutzpflicht, 31.03.2020.
180 Alle Zitate aus Pressemitteilung der Stadt Hanau, Schutzmasken-Gebot, 30.03.2020.
181 Bundesregierung, Mitschrift Pressekonferenz, 06.04.2020.
182 Norbert Elias, Über Menschen und ihre Emotionen. Ein Beitrag zur Evolution der
     Gesellschaft, in: *Zeitschrift für Semiotik* 12 (1990), S 337–357.
183 So ein hessischer AfD-Abgeordneter im Mai 2020; vgl. die Abbildung in Bayerische
     Staatszeitung, AfD leugnet Corona-Krise, 15.05.2020.
184 AfD-Fraktion Thüringen, Freiheit statt Corona-Angst. Zweites Positionspapier der Thüringer
     AfD-Fraktion zur Corona-Problematik, Erfurt [November] 2020, S. 8.
185 Sybille Krämer, Brennspiegel, Lern-Labor, Treibsatz? Ein persönliches Corona-Kaleidoskop,
     in: Kortmann/Schulze, Jenseits, S. 31–41, hier S. 32.
186 RND, Sind wir alle Egoisten?, 31.03.2020.
187 Deutscher Bundestag, Plenarprotokoll, 22.04.2020, S. 19208.
188 Landtag NRW, Antrag der Fraktion der AfD, 18.08.2020 (DS 17/10644), S. 1.
189 Zit. n. WDR, Masken-Zweifel: Bundesärztekammer-Präsident rudert zurück, 23.10.2020,
     https://www1.wdr.de/nachrichten/bundesaerztekammer-praesident-reinhardt-
     masken-100.html (letzter Abruf: 29.03.2021).
190 Pressemitteilung der Bundesärztekammer, Gemeinsames Statement, 22.10.2020,
     https://www.bundesaerztekammer.de/presse/pressemitteilungen/news-
     detail/gemeinsames-statement-von-baek-praesident-dr-klaus-reinhardt-und-den-baek-
     vizepraesidentinnen-frau-dr (letzter Abruf: 29.03.2021).
191 Vgl. Tagesschau, FFP2-Maskenpflicht in der Kritik, 13.01.2021,
     https://www.tagesschau.de/inland/gesellschaft/diskussion-ffp2-maske-bayern-bus-
     bahn-101.html (letzter Abruf: 30.03.2021).
192 Tagesspiegel, FFP2-Maskenpflicht für Berlin, 29.03.2021.
193 Vgl. etwa die Bilanz des Jahres 2020 der Initiative »#besserweiter« von Bund, Länder und
     ÖPNV: Kaum noch Verstöße gegen die Maskenpflicht im ÖPNV,
     https://www.besserweiter.de/kaum-noch-verstoesse-gegen-die-maskenpflicht-im-
     oepnv.html (letzter Abruf: 30.03.2021).

194 NDR, »Schnutenpulli« ist das plattdeutsche Wort des Jahres, 05.07.2020,
    https://www.ndr.de/kultur/norddeutsche_sprache/Schnutenpulli-ist-plattdeutsche-Wort-
    des-Jahres,schnutenpulli100.html (letzter Abruf: 06.04.2021).
195 Zit. n. Tagesspiegel, Palmer provoziert in Coronavirus-Krise, 28.04.2020.
196 Harrison, Contagion, S. 81.
197 Harrison, Contagion, S. 99–102.
198 Zit. n. Fangerau/Labisch, Pest, S. 165.
199 Vgl. Richard J. Hatchett/Carter E. Mecher/Marc Lipsitch, Public Health interventions and
    epidemic intensity during the 1918 influenca pandemic, in: *Proceedings of the National Academy
    of Sciences* 104 (2007), S. 7582–7587, bes. S. 7583.
200 Niall P. A. S. Johnson, The overshadowed killer. Influenza in Britain 1918–19, in:
    Phillips/Killingray, Influenza, S. 132–155.
201 Zit. n. Harrison, Contagion, S. 264.
202 Harrison, Contagion, S. 265 f.
203 Philipp Sarasin, »*Anthrax*«. *Bioterror als Phantasma*, Frankfurt am Main 2004, S. 184.
204 Der Spiegel, Wenn die Globalisierung zur tödlichen Gefahr wird, 31.01.2020.
205 »Die Sicherheit der Bevölkerung geht vor«. Regierungserklärung zur Bekämpfung des
    Coronavirus, 04.03.2020, https://www.bundesregierung.de/breg-
    de/themen/coronavirus/regierungserklaerung-spahn-1727906 (letzter Abruf: 06.04.2021).
206 Die Zeit, Menschenopfer für den Kapitalismus, 21.04.2020.
207 FAZ, Die Niederlage der Denker, 01.04.2020.
208 Handelsblatt, Investor Dibelius: »Shutdown der Wirtschaft macht mir mehr Angst als das
    Virus«, 23.03.2020.
209 Beide Zitate aus Westdeutsche Zeitung, Leben oder die Wirtschaft schützen?, 27.03.2020.
210 Westdeutsche Zeitung, Die Corona-Debatte, 26.03.2020.
211 Deutscher Bundestag, Plenarprotokoll, 23.04.2020, S. 19305, 19306, 19304.
212 Ebd., S. 19323.
213 Vgl. den Überblick bei: Deutsche Welle, Deutsche Corona-Hilfen für die Wirtschaft,
    02.02.2021, https://www.dw.com/de/deutsche-corona-hilfen-f%C3%BCr-
    die-wirtschaft/a-56407715 (letzter Abruf: 06.04.2021).
214 ARD-DeutschlandTrend, Zuspruch für härteren Lockdown steigt, 01.04.2021,
    https://www.tagesschau.de/inland/deutschlandtrend/deutschlandtrend-2575.html (letzter
    Abruf: 06.04.2021).
215 Marcel Fratzscher, Aktuelle Corona-Maßnahmen werden Wirtschaft nicht helfen, sondern
    Erholung erschweren, 23.03.2021,
    https://www.diw.de/de/diw_01.c.813926.de/aktuelle_corona-
    massnahmen_werden_wirtschaft_nicht_helfen__sondern_erholung_erschweren.html
    (letzter Abruf: 06.04.2021).
216 So die Bilanz von Marc Beise in: SZ, Die Wirtschaft braucht den Lockdown, 14.12.2020.
217 Vgl. Ulrich Bröckling, Vorbeugen ist besser … Zur Soziologie der Prävention, in: *Behemoth* 1
    (2008), S. 38–48.
218 Thorsten Windels, Covid-19: Geld oder Leben – eine Abwägungsfrage?, 01.09.2020,
    https://philosophie-indebate.de/3677/indebate-covid-19-geld-oder-leben-
    eine-abwaegungsfrage/#_ftn1 (letzter Abruf: 06.04.2021).

219 Vgl. den Überblick von Hartmut Berghoff/Malte Thießen, Gesundheitsökonomien. Zeithistorische Fragen, Befunde und Perspektiven, in: *Zeithistorische Forschungen* 17 (2020), S. 217–233.

220 SZ, Auf die Anreize kommt es an, 23.12.2020.

221 Richard Kühl/Henning Tümmers, Auf dem Markt. Das bundesdeutsche Krankenhaus – Skizzen zu einer Gegenwartsgeschichte, in: *Zeithistorische Forschungen* 17 (2020), S. 261–282.

222 Deutscher Bundestag, Plenarprotokoll, 25.03.2020, S. 19126.

223 FR, Wir dürfen unser Gesundheitssystem nicht dem freien Markt überlassen!, 11.05.2020.

224 Ingo Pies, Tote durch Tabus. Ordonomische Beobachtungen und Reflexionen zu Moral und Ethik in der Corona-Krise, in: Alexander Brink/Bettina Hollstein/Marc C. Hübscher/Christian Neuhäuser (Hrsg.), *Lehren aus Corona. Impulse aus der Wirtschafts- und Unternehmensethik*, Baden-Baden 2020, S. 101–110, hier S. 105.

225 RND, »Sterblichkeit hinnehmen«, 17.02.2021.

226 Besprechung der Bundeskanzlerin mit den Ländern, 22.03.2020, https://www.bundesregierung.de/breg-de/themen/coronavirus/besprechung-der-bundeskanzlerin-mit-den-regierungschefinnen-und-regierungschefs-der-laender-vom-22-03-2020-1733248 (letzter Abruf: 30.03.2021).

227 Lemke, Deutschland, S. 204 f.

228 Angela Merkel, Fernsehansprache, 18.03.2020.

229 Bayerisches Katastrophenschutzgesetz, 24.07.1996, Art. 1, 2.

230 Bundesgesundheitsministerium, Entwurf eines Gesetzes zum Schutz der Bevölkerung bei einer epidemischen Lage von nationaler Tragweite, 23.03.2020.

231 Deutscher Bundestag, Plenarprotokoll, 25.03.2020, S. 19123.

232 Ebd., S. 19119.

233 Ebd., S. 19130.

234 Ebd., S. 19127 f.

235 Ebd., S. 19124.

236 Ebd., S. 19123.

237 Ebd., S. 19132.

238 Vgl. Lemke, Deutschland, S. 157.

239 Marcus Höreth, Opposition in der »coronakratischen« Republik: Gegenspieler oder Mitspieler der Regierung?, in: Florack/Korte/Schwanholz, Coronakratie, S. 123 f.

240 Deutscher Bundestag, Plenarprotokoll, 14.05.2020, S. 19802.

241 Ebd., S. 19799.

242 Ebd., S. 19802.

243 Ebd., S. 19797.

244 Deutscher Bundestag, Antrag der Fraktionen der CDU/CSU und SPD: Feststellung des Fortbestandes der epidemischen Lage von nationaler Reichweite, 17.11.2020 (Drucksache 19/24387).

245 Abstimmungsergebnisse unter https://www.bundestag.de/parlament/plenum/abstimmung/abstimmung?id=699 (letzter Abruf: 30.03.2021).

246 Der Spiegel, Bundestag verlängert Corona-Befugnisse der Regierung bis Juli, 04.03.2021. Vgl. auch die Abstimmungsergebnisse auf https://www.bundestag.de/parlament/plenum/abstimmung/abstimmung?id=716 (letzter Abruf: 30.03.2021).

247 Die Zeit, Freiheit ist für die Grünen keine Leitidee, 21.03.2021.

248 Die Zeit, Bundestag verlängert Rechtsgrundlage für Pandemie-Maßnahmen, 04.03.2021.

249 Der Freitag, Die Agonie im Amt, 12/2021.

250 So in der Regierungserklärung Merkels vom 23.04.2020.

251 Mitschrift der Pressekonferenz von Bundeskanzlerin Merkel, 28.08.2020, https://www.bundesregierung.de/breg-de/aktuelles/pressekonferenz-von-bundeskanzlerin-merkel-am-28-august-2020-1781008 (letzter Abruf: 11.03.2021).

252 Lemke, Deutschland, S. 198.

253 Vgl. dazu die Replik von René Schlott in: Süddeutsche Zeitung, Der Freiheit eine Gasse, 11.02.2021.

254 Pressemitteilung der Bündnis 90/Die Grünen-Bundestagsfraktion, Wir fordern eine stärkere Beteiligung des Parlaments, 04.03.2021, https://www.gruene-bundestag.de/themen/gesundheit/wir-fordern-eine-staerkere-beteiligung-des-parlaments (letzter Abruf: 30.03.2021).

255 Beschluss der Besprechung der Bundeskanzlerin mit den Regierungschefinne und Regierungschefs der Länder, 12.03.2020, https://www.bundesregierung.de/breg-de/themen/coronavirus/beschluss-zu-corona-1730292 (letzter Abruf: 31.03.2021).

256 Besprechung der Bundeskanzlerin mit den Regierungschefinnen und Regierungschefs, 22.03.2020, https://www.bundesregierung.de/breg-de/themen/coronavirus/besprechung-der-bundeskanzlerin-mit-den-regierungschefinnen-und-regierungschefs-der-laender-vom-22-03-2020-1733248 (letzter Abruf: 31.03.2021).

257 Protokoll der Besprechung der Bundeskanzlerin mit den Regierungschefinnen und Regierungschefs der Länder, 17.06.2020, S. 1.

258 Tagesschau, Coronavirus: Warum Deutschland die Krise besser bewältigt, 10.07.2020, https://meta.tagesschau.de/id/146414/coronavirus-warum-deutschland-die-krise-besser-bewaeltigt (letzter Abruf: 31.03.2021).

259 Die Zeit, Was in der »historischen Debatte« besprochen wird, 14.10.2020.

260 Deutschlandfunk, »Nicht auf Verbote setzen, sondern auf Risikominimierung«. Streit um das Beherbergungsverbot, 14.10.2020.

261 Protokoll der Konferenz der Bundeskanzlerin mit den Regierungschefinnen und Regierungschefs der Länder, 14.10.2020, S. 4.

262 Protokoll der Videokonferenz der Bundeskanzlerin mit den Regierungschefinnen und Regierungschefs der Länder, 28.10.2020, S. 5.

263 Protokoll der Telefonkonferenz der Bundeskanzlerin mit den Regierungschefinnen und Regierungschefs der Länder, 13.12.2020, S. 3.

264 Ebd., S. 1.

265 Deutscher Bundestag, Plenarprotokoll, 11.12.2020, S. 25140.

266 Deutscher Bundestag, Plenarprotokoll, 16.12.2020, S. 25234.

267 Deutscher Bundestag, Plenarprotokoll, 17.12.2020, S. 25376.

268 Deutscher Bundestag, Plenarprotokoll, 16.12.2020, S. 25237.

269 Ebd., S. 25229.

270 Deutscher Bundestag, Plenarprotokoll, 09.12.2020, S. 24939.

271 Ebd., S. 24970.

272 Protokoll Videokonferenz der Bundeskanzlerin mit Regierungschefinnen und Regierungschefs der Länder, 22.03.2021, S. 3.

273 Der Spiegel, Chaos Corona Club, 23.03.2021.

274 Pressemitteilung zum BLK-Beschluss, Gründonnerstag und Karsamstag werden keine Ruhetage, 24.03.2021, https://www.bundesregierung.de/breg-de/aktuelles/bundeskanzlerin-ostern-ruhetage-1881286 (letzter Abruf: 01.04.2021).

275 Deutscher Bundestag, Plenarprotokoll, 24.03.2021, S. 27342.

276 Ebd., S. 27345.

277 So beispielsweise im Redebeitrag von Kordula Schulz-Asche, Deutscher Bundestag, Plenarprotokoll, 25.03.2021, S. 27533.

278 Deutscher Bundestag, Plenarprotokoll, 24.03.2021, S. 27350.

279 Ebd., S. 27350.

280 Zit. n. Tagesschau, Bundesrat lässt »Notbremse« passieren, 22.04.2021, https://www.tagesschau.de/inland/bundesrat-notbremse-105.html (letzter Abruf: 04.05.2021).

281 Handelsblatt, Plötzlich ist Christian Drosten der Corona-Aufklärer der Nation, 18.03.2020.

282 Der Spiegel, »Fake News verbreiten sich wie ein Virus«, 26.03.2020.

283 Bild, Im Voting abgestimmt, 03.04.2020.

284 Christoph Gradmann, *Krankheit im Labor. Robert Koch und die medizinische Bakteriologie*, Göttingen 2005.

285 Die Zeit, Ist das unser neuer Kanzler?, 18.03.2020.

286 Bild, Werden wir jetzt von RKI-Virologen regiert? Wer hat die Macht über Corona?, 20.03.2020.

287 Bild, Haben die Virologen zu viel Einfluss auf die Regierung? Exklusive Umfrage, 14.04.2020.

288 Die Zeit, Ist das unser neuer Kanzler?, 18.03.2020.

289 Die Zeit, [Leserbrief Maren Maude], 19.03.2020.

290 https://web.de/magazine/politik/politische-talkshows/soeder-masken-eingehalten-verpflichtung-34621808 (letzter Abruf: 11.02.2021); zum Showdown vgl. auch: Die Welt, Zweimal schickte Streeck ihm noch eine Mail, doch Drosten habe nicht geantwortet, 24.10.2020.

291 Zeit, Nichts ist in Stein gemeißelt, 29.07.2020.

292 ZDF, Wissenschaft in der Diskussion, 29.04.2020, https://www.zdf.de/nachrichten/panorama/coronavirus-virologen-widersprueche-100.html (letzter Abruf: 06.04.2021).

293 Vgl. als ein Beispiel unter vielen den Beitrag des MDR, Drosten-Studie zu Covid-19, 04.06.2020, https://www.mdr.de/wissen/mensch-alltag/corona-ansteckungsgefahr-kinder-studie-drosten-100.html (letzter Abruf: 06.04.2021).

294 ZDF, Jens Spahn in der Defensive, 18.03.2021, https://www.zdf.de/nachrichten/politik/corona-spahn-astrazeneca-100.html (letzter Abruf: 07.04.2021).

295 Melanie Brinkmann u.a., Calling for pan-European commitment for rapid and sustained reduction in SRS-Cov-2 infections, in: *The Lancet* 397 (2021), S. 92 f.

296 Die Zeit, Fehlermeldung, 22.03.2021.

297 Tweet vom 04.04.2021.

298 Berliner Zeitung, Virologin: Die Corona-Politik ist »eine intellektuelle Beleidigung«, 09.03.2021.

299 Der Spiegel, Hört. Auf. Die. Wissenschaft, 06.04.2021.

300 Knöll, Seuche; zur Renaissance des Motivs in Corona-Zeiten vgl. Tagespost, 27.03.2020.

301 Vgl. bereits Reinhard Spree, *Soziale Ungleichheit vor Krankheit und Tod. Zur Sozialgeschichte des Gesundheitsbereichs im Deutschen Kaiserreich*, Göttingen 1981.

302 Richard Evans, *Tod in Hamburg. Stadt, Gesellschaft und Politik in den Cholera-Jahren 1830–1910*, Reinbek bei Hamburg 1990, S. 711.

303 Philipp Osten/Malte Thießen, *Aus Seuchen lernen?*, Bonn 2021.

304 Zit. n. ebd.

305 Zit. n. Manemann, Gleichheit, S. 350.

306 Fred Luks, Hoffnung im Ausnahmezustand. Über Abwägung, Angstmanagement und Aktivismus, in: Volkmer/Werner, Corona-Gesellschaft, S. 341–348, hier S. 345.

307 Friedrich Lenger/Dietmar Süß, Soziale Ungleichheit in der Geschichte moderner Industriegesellschaften, in: *Archiv für Sozialgeschichte* 54 (2014), S. 3–24.

308 Zit. n. Rheinische Post, Arbeitslose haben höheres Risiko für Corona-Aufenthalt, 15.06.2020.

309 Vgl. Jutta Braun, Politische Medizin. Ideologie und Gesundheitsökonomie im SED-Staat der 1950er- und 1960er-Jahre, in: *Zeithistorische Forschungen* 17 (2020), S. 349–361, hier S. 349.

310 Gerhart Trabert, Soziale Dimension von Krankheit vernachlässigt, in: *Deutsches Ärzteblatt* 96 (1999), S. 756–760, hier S. 758.

311 Vgl. als Überblick Johan P. Mackenbach, *Health Inequalities. Persistence and Change in European Welfare States*, Oxford 2019.

312 Annelies G. Blom/Katja Möhring, Soziale Ungleichheit in der Beschäftigungssituation während der frühen Phase der Coronakrise, in: Destatis u.a. (Hrsg.), *Datenreport 2021. Ein Sozialbericht für die Bundesrepublik Deutschland*, Bonn 2021, S. 476–483, hier S. 482, 479.

313 Katharina Manderscheid, Über die unerwünschte Mobilität von Viren und unterbrochene Mobilitäten von Gütern und Menschen, in: Volkmer/Werner, Corona-Gesellschaft, S. 101–110, hier S. 107.

314 Pressemitteilung von Destatis, 6,4 Millionen Menschen lebten in Deutschland 2019 in überbelegten Wohnungen, 26.11.2020.

315 Vgl. die Auswertung der Angaben des Statistischen Bundesamts (Destatis) in: Deutschlandfunk, In der Krise zeigt sich die soziale Ungleichheit bei Wohnen, 14.04.2020.

316 Deutschlandfunk, Obdachlose in der Coronakrise, 27.03.2020.

317 Bundespräsident Frank-Walter Steinmeier in einer Videobotschaft zur Corona-Epidemie, 26.03.2020, S. 2.

318 Britta-Marie Schenk, Almosen auf Abstand. Gabenzäune für Obdachlose in der Corona-Pandemie, in: *Geschichte der Gegenwart*, 10.05.2020, https://geschichtedergegenwart.ch/almosen-auf-abstand-gabenzaeune-fuer-obdachlose-in-der-corona-pandemie (letzter Abruf: 08.04.2021).

319 Beide Zitate und die hier zitierten Befunde bei Blom/Möhring, Soziale Ungleichheit, S. 482. Vgl. auch DIW Wochenbericht 45: Beschäftigte in Minijobs sind VerliererInnen der coronabedingten Rezession, 04.11.2020.

320 Deutschlandfunk, Soziale Ungleichheit durch Corona, 26.09.2020, https://www.deutschlandfunk.de/soziale-ungleichheit-durch-corona-man-haette-staerker-an.694.de.html?dram:article_id=484795 (letzter Abruf: 08.04.2021).

321 Martina Steer, Sind die Frauen die Verliererinnen der Corona-Krise? Überlegungen aus der Frauen- und Geschlechtergeschichte, in: *H-Soz-u-Kult*, 01.09.2020, www.hsozkult.de/debate/id/diskussionen-5409 (letzter Abruf: 01.06.2021).

322 Konrad Jarausch, *Aus der Asche. Eine neue Geschichte Europas im 20. Jahrhundert*, Stuttgart 2018, S. 842–873.

323 Jutta Allmendinger, Zurück in alte Rollen. Corona bedroht die Geschlechtergerechtigkeit, in: *WZB Mitteilungen*, Heft 168 (Juni 2020), S. 45–47, hier S. 45.

324 Die Zeit, Die Krise der Frauen, 22.04.2020.

325 Organisation for Economic Co-operation and Development, Employment: Time spent in paid and unpaid work, by sex, 18.04.2021, https://stats.oecd.org/index.aspx?queryid=54757# (letzter Abruf: 18.04.2021).

326 Zit. n. Die Zeit, Applaus vom Balkon reicht nicht, 18.03.2020.

327 Deutscher Frauenrat, Systemrelevant und (un)verzichtbar: Trägerinnen und Verliererinnen eines Systems, 02.06.2020, https://www.frauenrat.de/systemrelevant-und-unverzichtbar-traegerinnen-und-verliererinnen-eines-systems (letzter Abruf: 18.04.2021).

328 Frank Gadinger/Philipp Michaelis, Narrative als Form kollektiver Sinnstiftung: Schwieriges Erzählen in Zeiten großer Ungewissheit, in: Florack/Korte/Schwanholz, Coronakratie, S. 79–89, hier S. 85.

329 Lemke, Deutschland, S. 188.

330 Britta Rehder, Organisierte Interessen und Staat: Wer gewinnt und wer verliert in der »Coronakratie«, in: Florack/Korte/Schwanholz, Coronakratie, S. 215–221, hier S. 219. Rehders Aufsatz wurde im Oktober 2020 abgeschlossen.

331 Der Spiegel, Arbeitsminister Heil will Tariflöhne in der Pflege verpflichtend machen, 02.05.2021.

332 Stephan Lessenich, Allein solidarisch? Über das Neosoziale an der Pandemie, in: Volkmer/Werner, Corona-Gesellschaft, S. 177–183, hier S. 182.

333 Vodafone Stiftung, Unter Druck: Die Situation von Eltern und ihren schulpflichtigen Kindern während der Schulschließungen, April 2020.

334 Rieke Oelkers-Ax/Thomas Ax/Mirko Zwack, Familien unter Druck in Zeiten von Corona. Befunde und Lösungsansätze, in: *Familiendynamik* 45 (2020), S. 270–278, hier S. 272.

335 Leopoldina, 5. Ad-hoc-Stellungnahme, Coronavirus-Pandemie: Für ein krisenresistentes Bildungssystem, 05.08.2020.

336 Vgl. den Überblick bei BR, Die Rolle der Kinder in der Corona-Pandemie, 22.02.2021; vgl. auch Ärzte-Zeitung, Giffey:»Kita-Kinder sind keine COVID-19-Infektionstreiber«, 04.12.2020. Giffey distanzierte sich hier nicht von der pathologischen Zuschreibung, wie man meinen könnte, sondern von Kita-Schließungen.

337 Der Spiegel, Deutschland braucht die FFP2-Maskenpflicht, 13.01.2021.

338 Sozialgericht Karlsruhe, Beschluss (Az.: S 12 AS 213/21 ER), 11.02.2021, S. 39.

339 Vgl. die entsprechenden sozialpolitischen Forderungen in Die Linke, Corona-Zeitung, 15.06.2020.

340 Bundespräsident Frank-Walter Steinmeier zur Eröffnung des neuen Forums Bellevue »Testfall Corona – Wie geht es unserer Demokratie?«, 29.06.2020, S. 5.

341 SZ, »Die Risiken sind dramatisch ungleich verteilt«, 10.03.2021.

342 Bild, RKI-Chef:»Es ist ein Tabu«, 05.03.2021. Zur Einordnung vgl.: tageszeitung, Ungleichheit macht krank, 06.03.2021.

343 Vgl. dazu die hilfreiche Einordnung in: Die Zeit, Liegen auf den Intensivstationen wirklich mehr Menschen mit Migrationshintergrund?, 18.03.2021.

344 Pressemitteilung BPB, Statement Thomas Krüger zum Datenreport 2021, 10.03.2021, S. 1.

345 Videokommentar der SZ, Die Verlierer der Corona-Krise, 22.03.2021, https://www.sueddeutsche.de/leben/corona-soziale-ungleichheit-1.5240841 (letzter Abruf: 08.04.2021).

346 Pressemitteilung BPB, Statement Thomas Krüger zum Datenreport 2021, 10.03.2021, S. 1.

347 SZ, »Aufholprogramm« für Kinder, 20.04.2021.

348 FAZ, Mit multilateraler Kooperation die Krisen überwinden, 02.02.2021.

349 Cicero, Ein verräterischer Satz, 05.02.2021.

350 Bundesarchiv Berlin, R 86/4674, Ausschnitte aus Frankfurter Zeitung, Fünfter deutscher Impfgegner-Kongress, 10.09.1911.

351 Laut »Reichsverband zur Bekämpfung der Impfung« waren 1911 in Deutschland 42 Vereine dem Reichsverband angeschlossen, wobei keine Angaben über Mitgliederzahlen überliefert sind. Leven geht für 1914 von 300.000 Mitgliedern aus. Angesichts der jährlich bis zu 100.000 Unterschriften in den Reichstagspetitionen erscheint Levens Zahl sehr plausibel. Vgl. Frankfurter Nachrichten, Reichsverband zur Bekämpfung der Impfung, 14.09.1911; Karl-Heinz Leven, *Geschichte der Medizin. Von der Antike bis zur Gegenwart*, München 2008, S. 83.

352 Heinrich Molenaar, *Impfschutz und Impfgefahren*, München 1912.

353 Hugo Wegener, *Impf-Friedhof. Was das Volk, die Sachverständigen und die Regierungen vom »Segen der Impfung« wissen. Erster Band mit mehr 36.000 Impfschäden und 139 Abbildungen*, Frankfurt am Main 1912, S. III.

354 Vgl. Thießen, Immunisierte Gesellschaft, S. 235.

355 Oliver Nachtwey/Robert Schäfer/Nadine Frei, *Politische Soziologie der Corona-Proteste. Grundauswertung 17.12.2020*, Basel 2020, S. 33–35.

356 Britta-Marie Schenk, *Behinderung verhindern. Humangenetische Beratungspraxis in der Bundesrepublik Deutschland (1960er bis 1990er Jahre)*, Frankfurt am Main 2016.

357 Johannes Pantenburg/Sven Reichardt/Benedikt Sepp, Corona-Proteste und das (Gegen-)Wissen sozialer Bewegungen, in: *Aus Politik und Zeitgeschichte* 3–4/2021, S. 22–27, hier S. 27.

358 Vgl. Flyer von Querdenken, Berlin Invites Europe, 29.08.2020.

359 Zit. n. Deutschlandfunk, Wer marschiert da zusammen?, 10.12.2020.

360 Vgl. auch zum Folgenden die sehr gute Übersicht in ebd.

361 Norbert Frei/Franka Maubach/Christina Morina/Maik Tändler, *Zur rechten Zeit. Wider die Rückkehr des Nationalismus*, Berlin 2019.

362 Die Rede und die anschließende Auseinandersetzung mit einem Ordner finden sich bei YouTube unter https://www.youtube.com/watch?v=jJzloVidwVQ (letzter Abruf: 26.04.2021).

363 Vgl. die Einordnung von Jens-Christian Wagner für den epd, Historiker: Sophie-Scholl-Vergleich irritierend und erschütternd, 23.11.2020.

364 SZ, »Ja, hallo, ich bin Jana aus Kassel«, 22.11.2020.

365 Tweet vom 22.11.2020.

366 Ulrike Jureit/Christian Schneider, *Gefühlte Opfer. Illusionen der Vergangenheitsbewältigung*, Stuttgart 2010.

367 Deutschlandfunk, Erinnerungskultur als Wohlfühloase, 06.07.2019, https://www.deutschlandfunk.de/afd-kulturkaempfe-erinnerungskultur-als-wohlfuehloase.691.de.html?dram:article_id=453209 (letzter Abruf: 02.02.2021).

368 Nachtwey/Schäfer/Frei, Politische Soziologie, S. 33, 54.

369 Christine Hentschel, »Das große Erwachen«: Affekt und Narrativ in der Bewegung gegen die Corona-Maßnahmen, in: *Leviathan* 49 (2021), S. 62–85, hier S. 68 f.

370 Hentschel, Erwachen, S. 67.

371 Nachtwey/Schäfer/Frei, Politische Soziologie, S. 56.

372 Pantenburg, Corona-Proteste, S. 22.

373 So ein Aktivist des »Demokratischen Widerstands«; zit. n. tageszeitung, Das perfekte Alibi, 03.04.2021.

374 So in einer Mail an den Autor des vorliegenden Buches vom 13.03.2021 als Reaktion auf ein Interview mit der *Welt* zur Geschichte des Impfens, in dem ich laut Mail-Verfasser »Reichsbürger-Bashing« betrieben habe.

375 Christine Hentschel, Im Raum des Virus. Affekt und Widerständigkeit in der Pandemie, in: Volkmer/Werner, Corona-Gesellschaft, S. 265–276, hier S. 273.

376 Demokratischer Widerstand, Wir sind die Opposition, 17.04.2020, S. 1.

377 Demokratischer Widerstand, Ich bin rechts; Querfront oder Burgfrieden. Teil 1: Querfront; Ich bin links, 14.11.2020, S. 14 f.

378 Hentschel, Erwachen, S. 70.

379 Ebd., S. 64.

380 Demokratischer Widerstand, Grundgesetz, 17.10.2020, S. 8.

381 Hentschel, Erwachen, S. 64.

382 Nachtwey/Schäfer/Frei, Politische Soziologie, S. 10.

383 Tagesspiegel, »Querdenker« beenden am Holocaust-Gedenktag ihre Demo-Pause, 27.01.2021.

384 Ross Chambers, *Facing it: AIDS diaries and the death of the author*, Ann Arbor 1998.

385 Thomas Alkemeyer/Bernd Bröskamp, Körper – Corona – Konstellationen. Die Welt als (körper-)soziologisches Reallabor, in: Volkmer/Werner, Corona-Gesellschaft, S. 67–78, hier S. 71.

386 Zit. n. Osten/Thießen, Seuchen, Arbeitsblatt 01.

387 Zit. n. Malte Thießen, Gesundheit erhalten, Gesellschaft gestalten. Konzepte und Praktiken der Vorsorge im 20. Jahrhundert, in: *Zeithistorische Forschungen* 10 (2013), S. 354–365, hier S. 358.

388 Zur Wahrnehmung der »Spanischen Grippe« im Stadt-Land-Gegensatz vgl. Eckard Michels, Die »Spanische Grippe« 1918/19. Verlauf, Folgen und Deutungen in Deutschland im Kontext des Ersten Weltkriegs, in: *Vierteljahrshefte für Zeitgeschichte* 58 (2010), S. 1–33; Malte Thießen, Pandemics as a Problem of the Province: Urban and Rural Perceptions of the »Spanish Influenza«, 1918–1919, in: Vögele, Epidemics, S. 163–175.

389 Vgl. Matthias Neumann, Das Ende des Ländlichen? Covid-19 als Krise ländlicher Räume, in: *Suburban* 9 (2021), S. 159–164.

390 So Christian Drosten im Interview mit: agrarheute, Drosten warnt vor Verschleppung von Corona in ländliche Räume, 27.10.2020, https://www.agrarheute.com/land-leben/drosten-warnt-verschleppung-corona-laendliche-raeume-574351 (letzter Abruf: 18.05.2021).

391 BBSR, Dashbord zur regionalen Ausbreitung von COVID-19, 10.06.2021, https://www.bbsr.bund.de/BBSR/DE/forschung/raumbeobachtung/InteraktiveAnwendungen/corona-dashboard/corona-dashboard_einstieg.html (letzter Abruf: 15.06.2021).

392 Gabriele Klein/Katharina Liebsch, Herden unter Kontrolle. Körper in Corona-Zeiten, in: Volkmer/Werner, Corona-Gesellschaft, S. 57–65, hier S. 62.

393 Hentschel, Raum, S. 267.

394 Klein/Liebsch, Herden, S. 62.

395 Beide Zitate bei Jonas Wiedner/Markus Konrad/Ruud Koopmans/James Laurence, Bowl Alone! Sozialkapital spielt eine wichtige Rolle für die Akzeptanz von Social Distancing, in: *WZB Mitteilungen* 168 (Juni 2020), S. 69–72, hier S. 72 und 71.

396 RKI, First Report: Mobility in Germany and Social Distancing, 05.04.2020,
     https://www.covid-19-mobility.org/reports/first-report-general-mobility (letzter Abruf:
     26.02.2021).

397 RKI, Second Report: Mobility on the rise, 15.04.2020,
     https://www.covid-19-mobility.org/reports/second-report (letzter Abruf: 26.02.2021).

398 COSMO Covid-19 Snapshot Monitoring, Private Feiern mit Freunden und Fremden,
     27.10.2020, https://projekte.uni-erfurt.de/cosmo2020/web/topic/wissen-
     verhalten/60-feiern (letzter Abruf: 26.02.2021).

399 Erving Goffman, *Das Individuum im öffentlichen Austausch. Mikrostudien zur öffentlichen Ordnung*,
     Frankfurt am Main 1982.

400 Zahnärztliche Mitteilungen/zm online, Begrüßungen in Zeiten des Corona[-]Virus,
     12.03.2020.

401 Berliner Zeitung, »Wuhan Shake«: Die Begrüßung in Corona-Zeiten, 03.03.2020.

402 Berner Zeitung, BAG sagt der Ghettofaust den Kampf an, 29.09.2020.

403 Ruhr-Nachrichten, Corona-Begrüßung: Das rät der Knigge, 19.05.2020.

404 Der Spiegel, Der Testfall für ganz Deutschland, 06.03.2020.

405 Xenia Matschke/Marc Oliver Rieger, Kisses, Handshakes, COVID-19 – Will the Pandemic
     Change Us Forever?, 18.11.2020, S. 9, 21.

406 Mit Bezug auf Gabriel Tarde bei Alkemeyer/Bröskamp, Körper, S. 68 f.

407 Der Spiegel, Royale Etikette in Zeiten des Coronavirus, 12.03.2020.

408 Dorett Funcke, Ereignis, Wendepunkt und Krise. Elementare Formen menschlicher
     Kommunikation (Teil II), in: *Familiendynamik* 46 (2021), S. 38–46.

409 Vgl. Martin Friebel/Jens Loenhoff/H. Walter Schmitz/Olaf A. Schulte, »Siehst Du mich?« –
     »Hörst Du mich?« Videokonferenzen als Gegenstand kommunikationswissenschaftlicher
     Forschung, in: *kommunikation@gesellschaft* 4 (2003), Beitrag 1, S. 1.

410 Hubert Knoblauch/Martina Löw, Dichotopie. Refiguration von Räumen in Zeiten der
     Pandemie, in: *Blog des SFB 1265*, 30.03.2020, https://sfb1265.de/blog/dichotopie-
     refiguration-von-raeumen-in-zeiten-der-pandemie (letzter Abruf: 27.02.2021).

411 Sascha Dickel, Gesellschaft funktioniert auch ohne anwesende Körper. Die Krise der
     Interaktion und die Routinen mediatisierter Sozialität, in: Volkmer/Werner, Corona-
     Gesellschaft, S. 79–86, hier S. 85.

412 Destatis, Umsatz im Einzelhandel, 30.04.2021, https://www-
     genesis.destatis.de/genesis/online?operation=previous&levelindex=2&levelid=1619777969312
     &levelid=1619777907585&step=1#abreadcrumb (letzter Abruf:
     30.04.2021).

413 Pressemitteilung Handelsverband Deutschland, Einzelhandel erlebt 2020 Jahr der Extreme,
     01.02.2021, https://einzelhandel.de/presse/aktuellemeldungen/13150-einzelhandel-
     erlebt-2020-jahr-der-extreme-coronakrise-bringt-viele-haendler-an-den-rand-der-
     insolvenz (letzter Abruf: 01.05.2021).

414 Merkur, Corona-Dampfwalze: Diese Läden verschwinden aus den deutschen Innenstädten,
     23.04.2021.

415 Alle Zitate aus Pressemitteilung des Bundeswirtschaftsministeriums, Altmaier: »Innenstädte
     sollen wieder Lieblingsplätze werden«, 20.10.2020.

416 Alle Zitate aus Pressemitteilung Andreas Jung/Christian Haase, Pakt für lebendige
     Innenstädte, 19.12.2020, S. 2, 1.

417 Tagesspiegel, Schluss mit der Konsum-Verteufelung, 20.10.2020.

418 Pressemeldung des BEVH, Onlinekauf von Lebensmitteln ist zur Gewohnheit geworden, 23.04.2021, https://www.bevh.org/presse/zahl-der-woche/details/zdw-16-onlinekauf-von-lebensmitteln-ist-zur-gewohnheit-geworden-q12019-vs-q12021.html (letzter Abruf: 01.05.2021).

419 Tagesspiegel, Fünf problematische Folgen des massiven Onlinehandels, 26.04.2021.

420 Zit. n. Deutscher Bundestag, Antwort der Bundesregierung auf die Kleine Anfrage der AfD, 23.07.2020, S. 8 (Drucksache 19/21237).

421 Die Zeit, Corona-Impfungen, 23.07.2020.

422 Frankfurter Zeitung, Verein für öffentliche Gesundheitspflege, 21.05.1896.

423 Vgl. hierzu und zum Folgenden v.a. Eberhard Wolff, *Einschneidende Maßnahmen. Pockenschutzimpfung und traditionale Gesellschaft im Württemberg des frühen 19. Jahrhunderts*, Stuttgart 1998; Thießen, Immunisierte Gesellschaft.

424 Epidemiologisches Bulletin 45/2020 (05.11.2020), S. 4.

425 Ole Wichmann/Bernhard Ultsch, Effektivität, Populationseffekte und Gesundheitsökonomie der Impfungen gegen Masern und Röteln, in: *Bundesgesundheitsblatt* 56 (2013), S. 1260–1269.

426 Vgl. Mitteilung der Ständigen Impfkommission (STIKO) am RKI zur Impfung gegen Poliomyelitis, in: *Epidemiologisches Bulletin* 47/2013 (25.11.2013), S. 481.

427 Karl-Heinz Leven, Die Welt mit und nach Corona: medizinhistorische Perspektiven, in: Kortmann/Schulze, Jenseits, S. 91–98, hier S. 96.

428 Bild der Frau, Warum gibt es in Deutschland keine Impfstoff-Notfallzulassung?, 15.12.2020.

429 Die Zeit, Impfstart in Deutschland, 07.01.2021.

430 Positionspapier STIKO/Deutscher Ethikrat/Leopoldina, Wie soll der Zugang zu einem COVID-19-Impfstoff geregelt werden?, 09.11.2020, S. 3.

431 STIKO-Empfehlung zur COVID-19-Impfung, in: *Epidemiologisches Bulletin* 2/2021 (14.01.2021), S. 3.

432 Deutscher Bundestag, Plenarprotokoll, 16.12.2020, S. 25232.

433 Redebeitrag von Paul Viktor Podolay (AfD), in: Deutscher Bundestag, Plenarprotokoll, 16.12.2020, S. 25226.

434 Beide Zitate in: Deutscher Bundestag, Plenarprotokoll, 16.12.2020, S. 25233 f.

435 Deutscher Bundestag, Plenarprotokoll, 16.12.2020, S. 25229.

436 Ebd., S. 25230.

437 Ebd., S. 25231.

438 Die Zeit, Plötzlich Versager?, 04.02.2021.

439 Pro7/Galileo, Impfen wie die Weltmeister, 04.05.2021, https://www.prosieben.de/tv/galileo/videos/2021115-impfen-wie-die-weltmeister-clip (letzter Abruf: 17.05.2021).

440 Tagesschau, 1,35 Millionen Impfungen an einem Tag, 14.05.2021, https://www.tagesschau.de/inland/impfrekord-101.html (letzter Abruf: 17.05.2021).

441 RKI, Stufenplan der STIKO zur Priorisierung der COVID-19-Impfung, Februar 2021.

442 Der Spiegel, Tausende Vordrängler ertricksen sich Impfung, 11.05.2021.

443 RND, Spahn mahnt weiter zur Vorsicht, 04.05.2021.

444 Vgl. Bröckling, Vorbeugen.

445 Vgl. Eckart Conze, Securitization. Gegenwartsdiagnose oder historischer Analyseansatz?, in: *Geschichte und Gesellschaft* 38 (2012), S. 453–467.

446 SZ, Denkt an die Jungen!, 11.05.2021.

447 Der Spiegel, Lasst den Jungen ein bisschen Biontech übrig, 10.05.2021.

448 Tweet von Micky Beisenherz, 08.05.2021, 12:46 Uhr.

449 FAZ, Langsamer als der Westen: Verliert China das Impfrennen?, 01.02.2021.

450 Deutsche Welle, »Sputnik V«: Putins Corona-Prestigeobjekt, 13.08.2020.

451 Der Spiegel, Polio-Impfung: Aus dem Schnapsglas, 19.07.1961.

452 BAK, B 142/55, Vermerk für Herrn Minister, 01.07.1961.

453 BAK, B 142/55, Schreiben Bonner General-Anzeiger an Pressereferat BMI wegen Leserbrief von Otto Loehrke, 01.08.1961. Der Brief wurde abgedruckt in Bonner General-Anzeiger, Zone gegen Kinderlähmung immun?, 03.08.1961.

454 MDR; Sputnik V: Zulassung zieht sich hin – wird der Impfstoff noch gebraucht?, https://www.mdr.de/nachrichten/deutschland/panorama/corona-sputnik-v-zulassung-100.html (letzter Abruf: 12.05.2021).

455 RND, Haseloff wirbt für russischen Corona-Impfstoff: »Würde mich jederzeit mit Sputnik V impfen lassen«, 03.03.2021, https://www.rnd.de/politik/haseloff-wirbt-fur-russischen-corona-impfstoff-wurde-mich-jeder-zeit-mit-sputnik-v-impfen-lassen-JE2BK5VZPNCZQM3CHYWCFA36GQ.html (letzter Abruf: 12.05.2021).

456 So die Beschriftung auf einer Großpackung des Sputnik-Impfstoffs auf einem dpa-Foto: »The first registered Covid-19 Vaccine«; siehe MDR, Sputnik V: Zulassung zieht sich hin – wird der Impfstoff noch gebraucht?, 07.05.2021, https://www.mdr.de/nachrichten/deutschland/panorama/corona-sputnik-v-zulassung-100.html (letzter Abruf: 12.05.2021).

457 Weser-Kurier, Die Brexit-Anhänger reiben sich die Hände, 25.03.2021.

458 Daily Mail, Europe's vaccine war: EU brings in export controls, 29.01.2021.

459 Handelsblatt, Wahlsieger Johnson startet Operation Schottland, 09.05.2021.

460 Ruhr-Nachrichten, Impfquote pro Einwohner: Diese Bundesländer haben beim Impfen die Nase vorn, 11.05.2021.

461 FAZ, Die Krise gemeinsam überwinden, 05.03.2021.

462 Deutscher Bundestag, Plenarprotokoll, 16.12.2020, S. 25232.

463 Ebd., S. 25225.

464 Ebd., S. 25230.

465 BAK, B 208/1015, Schreiben niedersächsischer Sozialminister an Gerhard Schröder, 19.06.1961.

466 SZ, Der Kampf um Corona-Impfstoffe: Kluft zwischen Nord und Süd, 07.02.2021.

467 WHO, More than 150 countries engaged in COVID-19 vaccine global access facility, 15.07.2020, https://www.who.int/news/item/15-07-2020-more-than-150-countries-engaged-in-covid-19-vaccine-global-access-facility (letzter Abruf: 18.05.2021).

468 Steinmeier und Merkel, zit. n. RND, Steinmeier über Abgabe von Impfstoff: »Eine Frage der Menschlichkeit«, 22.02.2021.

469 Kai Kupferschmidt, New Mutations raise specter of »immune escape«. SARS-CoV-2 variants found in Brazil and South Africa may evade human antibodies, in: Science 371 (2021), S. 329 f.

470 DW, Schwache Impfungen begünstigen gefährliche Mutationen, 25.01.2021, https://www.dw.com/de/schwache-impfungen-beg%C3%BCnstigen-gef%C3%A4hrliche-mutationen/a-56319150 (letzter Abruf: 18.05.2021).

471 Der Spiegel, Der Kampf zwischen Mensch und Virus erreicht ein neues Stadium, 03.02.2021.

472 Vorwärts, »Covax« statt »Impf-Nationalismus«, 11.03.2021.

473 Statement der Progressiven Allianz, Globale Solidarität ist der Schlüssel zur Überwindung von COVID-19, 05.02.2021, S. 3.

474 Tagesspiegel, Biden – ein Weltumarmer?, 06.05.2021.

475 RND, Stiko: Corona-Impfung muss spätestens 2022 aufgefrischt werden, 16.05.2021.

476 Frank Adloff, Zeit, Angst und (k)ein Ende der Hybris, in: Volkmer/Werner, Corona-Gesellschaft, S. 145–153, hier S. 145 und 152.

477 Fernsehansprache von Bundespräsident Frank-Walter Steinmeier zur Corona-Pandemie, 11.04.2020, S. 2.

478 Vgl. zum Ablauf des Gedenkaktes den Bericht des Bundespräsidialamtes, https://www.bundespraesident.de/SharedDocs/Berichte/DE/Frank-Walter-Steinmeier/2021/04/210418-Gedenken-Corona.html (letzter Abruf: 21.05.2021).

479 Bundespräsident Frank-Walter Steinmeier bei der Zentralen Gedenkveranstaltung für die Verstorbenen in der Corona-Pandemie, 18.04.2021, https://www.bundespraesident.de/SharedDocs/Downloads/DE/Reden/2021/04/210418-Corona-Gedenken.pdf?__blob=publicationFile (letzter Abruf: 21.05.2021).

480 FAZ, Nach 75 Jahren wieder eine Stunde Null (Gastbeitrag Bouffier), 07.05.2020.

481 Bettina Hollstein/Hartmut Rosa, Unverfügbarkeit als soziale Erfahrung. Ein soziologischer Deutungsversuch der Corona-Krise angewendet auf die Wirtschaftsethik, in: Brink/Hollstein/Hübscher/Neuhäuser, Lehren, S. 21–33, hier S. 21.

482 Jürgen Osterhammel, (Post-)Corona im Weltmaßstab, in: Kortmann/Schulze, Jenseits, S. 255–262, hier S. 261.

483 Carl-Eduard Scheidt, Abschied vom Handschlag, in: Kortmann/Schulze, Jenseits, S. 43–50.

484 WHO, ACT now, ACT together 2020–2021 Impact Report, Genf 2021, S. 3 (Übersetzung von Malte Thießen).

485 VFA-Pressemitteilung, So funktioniert die COVAX Facility für weltweiten Zugang zu Covid-Impfstoffen, 07.05.2021, https://www.vfa.de/de/arzneimittel-forschung/coronavirus/covax-facility (letzter Abruf: 22.05.2021).

486 Osterhammel, (Post-)Corona, S. 259.

487 Ute Planert/Dietmar Süß, Nichts ist umsonst. Anmerkungen zu einer Sozialgeschichte des Todes, in: *Archiv für Sozialgeschichte 55* (2015), S. 3–18.

488 Philipp Sarasin, Das Corona-Virus, eine soziale Konstruktion, in: *Geschichte der Gegenwart*, 09.05.2021, https://geschichtedergegenwart.ch/das-corona-virus-eine-soziale-konstruktion (letzter Abruf: 01.06.2021).